RADICAL

TOM CONNAN

RADICAL

roman

ALBIN MICHEL

1

Je n'avais pas eu de relation depuis des mois. Mes études et mon travail m'accaparaient et je donnais l'impression à mes proches d'être sans cesse affairé ; on s'investit toujours dans quelque chose pour combler un manque. J'avais pris du poids et il m'arrivait même, en rentrant des cours, de regarder pendant des heures les débats de la chaîne parlementaire sur la taille des filets de pêche ou les nouvelles règles de taxation des plus-values immobilières. Dans un état de semi-conscience, je me plantais sur mon deuxième écran – mon iPhone –, la télé ne jouant le rôle que de trame de fond. Et je restais là, seul, à végéter.

La France était devenue un pays sinistre, où les boutiques de luxe et la haute gastronomie servaient de cache-misère à une économie en déclin, pendant que les classes moyennes fusionnaient avec les catégories populaires pour former une masse protubérante. L'élection d'un président adepte de l'agilité et du modernisme n'avait pas su ôter le mal qui rongeait la société depuis quatre décennies : l'immobilisme. Plus personne ne croyait en rien, du moins chez les esprits sains. Le pays agonisait, et moi avec.

Ma situation personnelle n'était pourtant pas à plaindre : j'avais intégré Sciences po Paris et je vivais dans une banlieue privilégiée des Yvelines – même si je devais donner vingt à vingt-cinq heures de cours particuliers par semaine pour pouvoir payer mes frais de transport et filer un peu d'argent à ma mère afin de l'aider à supporter les frais quotidiens. J'avais l'âge d'être révolté, et le cadre estudiantin qui s'y prêtait, mais je n'avais plus le goût de rien. J'envisageais d'arrêter mes études et de m'installer à l'étranger, afin de ne plus avoir à croiser ces visages tristes, ces têtes mornes, ces médias anxiogènes. Je n'avais pas envie d'un Mai 68, mais d'une simple révolution individuelle qui me sortirait du marasme généralisé. Je me sentais dévoré par ce cadre pesant fait de postures, de fausses polémiques et de vraies lâchetés. À quoi bon préparer l'ENA si c'était pour finir inspecteur des finances avec pour seul objectif de pérenniser l'ordre établi par la violence des instruments juridiques et institutionnels ? Ce n'était pas pour moi, tout ça. Et je ne souhaitais à personne de sombrer dans un tel abîme métaphysique.

Ce n'était pas une société dominée par les riches, c'était pire : des pauvres qui escroquaient d'autres pauvres, dans une valse infâme orchestrée par des gouvernements qui se succédaient comme les présentatrices météo sur Canal +. Les plus aisés, eux, n'étaient plus domiciliés en France depuis longtemps : animateurs télé cyniques, comédiens bourrés d'argent public, tennismen expatriés en Suisse même s'ils continuaient à porter les couleurs à l'occasion de l'inessentielle Coupe Davis.

Récemment, l'arrivée de migrants, pourtant en faible nombre, avait mis le feu aux poudres : encore des pauvres !

Et quelque part, on pouvait les entendre, les opposants. Comment était-il possible de conserver un système de protection sociale dont l'essentiel des charges reposait sur des gens modestes ? Comment imaginer que le peuple pouvait accepter une hausse continuelle des prélèvements, alors que les GAFA ne payaient pas leurs impôts ? Je ne comprenais pas ceux qui étaient surpris par la montée des populismes, puisqu'on faisait tout depuis des décennies pour qu'ils prospèrent. Mes camarades de Sciences po me semblaient à côté de la plaque, drapés dans leur foutue prose humaniste qu'ils étalaient à longueur d'exposés et de fiches techniques, sans considération pour le mouvement des Gilets jaunes qui commençait à apparaître dans l'espace public. Ils avaient pourtant de quoi se révolter, eux.

Alors, bien sûr, il y avait Paris – de la même manière qu'il y avait Londres, ou New York, ou Berlin. Des îlots de tempérance protégés de la culture décadentiste par un médium bien connu : l'argent. En 2018, le revenu moyen d'une personne qui accédait à la propriété dans la capitale française atteignait 90 000 euros par an – même si un grand nombre de bobos continuaient à dire qu'ils habitaient dans des « quartiers populaires », lorsque leur logement avait l'avantage de se situer dans le 11e ou le 18e arrondissement. Cette super-élite, arrogante et ultraprotégée, ne représentait qu'elle-même, elle persistait cependant à vouloir imposer ses vues au reste de la population avec qui elle ne partageait plus rien.

Je ne les enviais pas puisque, de toute manière, la « plus belle ville du monde » m'était inaccessible – comme à la plupart de mes amis qui se contentaient d'une banlieue proche, dont la gentrification avancée nous repousserait, cinq ans plus tard, en deuxième couronne. Paris devenait une ville de riches, par les riches et pour les riches, et le mouvement s'accentuait sans cesse, amplifié par la baisse des taux et les prolifiques investissements du Qatar.

Les seuls secteurs encore dynamiques étaient les boutiques d'hyper luxe et les palaces, devant lesquels je passais pour me rendre d'un bâtiment à l'autre lorsque j'avais cours – Le Bon Marché et ses touristes chinois milliardaires, le Lutetia et ses 200 millions d'euros de travaux, les maisons de couture et leurs défilés auxquels les manants ne pouvaient assister, quand bien même ils se seraient contentés de toucher les pièces avec les yeux. L'élite mondialisée avait posé ses valises dans la capitale après avoir expulsé les immigrés dans les quartiers nord et éparpillé les autres le long des lignes de RER. La classe bourgeoise et de moins en moins bohème avait gagné la lutte des classes et pouvait enfin s'afficher telle qu'elle était : snob et intraitable.

Dans cette ville pathétiquement vaniteuse, certains s'enorgueillissaient encore de leur statut honorifique, à commencer par les énarques qui, à soixante ans passés, se présentaient toujours comme « anciens élèves de l'École nationale d'administration » dans les tribunes du *Figaro*, marque désespérée d'un titre de noblesse qui n'impressionnait guère plus personne – sauf à Sciences po, bien sûr, dont la seule fonction était de préparer d'infinies cohortes à l'obtention de la rente suprême : celle des « hauts » fonctionnaires. Le manège me laissait de marbre et à la question « Quelle spécialité vas-tu choisir pour ton master ? », je répondais, sans drame « Aucune ».

Dans cette société moisie, Internet était devenu un refuge vital, où la créativité et la liberté s'exprimaient avec panache, reléguant au placard les archaïsmes intellectuels hérités du Conseil national de la Résistance ou des quelques centrales syndicales en mal d'adhésions. Sur la Toile, on avait le droit d'être trop jeune, ou trop vieux, d'avoir fait des études, ou pas du tout, d'avoir des idées folles, la volonté de s'enrichir, aussi. Les conférences TED diffusées sur YouTube m'avaient appris cent fois plus de choses que ce qu'on m'avait enseigné en trois ans d'études dans l'une des plus prestigieuses écoles que la Nation ait enfantées.

Le monde intellectuel jouissait encore d'un certain prestige, hérité du couple Sartre-Beauvoir et du surestimé Bourdieu. Mais plus personne ne l'incarnait. La rentrée littéraire était devenue une farce grotesque, et les livres de développement personnel aux titres aussi abscons que risibles se vendaient comme des parapluies un jour d'orage. C'était de la littérature pour débiles écrite par des débiles soucieux de se donner un supplément d'âme entre leur job de consulting et un *happy hour* sur un *rooftop* du *so chic* 19e arrondissement, histoire d'oublier un moment la grisaille des tours de La Défense. Le paradoxe, c'est que malgré la morosité ambiante, il n'était plus autorisé d'être triste. Le vertigineux décrochage de la France dans l'échiquier mondial avait laissé place à une sorte de désespoir hystérique, où tout le monde hurlait et lançait des « Bonne journée ! » à n'en plus finir, comme si la parole avait une sorte de vertu performative. Bien sûr, cela n'avait aucun effet, sauf celui d'accentuer encore l'apathie.

Sur les réseaux sociaux, dont j'étais un adepte obsessionnel, le monde décrit par Houellebecq dans *Extension* avait étendu son empire : on pouvait prendre et jeter dix à vingt personnes par jour, en rencontrer la moitié, coucher avec une partie tout en se faisant larguer par plusieurs « *matchs* » en même temps. Comme la plupart des gens de ma génération, j'y allais pour combler ce que je ne trouvais plus dans l'*In Real Life*. À ceci près que, depuis quelques mois, je ne rencontrais plus personne : je me contentais de parler, à des filles, parfois, quoique surtout à des garçons, mais sans envisager de les rencontrer. J'avais entretenu quelques mois auparavant une « liaison » avec un jeune Belge, mais elle était restée purement virtuelle et aucun de nous deux n'avait envisagé une seconde de proposer à l'autre de se voir « en vrai ».

Car dans le monde de la liberté, on n'avait pas le droit d'aimer.

2

Ma mère avait fait du boudin aux pommes pour le dîner – l'une de ses spécialités, avec le petit salé aux lentilles et la blanquette de veau. On était mercredi et, pour une fois, j'avais le sentiment d'avoir plutôt passé une bonne journée. Durant l'après-midi, même l'imbitable prof de droit administratif avait réussi à captiver mon attention pendant son cours sur le retrait des actes unilatéraux. Et, chose rarissime, j'avais accepté d'aller prendre un pot au Basile, rue Saint-Guillaume, avec une nana qui avait manifestement envie de baiser. Elle était moche, mais j'étais prêt à dépenser six euros dans une bière pression pour ne pas avoir à lui faire de la peine. Je savais qu'un anodin manque de sexe dissimulait le plus souvent une féroce carence amoureuse, qu'on n'osait jamais assumer. J'étais quelqu'un d'assez charitable.

Un mystérieux Harry m'avait envoyé des messages sur Tinder toute la journée, et une complicité commençait à naître entre nous. Il n'avait semble-t-il que dix-huit ans et un joli minois, suffisamment en tout cas pour que je me sente flatté. Ce sentiment d'une certaine réciprocité ne m'avait pas parcouru depuis si longtemps que je minaudais bêtement, comme pour lui signifier que j'en demandais davantage. La séduction est un art si sot. Surtout lorsqu'on a passé l'âge des premières fois.

J'avais convaincu ma mère de regarder *Rois et reine* en VOD, un film d'Arnaud Desplechin qui avait à chaque fois la faculté de me rassurer sur la santé de la civilisation occidentale, trop souvent accusée d'avoir fait triompher l'égoïsme et le cynisme dans les relations humaines. Mais Harry ne me laissait pas tranquille ; pelotonné sous une couette sur l'un des canapés du salon, je ne lâchais pas mon portable, ce qui agaçait ma mère. « C'est quoi ce film ? », « C'est qui Dépléchien ? », me demandait l'inconnu. Il m'amusait. S'il y a une chose vraiment gratifiante dans la rencontre, c'est bien de partager des dimensions que l'autre ne connaît pas encore, alors que c'est si triste de ressasser des passions communes qui, parce qu'elles sont déjà partagées, deviennent vite triviales.

Comme à chaque visionnage, je ne pouvais m'empêcher de penser que la phrase d'Amalric balancée à Catherine Deneuve, la psychiatre, sur la différence entre les hommes et les femmes – « Vous ne pouvez pas comprendre car vous êtes une femme, vous n'avez pas d'âme » –, était follement sexiste. Mais que signifiait-elle vraiment, cette affirmation ? « Les hommes vivent sur une droite. Ils vivent pour mourir. [...] Les femmes vivent dans des bulles, des espèces de bulles de temps. » L'époque était devenue tellement policière en matière de féminisme qu'il n'était de toute façon plus permis de discuter d'un tel énoncé. Mais j'étais frappé. Pour la première fois, je me demandais si, au fond, ma certaine préférence pour les hommes n'avait pas quelque rapport avec ce qu'expliquait le personnage d'Ismaël Vuillard dans ce film-fleuve. La question n'était pas tant « Est-ce que les femmes ont une âme ? », mais plutôt « Est-ce que les hommes et les femmes se comprennent ? ». J'en doutais. Alors que je savais d'expérience que les garçons pouvaient se comprendre – entre eux, seulement entre eux.

J'avais toujours pensé, et concrètement observé, que le sexe entre hommes était plus fort qu'entre personnes hétérosexuelles. Jusqu'alors, je ne m'étais jamais considéré comme gay et il m'arrivait, au moins une fois par an, de coucher avec une fille – comme ça, pour voir ce que ça me faisait. Mais j'y prenais moins de plaisir, j'avais l'impression de ne pas être en totale connivence avec l'autre, en réelle adéquation – ne serait-ce que sur le plan strictement corporel.

« On s'ajoute sur Insta ? » me proposa Harry. Sur les applications de rencontres, le passage vers un réseau social dit généraliste suppose que la relation a évolué, suffisamment en tout cas pour qu'on puisse révéler à l'autre sa véritable identité. C'est l'étape 2.

Je découvris, au vu des nombreuses photos postées, que le garçon s'appelait effectivement Harry, qu'il n'avait pas menti sur son âge et qu'il était terriblement attirant, ce que le gros plan qui apparaissait sur son compte Tinder ne laissait pas clairement deviner. Je reçus la notification m'indiquant qu'il me suivait désormais : « *H78000 started following you.* » C'est toujours une information émouvante lorsqu'on a la conviction qu'il va peut-être y avoir une suite à une banale rencontre digitale. Le sentiment qu'un nouveau possible devenait soudain envisageable me sortit quasi instantanément de la torpeur dans laquelle je m'étais enfermé depuis plusieurs mois. C'était gratifiant, moi qui avais habituellement une piètre opinion de moi-même.

Nous n'avions pas les mêmes opinions politiques. Harry était de droite, voire d'extrême droite, tandis que moi, j'avais plus ou moins soutenu Mélenchon à la dernière présidentielle. Mais nous partagions incontestablement un attrait pour la radicalité et une sorte de conscience sociale qui nous rendait plus enclins à soutenir les chômeurs des anciens bastions industriels du nord de la France que les hypocrites bourgeois du Marais qui militaient pour la légalisation de la GPA. Nous faisions la même analyse sur le déclassement des classes moyennes, la mort du Parti socialiste et le réveil des peuples écœurés des multiples trahisons de leurs gouvernants qui continuaient à parler du « projet européen », alors que celui-ci avait écrasé, durant la dernière décennie, des nations entières : Grèce, Portugal, Espagne, Italie. Nous avions en horreur les mêmes types de personnes : héritiers en tous genres, journalistes conformistes, intellectuels moralistes, sénateurs inutiles.

Harry venait lui-même d'un no man's land du nord de la France et ses parents étaient modestes : un père ouvrier et une mère femme de ménage. Ils avaient cependant eu assez d'argent pour payer un petit studio à leur fils à Versailles, en rez-de-chaussée. Le choix de la ville n'avait pas été laissé au hasard : Harry se considérait plus ou moins comme royaliste, même s'il m'expliquait avoir milité dans les rangs de Lutte ouvrière, fut un temps. De quatre ans mon cadet, il était moins structuré intellectuellement que moi et je sentais, dans ses messages, qu'il confondait parfois Simone Veil avec Simone Weil, et Charles Maurras avec Lorànt Deutsch. Mais peu m'importait. Il me plaisait, même au-delà du nécessaire, et je savais que nous allions avoir de vraies conversations ensemble. Je nous imaginais déjà en train d'interroger le monde dans son minuscule appartement, autour d'une bouteille de vodka, devant un film de Kubrick. Après avoir niqué, bien sûr.

Comme j'habitais Croissy, sur la ligne A du RER, nous décidâmes d'organiser notre première entrevue à Saint-Germain-en-Laye, qui se situait à équidistance de nos deux domiciles. Le mec ne fut pas long à se décider, j'en conclus donc que ses intentions étaient fermes. Ce n'était pas si courant, dans la civilisation du court-termisme où l'on pouvait « ajouter au panier » un plan cul, comme on l'aurait fait avec un grille-pain ou une imprimante.

Harry avait l'habitude de rentrer chez ses parents le week-end, après les quelques cours qu'il suivait à la fac de Saint-Quentin. Comme nous étions déjà jeudi, le rendez-vous fut pris pour le lundi suivant. Cela nous laissait le temps de continuer à échanger pour apprendre à nous connaître, élément clé pour éviter les embarrassants blancs le jour J. Nous sentions tous les deux que quelque chose était en train de se nouer, une sorte de complicité spontanée propre aux coups de foudre, même si ni lui ni moi n'aurions osé employer une telle expression pour qualifier ce marivaudage virtuel qui, quoi qu'on en pense, avait pour but principal de baiser.

Au vu des nombreuses photos que j'avais soigneusement enregistrées sur mon téléphone, j'en déduisais qu'Harry était mince, avec une peau pâle et un large front, et que son allure, sobre, le faisait aisément passer pour un hétérosexuel. D'ailleurs, il me confia entretenir, lui aussi, des relations avec des filles, « de temps en temps ». C'était pour moi une indéniable qualité, dans la mesure où je rechignais à sortir avec les garçons efféminés qui me semblaient souvent ridicules et qui, surtout, donnaient une image caricaturale de la « communauté ». En 2018, affirmer son homosexualité était loin d'être rare, ce n'était donc plus, à mon sens, un sujet en soi. J'étais pour cette raison foncièrement hostile au fumeux principe du coming out, qui revenait à créer ex nihilo une stigmatisation, enfermante et simplificatrice. Aucun hétéro ne se serait amusé à annoncer sa sexualité à ses parents, il devait en être de même pour les homos.

3

Je ne parvenais pas à m'endormir. Je repensais à mes amours de lycée, en particulier à Marc, avec qui j'avais entretenu un intense amour platonique durant environ un an. J'avais eu le coup de foudre pour lui en le voyant de dos, alors que c'était le premier jour de cours et qu'il se trouvait au premier rang, avec son jean délavé et sa peau mate. Nous avions passé l'année à rêver ensemble, le plus souvent chez lui, en écoutant de la musique de variété. Il aimait Carla Bruni. J'aimais Michael Jackson. Nous n'étions pas spécialement inconscients, ni même bêtement innocents, mais nous attendions tout de l'avenir. L'amour, le succès, l'étonnement, le plaisir, l'incandescence. Nous n'avions jamais été ensemble, mais j'avais toujours été persuadé qu'il le souhaitait, en secret. Un jour, il s'était mis torse nu, chez lui, alors que nous étions rentrés ensemble du lycée ; je ne comprenais pas pourquoi il faisait ça, je m'étais même demandé s'il ne voulait pas me provoquer. Mais sa mère, une grosse femme autoritaire, était rentrée plus tôt de son travail et avait dit à son fils de se rhabiller promptement. Nous eûmes peu d'autres occasions. Un soir de juin, alors que c'était le dernier jour de cours, une sombre affaire liée à une amie commune nous avait définitivement brouillés, et il m'avait, quelques jours plus tard, sommé de venir récupérer les affaires que j'avais éparpillées chez lui au fil des mois. Il ne me bloqua pas sur Instagram, car le réseau n'existait pas encore. Il se contenta d'effacer mon numéro de son téléphone et de ne plus jamais me rappeler.

Après Marc, il y avait eu une autre rencontre, tout aussi mémorable, avec une fille qui vouait une passion à la Corse.

Stéphanie et moi nous étions rencontrés au lycée par l'intermédiaire de David, mon copain d'enfance. La première entrevue s'était particulièrement mal passée. Lors d'une soirée au Vésinet, j'avais eu le malheur de poser ma main sur son scooter rouge, ce qui l'avait mise hors d'elle. Et puis la situation s'était démêlée, un vendredi soir, lorsque le hasard nous avait amenés à nous retrouver tous les deux dans une salle de cinéma, devant un film médiocre qui nous avait laissé l'opportunité de discuter. Nous étions vite devenus amis et, une chose en entraînant une autre, nous étions sortis ensemble. Cependant, nous n'entretenions pas une relation classique, nous restions libres l'un comme l'autre d'aller voir ailleurs. Je n'avais jamais exigé cette condition quasi abusive, c'est elle qui me l'avait imposée.

Elle connaissait mon attrait certain pour la gent masculine, chose qu'elle tolérait sans difficulté, d'autant qu'elle-même entretenait parfois des relations homosexuelles, y compris sous mon nez. Nous étions encore des adolescents et pratiquions une forme de libertinage, mais notre liaison amicalo-amoureuse demeurait un point d'ancrage solide. Du moins, c'est ce que je croyais.

Je nous voyais déjà vieillir ensemble sans l'être vraiment, tolérant les marivaudages de chacun sans jamais faire de drame. Mais c'était un doux mirage. Seulement quelques mois après notre rencontre, nous faisions déjà subir à l'un et à l'autre de brutales crises de jalousie lorsque, par mégarde, je couchais avec une autre fille ou que, derrière mon dos, elle flirtait avec un garçon, et vice versa.

Nous étions radicalement bisexuels et fréquentions assidûment le quartier du Marais, en particulier les lieux les plus communautaires où la sexualité débridée s'affichait sans honte. Nous n'étions pas pour autant d'insatiables baiseurs, mais nous nous trouvions à un âge où la découverte du corps, dans toutes ses virtuosités, constitue un rite initiatique qu'il faut suivre avec sérieux et répétition. Comme l'apprentissage d'une langue étrangère.

Nous nous fréquentions depuis environ un an et nous avions travaillé durant tout le mois de juillet pour nous payer notre virée à Porto Vecchio ; j'avais été embauché par une mutuelle au service administratif ; quant à Stéphanie, elle avait travaillé pour ses propres parents, qui géraient une modeste entreprise de vente de matériel pour chats. En sept semaines, nous avions récolté près de mille deux cents euros chacun, soit assez d'argent pour financer trois semaines de séjour, dans des conditions néanmoins spartiates. L'essence, le péage de l'autoroute et le bateau mangeaient déjà un tiers du budget, un deuxième tiers était consacré à la location du camping, et les quelques centaines d'euros qu'il nous restait avaient une visée de la plus haute importance : le divertissement.

Nous étions arrivés depuis déjà une semaine et le temps filait aussi vite que notre Clio grise, avec laquelle nous empruntions les étroites routes corses. Chaque jour se terminait en beuverie, laquelle commençait souvent sur le coup de 14 heures, une fois qu'on avait avalé notre dose de pâtes quotidienne. Nous étions dans l'excès, mais c'était la moindre des compensations après avoir passé nos seize ou dix-sept derniers étés sous le joug de nos braves parents.

La tente était vite devenue une porcherie. Les bouteilles de vodka, de gin et de porto s'accumulaient en grand nombre devant ce qui nous servait d'entrée. Nous ne buvions pas pour oublier, ni pour nous soulager de quoi que ce soit, nous buvions pour nous désinhiber et démultiplier notre faculté à nous divertir. Parfois, nous rencontrions des gens, au camping ou ailleurs, et passions le reste de la soirée avec eux ; à d'autres moments, nous nous retrouvions seuls autour de la table pliante et refaisions naïvement le monde, avec en fond la musique de Nicki Minaj qui gueulait dans les haut-parleurs de la voiture stationnée à côté ; et de temps en temps, nous emportions un pique-nique et partions dîner sur la plage toute proche, où de discrets touristes restaient allongés sur leur serviette jusqu'à 22 heures. C'était le paradis sur terre.

Même si nous n'avions toujours pas couché ensemble depuis le début du séjour et que je commençais à flipper. J'avais pourtant un corps plutôt attrayant en raison des compétitions de tennis que je menais en parallèle des cours depuis plusieurs années. Mon succès auprès de la gent féminine lycéenne n'avait aucun mystère pour Stéphanie, ce qui ne l'incitait pas pour autant à se ruer sur moi. Bien au contraire. C'était à moi de tout faire, sinon, rien ne se passait, et je devais me contenter de ma main droite pour ne pas sombrer dans une complète folie. Jusqu'à ce fameux soir, il était bientôt minuit et la boîte en plein air commençait à se remplir. Nous étions rentrés sans difficulté et le chemisier provocant de Stéphanie faisait déjà sensation. Les musiques commerciales de deep house et hip-hop s'enchaînaient à un rythme soutenu et nous en étions à notre quatrième mojito.

« T'as vu le couple de vieux, là, ils arrêtent pas de nous mater, me fit-elle remarquer en montrant du regard deux quadragénaires qui se trémoussaient au son de Martin Garrix.

– T'as raison, ils sont bizarres. Peut-être qu'ils veulent faire de l'échangisme !

– Sans façon ! Par contre, on peut peut-être s'organiser un truc entre nous », ajouta-t-elle, avant de me rouler une pelle devant les yeux déçus des pervers d'à côté.

J'ignorais si elle pensait ce qu'elle venait de dire ou si c'était seulement une parade destinée à faire fuir les collants quadras. Stéphanie était un personnage complexe, dont les désirs pouvaient changer du tout au tout en l'espace de quelques heures, sans que rien puisse, en apparence, l'expliquer. C'était la patronne de la relation, et si elle ne souhaitait pas quelque chose, personne ne pouvait espérer la faire revenir sur son avis. Elle savait ce qu'elle voulait et, par-dessus tout, ce qu'elle ne voulait pas. C'était une sorte de Margaret Thatcher à la française.

« On reprend un mojito ? J'ai tellement chaud, suggéra-t-elle en déboutonnant le haut de son chemisier bon marché.

– Fais gaffe, quand même ! Si tu veux prendre le volant après, c'est pas trop indiqué !

– Au pire, y a une plage juste à côté, on se posera là-bas pour décuver avant de repartir. J'ai envie de toi », poursuivit-elle en m'embrassant une nouvelle fois. Elle en profita pour m'agripper les fesses. « À moins que toi, t'en aies pas envie ? me murmura-t-elle à l'oreille en effleurant ma verge.

– La question se pose pas, tu le sais », lui répondis-je, avant de poser à mon tour mes mains sur son cul.

J'étais allé chercher deux mojitos, parfum fraise. « Ah, génial ! » lança-t-elle en me voyant revenir. Elle rayonnait de joie, et sa façon de bouger son corps juvénile était irrésistible ; il ne restait plus que quelques boutons à son chemisier et je ne parvenais pas à dissimuler mon érection, qui n'avait pas diminué depuis près d'une heure. Elle me poussait à bout, pour voir jusqu'où je pouvais tenir et, surtout, pour attiser son propre désir. En la matière, elle excellait.

« Tu veux pas m'accompagner aux toilettes, je sais pas où c'est, me demanda-t-elle sur le coup de 3 heures du matin.

– Si tu veux, attends, je termine juste ma vodka, au prix que ça coûte, j'vais pas la gâcher !

– Attends, je vais t'aider ! »

Stéphanie me fit venir dans les toilettes des filles et m'entraîna dans une des cabines. À peine arrivée à l'intérieur, elle s'agenouilla devant moi et commença à défaire mon pantalon. C'était la première fois qu'elle se comportait ainsi, avec autant de fougue et, en même temps, de simplicité. Il n'y avait pas eu de temps mort, pas de gêne, pas de réflexion, juste un désir qu'il fallait assouvir, vite et bien. La vie serait une malédiction sans l'alcool.

En même temps qu'elle suçait ma verge droite comme un gazoduc, elle caressait mon torse imberbe. Elle ne m'avait jamais fait de fellation, mais à la voir, j'imaginais aisément que ce n'était pas sa première fois. Sa langue délicieuse excitait mon gland humide qui avait attendu toute la soirée. Il était énorme.

Je m'apprêtais à jouir mais, au dernier moment, Stéphanie s'arrêta et me dit d'un ton sadique : « Va falloir te retenir encore un peu, coco. »

Nous retournâmes dans la boîte et commandâmes un B-52 – un merveilleux shot constitué de Baileys et de Cointreau que l'on faisait flamber avant de boire.

« Ça va nous mettre KO, ce truc-là ! dis-je en introduisant la paille dans ma bouche.

– Au point où on en est ! J'pourrais me faire défoncer par vingt-cinq surfeurs, si je m'écoutais ! »

Nous sifflâmes un, deux, trois B-52 au bar avant de retourner, déchirés, sur la piste de danse. Ils passaient un vieux tube de Madonna, *Like a Prayer*. « Ah, j'adore cette chanson ! » s'était exclamée ma cavalière en titubant, avant de commencer à entonner le premier couplet. Nous nous étions joints à un couple de gays qui semblait être dans le même état que nous, d'un point de vue alcoolémie. « Vous êtes trop mignons ! » nous dit l'un des gars, un imposant trentenaire vêtu d'une marinière démodée. Puis nous chantâmes tous en chœur, dans une hilarité qui frisait le coma éthylique.

Stéphanie ne me lâchait plus, elle continuait à se déhancher mais concentrait tous ses efforts sur moi, en m'embrassant, en m'enlaçant, en me caressant. Elle puait de la gueule, mais j'aimais ça. Au bout d'un moment, un videur nous fit signe de nous calmer : « Hé ! C'est pas un baisodrome, ici ! »

Nous quittâmes la boîte vers 5 heures du matin, après un dernier effort sur un vieux son des Black Eyed Peas, *Boom Boom Pow*. Nous étions exténués, et si l'air libre nous avait maintenus plus ou moins éveillés, il était temps de partir.

Nous retrouvâmes la voiture avec quelque difficulté et nous installâmes à l'arrière, pour nous reposer avant de repartir. J'avais poussé les sièges conducteur et passager en avant afin de nous laisser plus de place, et fermé les verrous de l'intérieur. « Bon, j'pense clairement qu'il faut dormir au moins trois heures avant de repartir, sinon l'alcool dans le sang n'aura pas assez baissé », expliquai-je en commençant à m'installer confortablement.

Elle me regarda et esquissa un sourire. « Tu crois quand même pas qu'on va dormir maintenant ! » lança-t-elle, avant de retirer son chemisier.

Stéphanie était explosée, et moi aussi, mais elle effectuait ses gestes avec une étonnante précision, exigeant tantôt d'être prise, et reprenant tantôt le dessus, selon les variations de ses désirs. Je devais me retenir pour ne pas éjaculer, car ses mouvements vifs et brutaux ne me laissaient aucun répit.

Après une vingtaine de minutes de va-et-vient intenses, elle exigea que je la sodomise. Sans capote. Je n'avais jamais pratiqué la chose sur une fille et n'étais par conséquent pas très à l'aise, mais la désinhibition créée par les mojitos et les B-52 m'aidèrent à passer outre.

« Je suis grave dilatée, tu peux y aller », m'avait-elle précisé, confirmant le souhait osé qu'elle avait exprimé. La sodomie demeure un exercice périlleux.

J'enfonçai ma verge pointue dans son anus d'adolescente, d'abord lentement puis, sentant son plaisir, avec une force de plus en plus marquée. Elle semblait souffrir un peu, mais c'était une douleur agréable, extatique. « Continue, je veux que tu ailles le plus loin possible. » J'accélérai le rythme, tout en essayant de maximiser sa jouissance. Je m'étais entièrement allongé contre son dos, focalisé sur ma tâche. L'étroit habitacle nous laissait juste assez d'espace pour un corps, nous devions donc ne faire qu'un.

Stéphanie reprit les rênes quelques minutes plus tard et se cala sur moi, en position assise. J'aimais lui faire face.

Je caressais sa poitrine avec une main tout en empoignant ses fesses avec l'autre. Pour quelques instants encore, elle était ma chose autant que j'étais la sienne, il n'y avait plus de soumis ni d'insoumis, d'ordonnateur ni d'exécutant, de pénétré ni de pénétrant. C'était le prodige du sexe gratuit.

Nous rentrâmes sans heurts au camping et, le lendemain matin, je me levai aux aurores pour aller lui chercher des croissants à la boulangerie. Mais, lorsque j'arrivai devant la couchette de la tente, elle me lança : « Des croissants ? T'es sérieux ? T'as cru qu'on était un p'tit couple maintenant, à cause de la baise d'hier ? Faut pas prendre la confiance comme ça, hein ! Allez, remballe tes viennoiseries et laisse-moi dormir, tu me gonfles. »

Les amours mettaient un temps infini à se construire, mais ils s'effondraient sur un malentendu. Et puis il fallait recommencer de zéro, avec l'espoir de retrouver quelque chose sinon de comparable, du moins d'aussi fort. Mais ce qui était perdu l'était à jamais.

4

Ma génération ne savait plus aimer. Nés après la chute du mur de Berlin et ayant grandi avec Facebook, YouTube et Snapchat, nous n'avions connu qu'un monde où les relations sentimentales constituaient une sous-catégorie du marché global, régi par la compétition, la loi de l'offre et de la demande, et le prix d'équilibre – qui correspondait à notre valeur d'échange. La brutalité des rapports amoureux, de l'étape de la séduction jusqu'à la rupture, nous paraissait banale, comme les fluctuations du prix de l'essence ou les délocalisations d'usines en Bulgarie. La chose était intégrée à nos esprits, et nous pratiquions quotidiennement une comparaison de la valeur résiduelle de la « relation » dans laquelle nous étions avec ce que nous pouvions éventuellement avoir de mieux sur le marché – un mec avec une meilleure gueule, une fille avec de plus gros nichons, ou simplement moins chiante, une personne avec un plus fort pouvoir d'achat, susceptible de nous payer plus de gins to' le samedi soir, bref, quelqu'un de plus rentable. Pour cette raison, il était usuel, pour ne pas dire systématique, de continuer à utiliser les nombreuses applications de rencontres pendant le déroulement de la relation, quand bien même celle-ci nous satisfaisait. À la manière d'un trader qui préfère avoir 25 % de rentabilité plutôt que « seulement » 20 %, nous restions sans cesse aux aguets, soucieux de ne pas gâcher une seconde de notre temps avec une personne inférieure à ce que nous pourrions obtenir. Nous étions tous de fins économistes, à l'heure du big data et de la *blockchain*.

Le phénomène semblait s'être renforcé depuis que j'avais quitté le lycée, quelques années auparavant. À cette époque, je gâchais ma jeunesse en aimant Stéphanie sans modération, elle qui n'avait rien à m'offrir, mais je persistais car je l'aimais, totalement et absolument.

Depuis, le monde avait changé, les « *stories* » étaient apparues sur Instagram – ces contenus que l'on poste et qui ne restent visibles que durant vingt-quatre heures – et le court-termisme bête et calculateur me semblait avoir gagné toutes les âmes, à commencer par la mienne. Ma consommation hystérique de vidéos porno m'avait habitué à désirer des corps parfaits, imberbes, musclés, toujours plus jeunes, et si j'avais rencontré cet amour de lycée à Sciences po, je ne l'aurais sans doute pas tant aimé. Mes goûts, mes exigences avaient changé. On oublie souvent de dire que l'inconscient collectif a le pouvoir de modifier le code génétique des individus.

Aimer en 2018 avait cependant de nombreux avantages. Le domaine des possibles s'était considérablement élargi, et les barrières ethniques ou sociales semblaient disparaître au fil des ans. J'avais déjà eu des plans cul avec des Maghrébins de Seine-Saint-Denis, lieu que je n'aurais jamais eu l'occasion de fréquenter si je n'avais pas utilisé les plateformes idoines. Les réseaux sociaux avaient l'immense atout de présenter, au moins a priori, une apparence d'égalité entre les personnes. Seule la date de naissance continuait à demeurer un puissant facteur discriminatoire, les écarts d'âge importants constituant pour les plus jeunes les indices d'une « mauvaise » transaction – autrement dit, de « coût » supérieur. Car à l'heure du physique comme premier critère de choix amoureux, plus la chair était fraîche, plus elle était convoitée et, par conséquent, onéreuse.

Dans cet univers impitoyable où la drague nécessitait les compétences d'un expert-comptable aguerri pour être adroitement menée, Harry m'avait paru échapper, au moins en partie, à la dynamique habituelle. Il parlait politique tout le temps, et ne m'avait toujours pas demandé, après plusieurs jours consécutifs de conversation, quelle était la taille de ma queue. Pour la première fois depuis des années, je n'avais pas encore eu droit aux questions rituelles : « T'es BM ? » (bien monté), « T'avales ? », « Tu reçois ? », « Partant pour un trio ? »... C'était nouveau.

Nous étions dimanche et je commençais à angoisser pour le rendez-vous du lendemain. Le stress était visiblement réciproque puisque Harry avait nettement ralenti la fréquence de ses messages. J'avais le sentiment qu'une certaine gêne s'était soudain établie, une gêne de bon augure. On appréhende les événements seulement lorsqu'on les pense importants.

J'avais prévu de voir mon ami Simon le dimanche soir, afin de m'aérer l'esprit avant le grand plongeon dans l'incertitude du premier rencard. Il habitait chez ses parents dans le quartier de gare de Lyon, mais nous nous retrouvions toujours près d'Opéra, qui occupait une position stratégique sur la ligne A du RER. Nous aimions ce quartier où nous pouvions dîner pour moins de dix euros dans l'un des nombreux restaurants asiatiques de la rue Sainte-Anne, avant de nous enfiler des verres de vin jusqu'à l'heure du dernier train, sur le boulevard des Italiens. Paris restait encore vivable, la nuit venue, lorsque l'hystérie diminuait.

Simon ne partageait pas exactement ma philosophie de l'amour. Il était plus radical. Pour lui, l'époque contemporaine n'avait pas de particularités notables et il lui semblait que, de tout temps, les relations sentimentales avaient été régies par le calcul mesquin et égoïste. Il aimait sans nuances le monde moderne et préférait une société plus transparente au sujet des désirs qu'un monde de mensonges où les maris trompaient leurs femmes mais restaient avec elles uniquement pour ne pas violer les bonnes manières. Les réseaux sociaux avaient selon lui libéré l'homme du joug de l'État et des normes sociales arbitraires, et si les humains s'y entre-déchiraient, c'est que, d'une certaine façon, ils le voulaient bien.

Par conséquent, l'amour absolu que j'évoquais parfois lui paraissait être un concept purement littéraire, quasi théorétique, bon pour les salles de cinéma et les mauvais livres d'Anna Gavalda. Et quand je lui rétorquais que les hommes n'étaient pas des bêtes, il ajoutait que si nous nous distinguions des animaux sur maints aspects, nous avions avec eux le point commun essentiel de « rechercher la maximisation de nos intérêts ». Simon ne pouvait donc être malheureux en amour, puisque, pour lui, l'amour n'existait pas. Il se contentait d'entretenir des relations répétitives, strictement sexuelles, avec des filles qu'il n'estimait guère et avec qui il paraissait s'ennuyer.

Je l'enviais, puisqu'il ne ressentait pas de manque, et a fortiori pas de tristesse, après une rupture – rupture qu'il déclenchait systématiquement. Pour lui, la vie était ailleurs, dans les films, dans la musique et, avant toute chose, dans les livres. Il portait la littérature si haut que l'existence contingente ne pouvait jamais rivaliser avec les chefs-d'œuvre de Stendhal ou de Dostoïevski. Il aspirait à être écrivain, et cette ambition le stimulait infiniment plus que le cul d'une fille, fût-ce un très beau cul. J'admirais Simon, alors que moi, je ne m'aimais pas.

Nous nous étions installés au Gramont, un établissement assez cossu situé à cinq minutes à peine du restaurant asiat. Il devait bien être 23 heures et nous avions tous les deux cours à 8 heures, le lendemain matin. Mais nous savions que c'était dans ces interstices qu'une fulgurance était susceptible d'émerger. La chouette de Minerve ne prend son envol qu'à la tombée de la nuit, disait Hegel. C'était encore plus vrai après deux bouteilles de vin blanc.

Simon était en train d'écrire un livre sur la montée du droitisme en France. Selon lui, le gauchisme culturel de la génération de nos parents avait failli, et la culture Canal + ne parlait plus aux jeunes. Il constatait que les moins de vingt-cinq ans ne regardaient plus la télé mais Netflix, et que YouTube avait vu émerger récemment de nouveaux personnages « délicieusement réactionnaires », à l'instar du Raptor dissident, une sorte de spécialiste de la punchline politiquement incorrecte qui descendait tous les grands thèmes de la bien-pensance avec un talent variable.

Mais Simon ne s'en réjouissait pas. Il m'expliquait au contraire à quel point ce droitisme caricatural, incarné par les ignobles éditions Ring, faisait les mêmes erreurs que le gauchisme le plus idiot : réduction de l'adversaire à une figure synthétique de « l'ennemi », diabolisation de la pensée contraire et postures victimaires auto-engendrées. J'abondais dans son sens.

Je lui fis découvrir un nouveau phénomène viral, lui aussi né sur YouTube : le personnage qui se faisait appeler « Psyko Sauce ». Sur des vidéos très ramassées d'à peine cinq minutes, le slameur assénait de violents coups au féminisme, au droit-de-l'hommisme, à l'antiracisme avec une fausse voix fabriquée par un logiciel. Harry m'en avait parlé. C'était très drôle, quoique facile, mais ce qui nous intéressait vraiment, c'était le nombre d'abonnés : près de trois cent mille. Si l'on additionnait les vues que cet énergumène faisait avec celles du Raptor et de quelques autres droitards 2.0. comme Papacito ou le nazi Conversano, on arrivait facilement à plusieurs millions d'abonnés qui regardaient, quotidiennement, ces contenus odieux qu'aucune chaîne de télé ne diffusait.

Si tout le monde savait, y compris les médias mainstream, que l'avenir était au tout-Internet, peu de personnes prévoyaient que la culture cool des années 2020 ne serait plus *Les Inrocks*, ni même Mouloud Achour, mais une sorte de boboïsme de droite. La transformation était souterraine, et d'une puissance inouïe. Elle allait bientôt ringardiser toute la crème de la crème culturo-mondaine.

En écoutant Simon, je réalisais à quel point Harry incarnait exactement ce phénomène à l'œuvre : il était très jeune, parfaitement connecté, gay, mais à des années-lumière de l'humour suranné que l'on trouvait dans l'émission *Quotidien* de Yann Barthès ou dans *Touche pas à mon poste* de l'inépuisable Cyril Hanouna. Les contenus que beaucoup qualifiaient encore d'alternatifs, et que l'on ne pouvait effectivement voir que sur YouTube ou Facebook, avaient investi le quotidien de notre génération, or ces vidéos développaient un style en rupture totale avec les médias papa. Dans les discussions, l'émission considérée comme la plus ringarde était celle de Ruquier, *On n'est pas couché*, qui correspondait désormais à ce que regardaient non plus les jeunes, mais leurs parents.

Simon insistait néanmoins sur le fait que ce droitisme n'était pas du tout restreint aux post-ados qui avaient des idées de droite, il devenait culturel dans son acception la plus large. De la même manière qu'il n'était pas nécessaire d'être *gay-friendly* ou féministe pour aimer regarder *Le Grand Journal* dans les années 2010, il n'était pas davantage requis de soutenir Le Pen pour rire devant les vidéos de Psyko Sauce. Et c'était bien là que résidait la menace pour les médias mainstream. La crainte était d'autant plus grande que ces YouTubeurs en haillons n'avaient presque aucun moyen matériel et arrivaient néanmoins à dépasser l'audience de certaines chaînes de télé historiques, avec un iPhone et un micro-cravate acheté cinq euros sur Amazon comme seul équipement. Leur potentiel de développement paraissait vertigineux.

J'expliquais pour ma part cette mutation idéologique du concept de « coolitude » par une tendance féroce qui avait irrigué toute la société française pendant des décennies : le mépris de classe. Notre génération n'avait pas majoritairement bénéficié de conditions de vie meilleures et l'éternel refrain sur « la crainte du Front national », quoique légitime, avait surtout eu pour rôle d'occulter l'effroyable paupérisation du pays. Les combats contre le racisme et pour l'égalité des droits n'étaient sans doute pas un luxe, mais leur omniprésence dans le débat médiatique tranchait avec la discrétion infinie des thématiques barbantes liées à l'emploi, au logement et au pouvoir d'achat. Et lorsque France 2 avait montré, après l'élection de Macron, une famille prolétarisée aux opinions lepénistes, j'aurais été mal inspiré de me dire : « Salauds de fascistes ! » Car à l'évidence, ils ne l'étaient pas.

C'est dans ce contexte qu'une grande partie des combats sur le mariage gay ou l'antiracisme étaient apparus aux yeux des plus modestes comme des prétextes pour ne pas aborder de front les questions sociales. Contrairement à ce que les bobos pensaient, la plupart des Français n'étaient ni violemment racistes, ni particulièrement sexistes, ni démesurément homophobes ; ils n'avaient en revanche pas été dupes lorsque le débat sur le mariage pour tous, dont tout le monde se foutait – y compris un grand nombre d'homosexuels –, avait monopolisé deux années du quinquennat de François Hollande. L'indécence n'était pas là où l'on croyait.

Partout dans le pays, les prémices du mouvement des Gilets jaunes confirmaient cette hypothèse : même si les revendications n'étaient pas ostensiblement « de droite », elles étaient en train de désavouer la gauche des beaux quartiers en remettant la question sociale au cœur des débats, loin des insupportables circonlocutions « progressistes » sur la « tolérance » et le « vivre-ensemble ». On pouvait enfin respirer.

Les élites tremblaient. Quant au peuple, il n'était pas nauséabond, il était à bout.

5

La rentrée m'avait coûté une blinde en fournitures et multiples bouquins que les profs nous encourageaient à acheter – non par souci didactique, mais pour arrondir leurs fins de mois –, je n'avais plus une thune. Ma mère avait dû avancer un pognon de dingue pour des frais médicaux et n'avait pas pu me lâcher le moindre billet. J'avais donc intensifié le rythme des cours particuliers que je donnais, le plus souvent à des lycéens, par le biais d'une boîte de soutien scolaire qui me balançait régulièrement des propositions pour des Béatrice et des Jean-Christophe qui avaient décidé de ne rien branler à l'école – et c'était compréhensible, puisque leurs parents avaient le plus souvent les moyens de les entretenir jusqu'à leur mort. Alors, pourquoi se seraient-ils emmerdés ?

Je rechignais souvent à devoir me lever à 7 heures le dimanche matin pour aller enseigner la culture générale à ces jeunes bourgeois abrutis, dont les géniteurs désespéraient qu'ils puissent ne serait-ce que réussir le bac. Mais ça payait bien, et avec tous les cours que j'avais donnés depuis le début du mois de septembre, j'avais pu rembourser mon découvert autorisé. Je ne dépensais rien pour moi, de toute façon, et j'allais rarement au restaurant.

J'avais toutefois plaisir à donner des cours à l'un de mes élèves, Mehdi, qui habitait à Boulogne dans un modeste appartement en rez-de-chaussée, avec ses parents et son petit frère – il m'avait trouvé via une annonce que j'avais postée sur Le Bon Coin et me payait en chèques emploi-service, contrairement à mes autres « clients ». Il avait à peine trois ans de moins que moi et était en train de redoubler sa terminale S, avec l'espoir assez vain de pouvoir intégrer ensuite une école d'ingénieurs. Je savais malheureusement que son parcours chaotique lui avait déjà ôté la possibilité d'intégrer Centrale ou les Mines. Mais d'autres options lui restaient ouvertes – des options de second rang.

Mehdi était un jeune homme mignon qui correspondait à mon idéal masculin : brun, de taille moyenne, imberbe et à la peau basanée. Son père était d'origine marocaine et sa mère, une femme très distinguée qui travaillait dans les ressources humaines, venait de Lorraine. C'était un couple mixte qui semblait épanoui et dont la double culture avait eu des effets positifs sur l'éducation de leur fils : à dix-neuf ans, il parlait l'arabe et maîtrisait les rites musulman et catholique sur le bout des doigts – bien mieux que je ne connaissais le mien. J'avais toujours grand plaisir à rester chez lui le week-end, après le cours. La relation que j'entretenais avec cette famille comportait une dimension financière, mais allait bien au-delà du strict rapport enseignant/élève. J'aimais cette confusion des genres. Elle était humaine.

Le temps était encore doux et Mehdi portait un simple short avec un T-shirt lorsqu'il m'ouvrit la porte. Nous

nous fîmes la bise comme deux vieux copains et nous dirigeâmes vers l'unique chambre, où se trouvaient d'encombrants lits superposés. L'endroit était étroit mais confortable, et les parents nous laissaient toujours des gâteaux secs et du lait sur une petite table, pour que nous puissions nous restaurer pendant la leçon. Je m'y sentais bien, dans cette famille, et Mehdi suscitait toujours chez moi un émoustillement quand je le voyais. Depuis notre toute première rencontre, je ne pensais qu'à une chose : me le taper.

En le regardant débarrasser son bureau avant le début du cours, je m'imaginais en train de le tambouriner sur le lit du bas, par souci pratique. Mais il n'aurait sans doute pas aimé ça, lui qui rejetait assez massivement l'homosexualité – j'en avais pris connaissance un jour lorsque, en voyant Bilal Hassani à la télé, il avait lâché un : « Quelle pédale de mécréant ! » C'était dit sur le ton de la blague, et je reconnaissais que le candidat à l'Eurovision avait des côtés quelque peu ridicules, mais le message était passé.

Pour autant, Mehdi n'était pas homophobe, et si je ne m'étais jamais livré à lui sur mes pratiques sexuelles, il devait bien se douter que je ne léchais pas que de la chatte, moi qui avais des cheveux décolorés et une voix efféminée. Je ne trompais personne, sauf ma mère. J'espérais même que, secrètement, il attende que je fasse le premier pas et qu'entre deux leçons sur l'*Émile* de Rousseau, il m'arrache mon pantalon pour me sucer à l'ancienne. À certains moments, la complicité que nous réussissions à créer était telle que Mehdi me déballait sa vie. Un jour, il m'avait même montré le début de sa raie du cul car il s'était blessé en chutant à vélo. J'avais pris ça pour une provocation, mais comme je n'avais pas confiance en moi et qu'il restait malgré tout mon élève, je n'avais rien fait.

Nous passâmes trois quarts d'heure à étudier le texte soporifique de Descartes sur le morceau de cire et je voyais bien que Mehdi était ailleurs. Pour ma part, j'étais absorbé par mon téléphone, sur lequel Harry m'envoyait sans arrêt des messages au sujet d'une nouvelle série « mortelle » qu'il regardait sur Netflix.

« Tu veux qu'on fasse une pause ? suggéra Mehdi.

– Euh oui, excuse-moi, c'est juste un mec qui… enfin un pote qui m'envoie des messages. »

Nous nous installâmes dans le salon et Mehdi me montra une vidéo de Dieudonné intitulée *Les Pygmées*. Le sketch était à hurler de rire, et à chaque blague, je me disais que la sortie de route qu'avait depuis effectuée l'humoriste était un gâchis sans nom.

« C'est quand même le meilleur de tous ! s'écria Mehdi.

– Ouais, c'est clair, enfin avant… », précisai-je. Il ne commenta pas.

Nous ne voulions pas en rester là et regardâmes un deuxième, puis un troisième sketch de Dieudonné, tous aussi drôles les uns que les autres, en particulier celui où il jouait un juge, issu du spectacle *Le Divorce de Sandrine*. Il y avait du génie chez ce type devenu un antisémite forcené, qui faisait même, depuis un certain temps, l'éloge de groupes djihadistes.

Mehdi et moi étions suffisamment à l'aise ensemble pour qu'il n'y ait pas de gêne entre nous dans des moments pareils. Nous n'avions pas vraiment la même lecture du conflit israélo-palestinien, une discussion que j'avais eue quelques mois auparavant avec son père au sujet des colonies me l'avait confirmé, mais nous étions tous deux des sémites, et somme toute, j'avais passé autant si ce n'est plus de temps que lui au Maghreb, une des destinations préférées de ma mère pour les vacances.

Surtout, Mehdi et moi partagions une détestation certaine de la bourgeoisie, notamment de la gauche caviar, qui nous semblait moins défendable encore que la droite. Si l'UMP et ses structures héritières avaient géré le pays comme des irresponsables, notamment sous la période Sarkozy, ils avaient l'élégance de ne pas s'adonner à d'insupportables leçons de morale sur la justice et le vivre-ensemble. Le PS s'était montré tout aussi incompétent sur le terrain politique et social, mais continuait à nous bassiner sur l'intégration et les inégalités, alors qu'il n'y croyait pas lui-même. La démagogie est la pire de toutes les lâchetés. Je pensais comme Frédéric Lordon que la gauche avait encore plus échoué que la droite, ou plus exactement que les ambitions de la gauche avaient été encore moins honorées que celles, par essence plus modestes, de la droite. Le constat m'apparaissait incontestable. J'avais pourtant toujours été de gauche.

Mehdi cherchait sur YouTube une nouvelle vidéo de Dieudonné à me montrer quand je sortis pour aller aux toilettes. J'avais bu plusieurs verres de lait et ma vessie était pleine. La pression se faisait encore plus grande quand je bandais et, en présence de Mehdi, surtout lorsqu'il était en short, j'avais toujours de mémorables érections.

Je venais de tirer la chasse quand j'ouvris la porte des toilettes. Je sursautai. Mehdi se trouvait juste derrière, debout face à moi, et ne disait pas un mot. « Tu veux y aller aussi ? » dis-je, gêné, en passant sur le côté. Il resta immobile quelques secondes, me regardant le contourner, sans émettre le moindre son.

Il attendait manifestement une réaction de ma part, mais j'ignorais ce que c'était. Ou, plus exactement, je n'osais pas l'imaginer. C'était trop équivoque, trop frais, trop nouveau. Nous allions devoir reprendre le cours. Ce n'était pas le moment, pas l'endroit ; ou peut-être était-ce exactement le moment et l'endroit. Il était là, manifestement prêt à se donner, à cet instant précis, dans cet espace. Il ne bougeait pas, il ne se rendait pas aux toilettes, il n'avait rien à me dire. Et au vu des longues secondes qui venaient de s'écouler, il n'était pas non plus en train de me faire une blague, ou quoi que ce soit du genre. Il voulait plus, il voulait quelque chose, il voulait autre chose, mais quoi, je l'ignorais. Peut-être un frôlement, peut-être une caresse, peut-être une petite tape, plus virile, qui nous aurait rapprochés sans nous mettre mal à l'aise, peut-être un baiser sur la joue, ou pourquoi pas une grosse pelle. Peut-être aurait-il carrément voulu que je le prenne par la main et qu'on aille niquer dans son lit superposé du haut, ou du bas, ou sur les deux ; peut-être aurait-il oublié trois secondes ses histoires d'islam et de religion, ou simplement ses habitudes machistes, pour mc laisser l'embrasser, peut-être aurait-il pu, pour cette fin d'après-midi, devenir juste un mec qui avait envie d'un autre mec y compris si ce mec était son prof particulier ; peut-être que ça aurait été sympa, cette baise improvisée dans l'appart de ses parents, entre deux listes de verbes irréguliers ; peut-être que oui, sans doute que oui, puisqu'il n'y a jamais de mal dans le sexe, surtout lorsqu'il n'y a pas de sentiments en jeu, mais ce n'est jamais facile, pour des musulmans, pour des Maghrébins, de s'adonner à ce genre de truc, pour les autres non plus d'ailleurs, mais la tradition est si importante chez eux, si ancrée, si nécessaire, qu'elle empêche parfois des rapprochements, même de maigres rapprochements, comme ce jour-là, devant la porte des toilettes, où quelque chose aurait pu se passer.

Car il y avait en fait un monde entre nous. Et personne n'y pouvait rien.

En rentrant chez moi après le cours, j'envoyai un message à Harry. L'heure de notre rencontre approchait. J'en étais férocement impatient. Mehdi était déjà derrière moi.

6

« T'es où ? demandai-je à Harry au téléphone.

– Devant le Soubise. »

Le garçon était conforme à la description Tinder. La vraie surprise, comme dans toute rencontre, c'était la voix. On a beau avoir vu des dizaines de photos de l'un et de l'autre à poil et échangé des centaines de messages sur diverses plateformes, la première véritable interaction passe toujours par le verbe, un verbe parlé.

Nous avions dû retarder le rendez-vous car on m'avait programmé un rattrapage de cours à Sciences po, en début de soirée. Il était plus de 23 heures et le bar de cette prétentieuse ville de Saint-Germain-en Laye semblait s'être vidé de ses clients.

Passant devant moi, Harry entra dans l'établissement ; il portait un sac Adidas en bandoulière, comme ceux des fausses racailles. « Qu'est-ce que vous faites, monsieur ? On va fermer, on ne sert plus ! » lui lança un serveur sur un ton agressif. Je n'étais pas étonné. C'était un bar peu accueillant dans une ville orgueilleuse, où seules les vieilles bonnes femmes cathos des environs étaient les bienvenues – ainsi que les quelques adolescents de quinze ou seize ans qui venaient, le samedi soir, claquer leur argent de poche d'enfants de cadres sup dans des cocktails sans alcool à douze balles. La jeunesse en plaqué or.

Je savais qu'il fallait vite réagir pour ne pas gâcher ce moment si attendu : « Tu veux bouger sur Paris ? Y a rien à faire dans ce trou…

– Pourquoi pas. Mais ça va faire loin, à cette heure-ci, nan ? » Son visage rimbaldien suscitait déjà chez moi une admiration béate. Et un début d'érection. J'avais toujours été fasciné par les peaux lisses et imberbes, quasi translucides. La sienne laissait apparaître une extrêmement fine barbe au niveau des joues, qui lui donnait un look de premier de la classe. L'une de mes passions était de soumettre les fils de bonne famille aux pires perversités. J'avais là un morceau de choix.

Nous prîmes un Uber pour Charles-de-Gaulle-Étoile. Nos longues discussions des derniers jours avaient en quelque sorte brisé la glace, et nous nous sentions déjà à l'aise, à l'arrière de la bagnole. Au bout d'une dizaine de minutes, alors que nous empruntions le tunnel de l'A86 pour rejoindre l'avenue de la Grande-Armée, il effleura ma main, que j'avais posée entre nous deux – j'eus une montée de tension. Il souriait nerveusement, moi aussi. C'était évident que la déception, toujours possible dans ce type de situation, n'avait pas eu lieu. Le pire était passé.

« Vous pourriez nous déposer au Sir Winston, s'il vous plaît, monsieur ? » demandai-je au discret chauffeur. Harry me faisait pleinement confiance et, au moment où nous étions sur le point d'arriver à destination, je lui pris franchement la main. Il me regarda un instant, comme pour conforter mon geste, puis nous sortîmes de la voiture, que le Uber avait stationnée devant le 5, rue de Presbourg.

Nous étions seuls, devant ce bar où j'avais l'habitude d'inviter tous mes plans cul avant de conclure – afin de les tester et de m'assurer qu'il ne s'agissait pas de dangereux pervers. Le lieu était commode, plutôt classe et proche du RER. Mais il était fermé.

La soirée ne pouvait pas commencer plus mal, surtout pour un premier rendez-vous : il était près de minuit, un lundi soir, et il commençait à cailler. Mais, bizarrement, il n'y avait pour le moment aucun malaise entre nous ; Harry conservait une attitude joviale, avec un petit air de provincial enthousiaste ravi de pouvoir enfin explorer l'impressionnante capitale.

« Peut-être que si on descend les Champs, on va trouver un truc ! » suggérai-je, sans grand espoir. Je savais qu'à part le Sir Winston, le 8e arrondissement était sans nul doute le quartier le plus chiant de Paris, fourmillant vingt-quatre heures sur vingt-quatre de cars de Chinois venus claquer des fortunes chez Vuitton et de banlieusards errants qui restaient des heures à glander devant les enseignes de *fast fashion*. Le Bas-Empire.

Alors que nous descendions l'avenue en direction de Concorde, Harry m'expliqua que, malgré son allure sage, il avait connu l'adversité, lorsqu'il étudiait dans un lycée difficile du nord de la France. « Le soir, on sortait habillés tout en noir et on s'affrontait entre bandes rivales, t'as vu. Certains avaient même des flingues et ils se tapaient dessus à coups de barres de fer, c'était vraiment le ghetto. » Aussi surprenant que cela puisse être, je ne tombais pas totalement des nues : la démarche d'Harry et son sac en bandoulière ainsi que son léger accent de chti banlieusard montraient qu'il n'était pas un fils de bourgeois et qu'il n'aspirait pas non plus à changer de milieu. Il assumait son origine sociale et le ton sur lequel il me racontait ces anecdotes révélait quelque chose de doucement nostalgique.

À cause du léger cheveu qu'il avait sur la langue, je devais parfois le reprendre pour qu'il me confirme ce qu'il voulait dire. J'employais des expressions qu'il ne comprenait pas, et vice versa. C'était didactique. Il ne ressemblait à aucun des garçons que je côtoyais habituellement à Sciences po ; pour cette raison précise, j'étais totalement séduit.

Il portait un pantalon noir très près du corps, un T-shirt H&M col en V et des chaussures en toile de mi-saison. J'observais de temps à autre ses fesses légèrement rebondies que je n'osais pas encore effleurer. Mais je sentais que cela ne l'aurait pas dérangé. Il donnait l'impression de savoir ce qu'il voulait : s'il était là, et s'il était resté, c'est que je lui plaisais – suffisamment pour qu'il puisse m'envisager sur le plan sexuel.

Je sortis mon téléphone et lançai Google Maps pour voir quels bars il y avait dans le coin. Nous tournâmes à droite dans la rue de Marignan, juste avant Pizza Pino. « Normalement, il y a un bar toujours ouvert par là, selon l'app. » Harry me regarda d'un air satisfait et me passa la main dans le dos.

Il était plus d'une heure et demie du matin mais le bar, plutôt froid, était encore plein. « Nous venons juste prendre un verre », dis-je à un serveur géant qui donnait l'impression d'être le responsable des lieux. Nous nous installâmes au fond de l'établissement, à une table qui faisait un angle. Les meilleures places sont toujours celles où l'on peut voir sans être vu.

Nous commandâmes deux pintes de bière. Une musique absurde hurlait dans le bar, de telle sorte que nous avions bien du mal à nous entendre. « Attends, je vais me mettre à côté de toi, sur la banquette », suggéra mon cavalier tout juste majeur en se levant avec délicatesse. J'avais envie de lui dévorer la bouche.

Un groupe de quatre personnes s'était attablé près de nous et avait commandé à manger. Harry s'était assis contre moi et commençait à se montrer plus tactile. Nous n'étions pas ivres, mais l'alcool avait suffisamment pénétré notre sang pour susciter cet état de légère euphorie que tout premier rendez-vous cherche à faire naître, afin que chacun se décoince. Au bout de quelques minutes, nous nous embrassâmes, une fois, puis deux fois. La délivrance.

« Monsieur, vous pourriez demander à votre ami de se mettre en face de vous ? Vous gênez les clients à côté ! » me dit le serveur. Nous ne comprîmes pas immédiatement de quoi il parlait, dans la mesure où il devait y avoir au moins deux mètres entre Harry, assis à ma droite, et le groupe qui mangeait près de nous. Interloqués, nous continuâmes à discuter.

Durant la demi-heure qui suivit, le responsable revint nous voir à plusieurs reprises pour nous demander de nous séparer, toujours pour ne pas « gêner » les autres clients. Au bout de la troisième fois, il menaça de nous virer si nous n'arrêtions pas. Sauf qu'on voyait mal ce qu'il s'agissait, précisément, d'« arrêter ».

Nous payâmes nos consommations et, alors que nous étions en train de remettre nos manteaux, je me permis d'exprimer mon indignation à un couple qui avait été témoin de la scène – et qui n'avait pas manifesté la moindre désapprobation. « Vous avez vu comment on nous traite ? C'est n'importe quoi, cet endroit ! »

Le gars n'était manifestement pas d'accord avec moi. Tout en continuant à bouffer son assiette de frites, tel un labrador qu'on aurait affamé trois jours durant, il réagit : « C'est normal aussi, vous n'arrêtiez pas de vous embrasser, deux mecs qui se roulent des pelles, ça met les gens mal à l'aise. C'est tout. »

Nous quittâmes cet ignoble bar de la rue Marbeuf et nous dirigeâmes vers Concorde. L'événement avait plutôt eu tendance à nous rapprocher encore davantage. Je n'étais pas communautariste pour un sou, ni lui a priori, mais les moments de ce type cristallisaient la violence à un point tel qu'ils renforçaient, fût-ce provisoirement, une espèce d'appartenance collective. Même ceux qui ne se définissent jamais comme gays, ou comme arabes, ou comme juifs, le deviennent *absolument* lorsqu'ils sont attaqués comme tels. Et c'est la moindre des choses.

Pour la première fois, je sentais qu'être gay n'était pas si ordinaire que ça. D'ailleurs, par réflexe, Harry et moi faisions attention à qui il y avait autour de nous, alors que nous continuions de descendre l'avenue des Champs-Élysées. Nous ne pouvions pas dire que nous avions peur, dans le Paris « ouvert » et « multiculturel », mais nous n'étions pas tranquilles. Je ressentais même une certaine honte, la honte d'être, à la fin des fins, une pédale.

« Tu veux aller vers Châtelet ? proposai-je.

– Oui ! Pourquoi pas. Au moins, dans le Marais, on sera pas emmerdés ! »

Nous continuâmes à marcher durant quelques minutes mais la fatigue commençait à se faire sentir.

« Si tu veux, on peut aller chez moi, suggéra-t-il.

– À Versailles ?

– Oui, j'ai un tout petit appart mais avec un grand lit !

– C'est tentant… mais j'suis vraiment crevé, franchement… tu m'en veux pas ? »

Je décidai, sans grand enthousiasme, de commander un Uber. Il me plaisait à en crever, mais je ne souhaitais pas coucher avec lui tout de suite. Pas pour des raisons morales, mais parce que la relation était trop bien partie pour qu'on se soumette, d'emblée, à cet exercice si difficile – et, surtout, si incertain. Celui de la pénétration.

Je sentis qu'Harry était un peu déçu ; il ne m'en voulait probablement pas mais la manière dont il s'était laissé embrasser toute la soirée montrait qu'il espérait déjà davantage. C'était un sodomite assumé.

Pour lui, il ne s'agissait sans doute que de cul. Pour moi, c'était une épreuve.

7

Je me sentais mal à l'aise dans mon époque. Tout était pourtant plus facile, au quotidien, grâce aux incroyables mutations technologiques, aux nouveaux moyens de communication et avec le début d'une autre révolution qui pointait le bout de son nez : l'intelligence artificielle. Il y avait aussi eu les progrès de la médecine, colossaux, à ce que j'en avais compris, des micro-ondes drôlement plus performants que ceux des années 90, et des améliorations en termes d'isolation des logements. On pouvait également, en tant que classe modeste, se taper des vacances à Barcelone ou même en Thaïlande, avec l'argent d'un job d'été chez McDo, et le porno était disponible à profusion, gratuitement, sur Internet. L'homme occidental avait de quoi se réjouir !

Sauf que rien n'avait changé. On mourait toujours autant, si ce n'est davantage, du cancer, l'espérance de vie n'augmentait qu'à un rythme particulièrement lent, et la publicité continuait de lobotomiser nos cerveaux en créant des masses toujours plus grandes de dépressifs chroniques. Elle était merdique, cette époque géniale que personne n'avait le droit de critiquer.

Dans les familles, y compris les plus tolérantes et les plus « ouvertes », on devait encore « avouer » son homosexualité, comme on reconnaissait un crime atroce ; le chômage et la précarité touchaient à peu près tout le monde, à différents degrés ; et les couples se séparaient toujours après quelques années, « surtout en Île-de-France », comme on nous le répétait sans cesse sur un ton sarcastique. Sur le terrain social, les inégalités continuaient de diviser la société en castes étanches, même si désormais – et c'était heureux – des pédés et des Blacks avaient un peu plus de chances qu'auparavant d'accéder à des postes à responsabilités, tant qu'ils n'étaient pas femmes ou musulmans de surcroît. Et en politique, les alternances successives, qui avaient permis de tester les différentes nuances de médiocrité entre la gauche et la droite, avaient surtout réussi à faire monter le vote blanc. Que de progrès on avait faits.

Le seul véritable domaine dans lequel la condition de l'homme moderne s'était indubitablement améliorée, c'était le divertissement. On avait désormais droit aux brillantes chaînes de la TNT, avec non plus deux mais quatorze films différents tous les soirs, tandis que Netflix et ses concurrents nous balançaient chaque semaine une nouvelle flopée de shows et sitcoms en tout genre. Que demandait le peuple ! Même le plus malheureux de tous avait la possibilité de s'abrutir jusqu'à la mort cérébrale pour quelques euros seulement – d'autant que les malins savaient utiliser ingénieusement les périodes de « *free trial* » pour savourer des contenus sans même avoir à sortir la Carte Bleue. Non, vraiment, il y avait de quoi être heureux. D'ailleurs, Apple était devenu l'entreprise la plus riche du monde, c'était bien le signe que l'humanité se portait mieux.

Tous ces artefacts ne m'avaient pourtant pas servi à grand-chose après le décès de mon père, alors que j'avais deux ans. Ma mère avait dû s'occuper de ses enfants, les éduquer sans l'aide de personne, et avait essayé, sans grand succès, de « refaire sa vie » après quelques années. Sauf que le concept de « famille recomposée » ne fonctionnait que sur le papier, et même avec le meilleur sentimentalisme progressiste du monde, les réflexes tribaux ne s'effaçaient jamais des consciences, fussent-elles lectrices de *L'Obs* ; chacun reconnaissait qui étaient ses petits, et qui ne l'étaient pas. Rien ne pouvait être reconstruit, et le deuil continuait d'accabler l'homme durant toute son existence. Il n'y avait pas de branche de la Sécurité sociale pour ce type de risque, ni de start-up innovante, ni de comité d'experts. On ne s'occupait pas beaucoup de l'âme à l'ère du transhumanisme et du succès d'Elon Musk.

La sphère du psychologique me paraissait être la plus malmenée de l'époque contemporaine : on ne savait comment la traiter. Les hommes avaient désormais des exigences post-matérialistes, au sens où ils ne se contentaient plus de la « simple » satisfaction de leurs besoins vitaux ou primaires ; et les réseaux sociaux avaient ceci de pervers qu'ils nous rappelaient sans cesse à quel point nous ne possédions pas telle « fantastique » voiture, telle « *gorgeous* » maison ou tel « *amazing job* ». Mais la proportion de riches dans la société n'avait guère évolué, si bien que le nombre de frustrés avait, lui, considérablement augmenté. Les dommages de ce phénomène me sautaient aux yeux de manière récurrente, lorsque j'observais la quantité inouïe de jeunes désœuvrés dans un grand nombre de quartiers de la région parisienne, notamment ceux qu'on appelait les « zones sensibles ». Le communautarisme qui s'y développait gaiement avait quelque chose d'aussi inquiétant que facilement explicable : on vivait à une période où Justin Bieber gagnait 60 millions d'euros par an, mais où les rames de la ligne 13 du métro n'avaient pas été changées depuis les années 70. Il n'y avait aucune causalité entre le premier et le deuxième phénomène, je le savais, mais c'étaient bien deux événements qui avaient lieu simultanément. La violence de la civilisation occidentale ne se manifestait pas que dans les vols de bagnoles et les trafics de stupéfiants qui sévissaient porte de la Chapelle, même si ça devait être usant d'habiter là-bas, elle s'infusait dans l'environnement comme une perfusion dans les veines.

Moi-même, qui n'appartenais pourtant pas aux catégories les plus modestes, je vivais mal cette emprise, qui nous proposait d'un côté le showbiz et le star system, sachant que, de toute façon, seuls quelques élus y auraient droit un jour ; et de l'autre, la misère la plus crasse, avec des logements toujours plus éloignés des transports et des rues toujours plus laides et dégueulasses. Il n'y avait plus de projet moyen, plus de rêve moyen, plus de classe moyenne. Et c'était la pire nouvelle depuis la fin de la Seconde Guerre mondiale.

Cette disparition du peuple normal, humble et sans prétentions, nous était renvoyée comme une sorte d'injonction : injonction à devenir riche – même « milliardaire », selon les propos du vénérable Emmanuel Macron –, injonction à créer des start-up, à devenir plus polyvalents, plus puissants, plus performants. Malgré le fait que j'étudiais dans une grande école et que j'avais de ce point de vue obéi à l'ordre qu'on nous rabâchait tout le temps, je ne me sentais pas à l'aise. J'étais sans cesse dans l'inconfort, avec la peur de ne pas valider mon foutu master, de ne pas atteindre les « 35 K minimum » de salaire annuel, de ne pas trouver de logement, de CDI ; j'étais d'ailleurs terrifié à l'idée de devoir passer le permis, car même ça, je n'étais pas sûr de l'avoir. J'avais l'impression que quelqu'un était sans arrêt en train de m'observer pour relever le moindre faux pas, la moindre erreur de parcours. Et j'étais loin d'être le seul à ressentir ça. Ce n'était plus l'État, le « Big Brother », c'était la société elle-même.

Dans le registre de l'intime, cet inconfort pathologique se traduisait par une appréhension du rapport physique, ultime examen de tout homme occidental digne de ce nom. Avant toute autre « preuve », notamment sur le terrain culturel ou social, il fallait d'abord être « validé » par l'autre au pieu. Sauf que ce n'était jamais évident, lorsqu'on avait tous en tête les énormes bites des acteurs porno bourrés d'anabolisants et les féeriques partouzes où des gamins enfilaient des gamines à un rythme volontairement *hardcore*. Cela expliquait sans doute pourquoi les viols étaient non seulement toujours aussi nombreux qu'auparavant, mais plus sauvages encore.

Dans ce contexte, la France – tout comme l'essentiel du monde développé – subissait une forme d'hystérie généralisée qui touchait la plupart des domaines : la politique, en première ligne, où chaque groupe et chaque communauté s'amusait à accentuer ses propres spécificités pour se distinguer par rapport aux autres, comme si l'opération conférait une sorte d'avantage à monétiser ; la morale au nom de laquelle les intellectuels plus ou moins sachants se crêpaient le chignon sur les plateaux télé pour savoir si tel principe devait primer ou non sur tel autre, et si tel philosophe avait ou non collaboré sous l'Occupation ; les réseaux sociaux, où on ne pouvait exprimer une opinion sur Twitter sans recevoir des menaces de mort au bout de quinze minutes d'une horde de malades, tantôt réactionnaires, tantôt gauchistes, tantôt islamistes, tantôt islamophobes ; l'entreprise, où les managers dopés au café latte agressaient leurs « collaborateurs » parce qu'ils n'étaient pas fichus d'atteindre le taux de rentabilité exigé par l'actionnariat américano-saoudien ; même la rue était devenue un enfer sur terre, où le moindre regard mal placé pouvait susciter une agression de la part de celui ou celle qui s'était senti scruté ou simplement dragué. Alors on se parlait de moins en moins, et on ne sortait jamais sans avoir sur soi des écouteurs de bonne facture, histoire de pouvoir s'isoler facilement dans sa bulle le temps d'un trajet en RER et de ne surtout pas avoir à interagir avec autrui. Qu'elle était belle, cette époque.

J'étais écœuré par les gens de droite autant que par les gens de gauche. Les premiers m'insupportaient par leur incapacité à sortir du tribalisme de leur classe d'origine, quand ce n'était pas de leur religion ou de leur ethnie – de ce point de vue, les islamistes devaient être classés à droite, même à l'extrême droite, compte tenu que non seulement ils voulaient assassiner les homosexuels et domestiquer les femmes comme des animaux, mais qu'ils avaient des comportements racistes et ethnocentrés. Un intégriste musulman avait beau détester tout ce qui se rapprochait de la doctrine du RN, il en partageait la ligne implicite, dans une version plus dure encore. Quant aux cathos, ils ne valaient pas mieux, avec leurs inconséquentes leçons de morale sur l'éducation des enfants et la fidélité au sein du mariage, alors que c'étaient les premiers à s'illustrer dans les crimes en col blanc et les viols intrafamiliaux. Les libéraux-conservateurs ne rattrapaient rien, ces ordures qui avaient érigé le capital en valeur morale, ce qui leur autorisait toutes les compromissions, y compris transacter avec Daesh pour sauver un puits de pétrole ou une centrale à charbon. Ils méritaient la prison à perpétuité.

J'exécrais autant les seconds – les gauchistes –, qui par lâcheté faisaient mine de ne pas comprendre ce qu'il se passait dans le pays, en allant parfois défiler, au nom de l'antiracisme, avec les pires adversaires de la démocratie : des barbus misogynes, homophobes et antisémites qui prêchaient le retour à un mode de vie moyenâgeux, où l'on coupait des mains et des têtes pour punir un comportement insuffisamment pieux. Le spectacle était difficile à croire mais il avait pourtant bien lieu, et on ne comptait plus les féministes « radicales » et autres militants droits-de-l'hommiste de l'extrême qui relayaient comme des abrutis les tweets de ceux qui ne devaient espérer que leur mort. Leur esprit avait été tellement pollué par une propagande brutale et simplificatrice sur le vivre-ensemble qu'ils ne voyaient même plus le problème. Tout au plus retiraient-ils leur signature d'une pétition lorsqu'ils s'apercevaient que tel groupuscule islamo-fasciste avait porté le projet en sous-main. Leur débilité était inexcusable, tant les conséquences de ce qu'ils présentaient comme des maladresses étaient lourdes. Le comble, c'est qu'ils avaient certains des plus grands médias avec eux.

Dans un monde pareil, je voyais de moins en moins comment il serait possible d'éviter le pire. Le virus de la haine avait irrigué tous les esprits, et le mien ne se portait pas très bien.

J'avais bossé toute la journée sur un exposé avec deux filles de Sciences po et je me sentais vidé. Le travail avait été laborieux, et j'avais eu beaucoup de mal à me concentrer. Il faut dire que la macroéconomie financière ne me faisait pas bander, d'ailleurs, ça ne faisait bander personne – pas même le prof, qui donnait l'impression d'avoir avalé une chaise, avec son teint rougeaud et ses yeux de merlan frit.

Je remontais le boulevard des Italiens en direction du RER en pensant à mon prochain rendez-vous avec Harry. Il était arrivé à point nommé, moi qui avais failli me jeter par la fenêtre quelques mois auparavant, lorsqu'un quatrième décès dans ma famille en l'espace de deux ans s'était produit. De plus, je venais de me faire larguer par un mec qui avait critiqué mes bourrelets lorsqu'on avait essayé de baiser et je croyais que ma mère, dont la langue était soudain devenue verte, avait développé un cancer. Je n'avais pas un tempérament suicidaire, mais je n'avais plus grand-chose à quoi me raccrocher, et j'avais surtout l'impression d'avoir fait le tour de la société, en quelque sorte. Ça ne m'intéressait plus vraiment les séries Netflix, les discussions Tinder, les vacances sur la Costa Brava et les débats sur C8.

Avec Harry, une lumière s'était rallumée en moi, et si

elle ne scintillait pas encore très fort, c'était bien suffisant pour me redonner envie de prendre soin de moi. J'avais prévu d'aller chez le coiffeur le lendemain et de me raser le pubis. Comme j'avais déjà reporté une fois la baise avec lui, je ne devais pas me rater la prochaine fois que je le verrais. Il y avait une attente forte de sa part, et au vu des messages qu'il m'avait envoyés depuis quelques jours, mes craintes s'étaient confirmées : c'était un chaud de la bite, et à dix-huit ans, il avait déjà tapé dans pas mal de trucs. Des meufs, des mecs de quarante ans, des Blacks. J'avais hésité à commander du Viagra, pour m'assurer d'avoir une bite longue et dure, mais il fallait une ordonnance, même en commandant sur Internet, et je ne me voyais pas expliquer à mon médecin qu'à vingt ans, j'avais besoin de ça pour avoir une érection… Je m'étais renseigné sur les aliments qui permettaient soi-disant de « stimuler les fonctions érectiles », mais j'avais toujours été dubitatif sur les remèdes de grand-mère en matière de santé.

Je comptais de toute façon sur ce que je maîtrisais le mieux : la palabre. J'avais beaucoup de problèmes avec ma queue et mon corps en général, et la sodomie était souvent une corvée pour moi, mais j'adorais partir dans des débats sur le féminisme ou la politique économique. Il y avait toujours matière à balancer quelques punchlines sur le retour des frontières ou l'hystérie de telle connasse militante entendue sur France Inter, et je savais qu'Harry aimait ça, la polémique.

Je descendis à la gare de Chatou-Croissy et marchai le long de la voie ferrée. J'avais une bonne dizaine de minutes de trajet avant d'arriver chez ma mère, qui était sans doute couchée à l'heure où j'arriverais.

Depuis le départ de ma sœur, je vivais en huis clos avec elle et notre relation était pour moi un pilier essentiel. Elle était ma confidente, ma meilleure amie, ma conseillère et ma psychanalyste, et je jouais volontiers ces mêmes rôles pour elle. Mais si elle suivait de près tout ce que je faisais, et où je traînais, mon jardin secret était vaste, et mes expériences sexuelles lui étaient totalement inconnues – autant que mes activités sur les réseaux sociaux et sur les applis de rencontres. Je ne cachais pas tout ça pour lui mentir, mais pour la protéger. Elle avait tellement subi de chocs et de traumatismes depuis ses plus jeunes années, que je faisais tout pour lui éviter les tracas. C'est pour cela que j'inventais des relations avec des filles, pour qu'elle ne soupçonne pas que son fils préférait les mecs. C'est aussi pour cela que je mentais sur mes résultats dans certaines matières, pour ne surtout pas qu'elle s'inquiète. C'est pour cela enfin que je ne lui disais pas quand j'allais mal, pour ne pas lui transférer des mauvaises ondes. Ma mère était tout pour moi.

J'avais au contraire envie de la rassurer de toutes les manières, y compris sur le plan matériel – elle vivait petitement et avait encore un crédit sur le dos. J'aspirais même, depuis que je gagnais un peu d'argent avec mes cours particuliers, à lui acheter une nouvelle voiture, pour remplacer sa vieille Volkswagen des années 90 dont la clim et le verrouillage centralisé ne fonctionnaient plus depuis longtemps. J'aurais pu lui prendre une petite urbaine d'occasion sur Le Bon Coin, sans trop de kilomètres. Et puis, s'il m'était resté encore un peu de sous, j'aurais aimé lui changer son lave-vaisselle, qui était en rade depuis bientôt huit ans. Ah, j'allais devoir en tirer, du pognon, à ces enfants des beaux quartiers. J'étais content qu'il existe autant de crétins chez les classes aisées, cela créait du travail pour les autres.

Pour nous, qui voulions nous en sortir.

8

« T'es en route ? me demanda Harry sur Instagram.

– Oui, là je suis dans le Transilien, à trois stations.

– Hâte de te voir ! J'ai passé une journée de merde en plus.

– Ah mince ! J'adore la rame du train ! Lol.

– Pourquoi ?

– Elle est toute pleine de lumières colorées, on se croirait au Queen, c'est joli ☺ », ajoutai-je, et je lui envoyai un cliché du wagon que je venais de prendre avec mon téléphone.

Dans le monde ultra-connecté et ultra-hystérisé, tout se photographiait, et cela ne se limitait pas aux selfies. Les mots, les situations, les souhaits pouvaient tous se matérialiser par une photo. Si besoin, on y ajoutait un emoji idoine pour tirer l'image vers une certaine signification. Parfois, il suffisait même d'un écran noir agrémenté d'un Bitmoji pour transmettre une pensée. La communication était devenue figurative, et ça en arrangeait plus d'un – les analphabètes, mais aussi et surtout ceux qui avaient honte d'exprimer leurs sentiments. Il y avait du bon dans la tech de masse.

Pour autant, on continuait à parler, à lire, à écrire, sans cesse. Contrairement aux idées reçues, l'époque n'avait absolument pas relégué l'écriture et la lecture au second plan : on faisait ça tout le temps ! Certes, la tradition des lettres d'amour manuscrites s'était perdue, mais on communiquait des façons les plus variées à longueur de journée : sur Facebook, Instagram, Snapchat, WhatsApp, TikTok. Dans ce magma langagier, le texto, autrefois trivial et synthétique – à cause de l'ergonomie des touches du clavier qui ne permettait pas de taper vite –, avait acquis un caractère solennel. Lorsqu'on avait quelque chose d'important à dire, on envoyait un SMS. Celui-ci était généralement conservé du fait de l'importante mémoire interne des téléphones modernes, il acquérait ainsi le statut d'archive.

« Je prends quelle sortie ?

– Peu importe, elles sont très proches les unes des autres, on va bien se trouver. À tout'. »

Je descendis à la gare de Versailles-Rive-Droite. Ce n'était pas la première fois que je me rendais dans cette ville hautement symbolique, mais je n'avais jamais emprunté la ligne L – généralement, lorsque j'allais là-bas, c'était avec ma mère pour visiter le château ou les jardins. Il n'y avait rien d'autre à faire à Versailles.

Je pris une sortie au hasard et me retrouvai sur une sorte de parking, qui semblait constituer l'entrée principale de la gare. J'étais anxieux. Nous avions beaucoup discuté depuis notre premier rendez-vous et tous les espoirs étaient encore permis, mais je n'étais jamais à l'aise dans ce genre de situation. Plus exactement, j'étais toujours terrifié par une chose : ne plus plaire.

« Salut ! » me lança Harry, alors que je m'étais assis sur le rebord d'une borne de stationnement en béton.

Je levai la tête et affichai une mine réjouie. Son visage était toujours aussi avenant, j'avais même l'impression qu'il avait embelli depuis l'autre fois. Peut-être était-ce lié à sa coupe de cheveux, plus brouillonne.

Nous marchions ensemble en direction du centre.

« Tu m'emmènes où ? demandai-je.

– On va aller dans un bar sympa que je connais, où y a des mecs de droite qui se retrouvent.

– Des mecs de droite !

– Ouais... Tu sais, j'suis pas mal engagé, du coup j'aime bien aller là-bas.

– Ah oui ? J'avais bien compris que t'étais de droite, t'inquiète..., mais je savais pas que t'étais militant, ou quoi...

– J'appartiens à aucun parti, mais avec les Gilets jaunes, je rencontre des gens, je rejoins des groupes, pas des trucs vraiment déclarés.

– Ah, ok... Et y a d'autres choses que tu fais ?

– Pas pour le moment. »

Harry était un être plein de surprises. S'il avait été un de mes vieux amis, je l'aurais sans doute questionné davantage et sa proximité avec des groupuscules douteux m'aurait alarmé. Mais j'étais une autre personne avec lui. Il ne faut jamais minimiser notre potentiel de corruption face à une excitante proposition charnelle. En la matière, Harry mettait la barre très haut.

Nous arrivâmes au bar en question, un établissement de petite taille situé tout près d'une place pavée au milieu de laquelle trônait, sans originalité, une église. Nous nous installâmes à l'intérieur, même s'il faisait encore assez bon à cette époque de l'année.

Harry m'expliqua qu'il s'était rapproché de certains milieux d'extrême droite depuis son arrivée à Versailles, qui avait marqué le début de sa vie étudiante. « Je voulais un endroit classe et pas trop cher », m'expliqua-t-il, précisant que sa chambre, située quelques rues plus loin, lui coûtait 450 euros par mois, charges comprises. Avec les APL, il ne lui restait qu'un peu plus de 200 balles à payer, somme qui était abondée par ses parents en totalité.

« T'as de la chance d'avoir ta piaule, moi je suis toujours chez ma mère, et parfois, ça me gave », dis-je.

Il avait beau avoir quelques années de moins que moi, Harry me semblait plus débrouillard sur certains sujets. Il avait définitivement quitté le logement familial pour s'installer en région parisienne, où il ne connaissait presque personne. Seul celui qu'il appelait son « meilleur » – c'est-à-dire son meilleur ami – habitait dans les parages. L'essentiel du temps, il restait chez lui, collé à son ordinateur.

Il me confia qu'il avait toujours eu du mal à suivre les cours, notamment au lycée, et que, pour cette raison, il avait préparé le bac à distance, via le Cned. « Je ne supportais pas d'être en classe. Je ne supportais pas la pression des autres. » J'appris aussi que les affrontements entre bandes rivales dont il m'avait fait part lors de notre premier rendez-vous avaient ruiné sa scolarité. « On voulait me casser la gueule dès que je sortais pendant les pauses, et un jour, un Rebeu a même essayé de me planter. Alors j'ai préféré me tirer. Mon seul sanctuaire, c'était chez moi, au fond de ma chambre. »

Dans ce contexte difficile, qui avait perduré près de deux ans, Harry avait trouvé une communauté de substitution : celle des étudiants du Cned. Il m'expliqua que malgré le principe de l'enseignement à distance qui par définition excluait les cours en présentiel, des rencontres amicales s'organisaient régulièrement dans plusieurs villes de France, afin de favoriser la constitution d'un réseau d'entraide. Les « gens » du Cned avaient souvent de nombreux points communs : difficultés à mener une scolarité, forte indépendance d'esprit, phobie des horaires et des rythmes. Harry reconnaissait volontiers qu'il s'était beaucoup impliqué dans les groupes car il se sentait souvent « seul », même « délaissé ».

Harry parlait peu de sa famille. Il avait un grand frère, dont il était assez proche, mais ses parents, qui vivaient toujours ensemble, semblaient n'avoir qu'une existence secondaire pour lui. S'il n'était pas économiquement autonome, il l'était intellectuellement. Son corps chétif ne laissait pas apparaître de traces de maltraitance, mais l'inverse ne m'aurait pas étonné. Il donnait l'impression d'avoir vécu, bien plus que la plupart des garçons de son âge. La souffrance rôdait autour de lui.

Harry me posait assez peu de questions personnelles. Il savait que je faisais Sciences po, et mes nombreuses publications sur les réseaux sociaux ne lui avaient pas échappé, mais sa curiosité habituelle s'effondrait lorsque nous nous voyions dans l'IRL – curiosité qui le reprenait aussitôt à l'issue de l'entrevue, par messages interposés. Je devais sans doute l'impressionner ; j'avais réussi un concours réputé sélectif, et ma culture générale était, du fait de mon âge, naturellement supérieure à la sienne. Cette relative inégalité me déplaisait. J'aurais aimé être aussi libre que lui, sans toute cette théorie que j'avais dû ingurgiter bêtement pour mes études. Les livres peuvent sans doute émanciper, mais ils peuvent aussi exclure et nous éloigner de l'essentiel. Harry, lui, était toujours pleinement au monde, sans filtre ni artefact.

Pendant que nous parlions, j'avais glissé une main sur sa cuisse, avec discrétion – l'établissement n'étant manifestement pas un bar queer où l'on diffusait du Chantal Goya.

« Mais c'est pas un problème, dans ces milieux que tu fréquentes, d'être pédé, quand même ?

– C'est sûr que je ne le crie pas sur tous les toits…, mais tu sais, il y en a pas mal, des gays, chez les droitards nationalistes. »

J'ignorais cette tendance, moi qui ne discutais sur Tinder qu'avec des étudiants en socio ou aux Beaux-Arts – en somme, des démocrates.

Nous quittâmes l'établissement après une petite heure et nous dirigeâmes vers le château. Les subtils éclairages de la majestueuse ville rendaient la situation irréelle : qu'étais-je en train de faire à minuit, un mardi soir, avec un Versaillais d'extrême droite tout juste majeur ? C'était précisément cela qui me plaisait, le sentiment de mettre le pied dans une véritable aventure humaine à l'issue, assurément, imprévisible.

Après une bonne quinzaine de minutes de marche,

nous arrivâmes près de l'entrée de son immeuble. « Faut pas faire de bruit, c'est des gens assez vieux, ici. Mais une fois dans mon appart, on sera tranquilles, t'inquiète », me dit Harry d'une voix qui laissait tout espérer.

Nous passâmes une, deux, trois portes avant d'arriver à son appartement, situé au rez-de-chaussée d'une résidence moderne qui comportait plusieurs immeubles, tous de petite taille. Harry m'avait expliqué que le loyer n'était pas trop cher car le logement se situait à cheval sur une autre ville moins prestigieuse que Versailles : Le Chesnay. L'endroit était malgré tout assez cossu, surtout pour un modeste étudiant en licence d'histoire.

Il avait aménagé son appartement à sa « sauce », selon son expression. Une grande toile portant un symbole royaliste était fixée sur la porte qui séparait l'entrée de la pièce principale, et de nombreux emblèmes aux significations mystérieuses étaient positionnés un peu partout sur les murs. Je reconnus seulement un large drapeau français fièrement accroché au-dessus de son lit double. Aucune ambiguïté n'était possible.

Sans même avoir pris la peine de me proposer quelque chose à boire, il s'installa devant son bureau et lança une vidéo de Psyko Sauce, le fameux YouTubeur néoréac. « Sa dernière est géniale, je te la mets ! »

C'était un épisode de cinq minutes environ qui s'amusait à ridiculiser une certaine bien-pensance des grands médias, autrement dit une forme de pensée commune et sans nuances. Les exemples, tirés de plusieurs émissions de grande écoute, étaient nombreux et plutôt convaincants, mais flirtaient souvent avec la démagogie et une fâcheuse suffisance. Cela m'était égal ; Harry riait, donc je me sentais bien. L'idée de venir contrarier son plaisir ne me serait pas venue à l'esprit. Il m'avait dompté, et j'aimais ça.

Je sentais qu'il fallait que je réagisse. Harry venait de retirer son T-shirt et il s'était assis sur moi, à califourchon. « La dernière fois que j'ai fait ça à un mec, il s'est excité direct ! » me lança-t-il.

Le problème, c'est que moi, je ne bandais pas. Pour ne pas le décevoir, je faisais comme si tout allait bien ; je ne cessais de l'embrasser, sur le torse et sur la bouche, et je faisais glisser mes mains derrière son dos, jusqu'au début de ses fesses.

« Attends, y en a marre d'être tout le temps habillés, après tout, on est nés à poil, nan ! » dit-il en retirant le reste de ses vêtements.

Visuellement, je me régalais. Mais sexuellement, je restais stoïque. J'étais incapable de retirer ne fût-ce qu'un seul de mes vêtements. La situation frisait le ridicule et je savais qu'il ne me restait plus que quelques minutes avant que l'instant vire carrément au fiasco. En désespoir de cause, et la bite toujours inerte, je décidai de le sucer – chose que je n'avais presque jamais pratiquée auparavant. Jusqu'à présent, j'avais toujours joué le rôle de l'actif « strict », ce qui signifiait que je ne maîtrisais qu'une seule technique : la bonne vieille sodomie. Sauf qu'on ne baise pas avec une demi-molle.

J'agrippai son sexe et l'enfournai dans ma bouche. Harry n'avait pas l'air de trouver cela désagréable mais il sentait bien qu'il essuyait les plâtres. « Attends, là je sens tes dents, tu devrais plutôt faire comme ça… », me conseilla-t-il en m'indiquant, très respectueusement, les gestes à opérer. Je répétai l'opération, fort de ses recommandations, et mes efforts commencèrent à produire leurs effets. « Tu aimes ça, en fait ! » s'amusa Harry en me regardant, affairé sur son sexe comme un sculpteur débutant sa première réalisation.

Un instant, je crus même que j'étais devenu bon, le sexe d'Harry commençant à se raidir sérieusement. J'agrémentais le tout de mouvements de main, pour éviter de m'étouffer. Mais la branlette sur autrui n'était pas non plus ma spécialité. Une nouvelle fois, il me conseilla de m'y prendre autrement pour éviter de lui faire mal au gland tout en essayant d'accentuer son excitation. Que c'était laborieux !

Au bout d'une quinzaine de minutes, Harry me fit comprendre qu'il préférait arrêter. Je décidai d'insister, pour arriver au moins à ce qu'il jouisse, mais c'était trop tard. L'insuffisante excitation venait de retomber à plat et mon partenaire m'expliqua qu'il était de toute façon « un peu fatigué ». J'avais tout saboté.

Nous nous allongeâmes l'un à côté de l'autre et recommençâmes à discuter. Le gros malaise sur le plan sexuel n'avait apparemment pas atteint le niveau amical de notre liaison, nous continuions à rigoler, comme si rien ne s'était passé. Il était plus de 4 heures du matin et la fatigue commençait à nous assommer, mais nous souhaitions encore profiter du temps ensemble.

« Tu ne veux pas dormir avec moi ? me demanda-t-il.

– Non, je pense que je vais commander un Uber. »

Je décidai d'immortaliser l'instant en improvisant une

session photo. Harry s'était allongé sur le côté pour me regarder partir, et sa tête ébouriffée le faisait ressembler au magnétique acteur du film de Visconti, *Mort à Venise*. Je pris plusieurs photos de lui, un léger drap couvrant le bas de son corps. Puis il se joignit à moi pour quelques traditionnels selfies. C'était toujours ça de pris.

J'avais le sentiment que je devais fixer cet instant qui, vraisemblablement, ne se reproduirait jamais. Le pire est toujours sûr, disait souvent ma sœur.

Harry finit par se lever et m'embrassa tendrement. Il n'avait pas eu ce qu'il voulait, mais il me fit sentir que cela n'avait pas été si terrible, au fond, cette fausse première fois ensemble. Il devait avoir pitié de moi.

L'application Uber émit une sonnerie sur mon iPhone. Mon chauffeur était arrivé. Le signe de mon échec.

9

Je n'avais pas eu de nouvelles d'Harry de toute la journée. Las d'attendre devant mon iPhone, j'allai me défouler à la salle de sport.

Là, plusieurs jeunes garçons soulevaient des poids. Certains devaient encore être lycéens, mais la moyenne d'âge se situait autour de vingt ans. Tous étaient des fils de bonne famille, bourgeois et propres sur eux. J'avais toujours été attiré par ce genre de mecs. L'envie de les pervertir me venait immédiatement en tête, comme un challenge personnel. D'expérience, je savais que c'était ce type d'hommes qui étaient capables des plus grosses cochonneries sur le terrain sexuel. Il y avait tout à y gagner.

J'enfilai un T-shirt Puma rouge et me rendis dans la salle de musculation pour travailler mes abdominaux. Sans m'en rendre compte, j'avais pris un peu d'embonpoint et c'était peut-être aussi pour ça que je n'avais pas osé me mettre à poil, la veille, avec Harry. La pression avait été si grande.

Un type que je venais de croiser dans le vestiaire s'était installé juste à côté de moi, sur la machine de développé couché. J'avais l'impression qu'il me matait. Il se trouvait être plutôt à mon goût : de taille moyenne, brun, et totalement imberbe. Mais il était bien trop musclé pour rejoindre la catégorie que j'affectionnais par-dessus tout, celle des éphèbes.

Après cinq sessions de vingt mouvements, je rejoignis la machine à pectoraux à l'autre bout de la salle. À peine avais-je commencé à travailler que le gars revint près de moi et s'installa sur la presse à cuisses. Je remarquai qu'il n'y avait personne d'autre autour de nous.

En faisant mine de ne rien avoir remarqué, je continuai mes exercices, imperturbablement, en accentuant les bruits de respiration – il n'y a rien de pire que le silence pour aggraver une situation déjà inconfortable. J'avais de plus en plus de mal à supporter les poids, auxquels je n'étais plus habitué, mais je ne voulais pas changer de machine et prendre le risque que le mec me suive encore.

« Pas grand monde, ce soir ! » lança le gars en regardant dans ma direction.

J'attendis une bonne dizaine de secondes avant de répondre, pour lui montrer que j'étais absorbé par mon exercice : « Ouais, c'est pas courant. »

Je sentais que le mec continuait à me dévisager et je n'étais pas à l'aise. Il était beau, tout compte fait, mais il ne me plaisait pas. Plus exactement, ce n'était pas son corps qui me rebutait, c'était son comportement. Être désirable, c'est savoir montrer un certain détachement, surtout au début. Personne n'est attiré par quelqu'un qui se livre d'emblée. C'est une vérité élémentaire.

« Je crois t'avoir croisé sur une appli, tu vois ce que je veux dire… », avança le mec, sans finesse aucune.

Je continuais à actionner la machine en suant à grosses gouttes. « Ah oui ? C'est possible, mais je n'y vais presque plus », répondis-je, glacial.

En essayant de ne pas manifester la moindre émotion, je quittai ma place et me dirigeai d'un pas vif vers les vestiaires.

« Bonne soirée en tout cas ! » me lança l'intempestif.

Je filai, avec la sale impression d'avoir trompé Harry. J'étais déjà sous son emprise.

Dehors, j'allumai mon portable. Toujours pas de nouvelles d'Harry. Je commençais sérieusement à m'inquiéter.

« Ça va ? » envoyai-je au taciturne. Jusqu'alors, Harry n'avait jamais mis plus de trente minutes à répondre à un message. Sauf événement exceptionnel, il n'y avait aucune raison que cela change. « Dis-moi s'il y a un souci ! Je me pose des questions !

– T'inquiète, c'est juste que j'suis fatigué et j'fais plein de choses, me répondit-il dans l'instant.

– Oui, j'imagine ! Mais je n'avais pas de tes nouvelles depuis ce matin, alors j'me demandais…

– T'inquiète. » Comme si cette expression aussi vague qu'agaçante avait une quelconque vertu calmante.

Je ne pouvais m'empêcher de faire le lien avec le fiasco de la veille. J'ignorais à quel point le sexe était fondamental pour lui, mais il jouait manifestement un rôle certain dans sa vie, d'autant que les gays sont, en règle générale, des gens qui baisent beaucoup plus que les autres. On le sait bien. Je ne me reconnaissais pas dans ce portrait, mais je n'avais jamais correspondu à la norme, mon cas personnel n'avait donc que peu d'importance. Alors qu'Harry, lui, semblait se fondre dans le moule dominant – au moins sur ce terrain.

J'essayais de ne pas trop y penser, mais l'obsession devenait de plus en plus grande, et constante. J'avais bien une connerie d'exposé sur Gilles de Rais à préparer pour le lendemain, mais l'énergie me manquait. Le sentiment amoureux a ceci de particulier qu'il irrigue la totalité de l'existence, sans concession. Il est partout : au lever, au coucher, au midi, au petit-déjeuner, à l'école, dans la rue, aux toilettes, dans les rêves, au supermarché, à la synagogue, sur Netflix. Aimer quelqu'un, c'est lui donner sa vie, sans y avoir jamais consenti.

« Comment ça va ? » m'envoya Harry.

J'explosai de joie ! Je m'offris même le luxe d'attendre quelques minutes avant de lui répondre, pour ne pas paraître plus désespéré que je ne l'étais. La nonchalance est toujours feinte. « Bien, et toi ? Je regardais un Desplechin.

– Moi, j'ai eu l'accord de mon directeur de licence pour ne pas avoir à assister aux TD de ma fac !

– Vraiment ? Mais tu vas quand même pouvoir passer les exams ?

– Ouais ! C'est ce que je voulais. Comme je t'avais dit, je supporte pas d'aller en cours, ça me met mal. Comme ça on aura plus de temps pour se voir ! D'ailleurs, j'ai regardé sur l'appli SNCF, les travaux sur une des lignes sont terminés, du coup ce sera plus facile pour moi d'aller à Paris te voir ! »

J'avais mis BFM TV en fond pendant que je me brossais les dents. Je m'intéressais de plus en plus au mouvement des Gilets jaunes, depuis que Jacline Mouraud avait fait le buzz sur Internet et qu'une pétition pour réclamer la baisse du prix du carburant avait réuni des centaines de milliers de signatures. La journée qui venait de s'écouler avait été le théâtre d'une imposante manifestation, qui avait amplement dégénéré – notamment à Paris. Un nombre incalculable de voitures avaient été renversées ou carrément brûlées, tout autour de l'Arc de triomphe et au niveau de l'avenue de la Grande-Armée. La police et les CRS n'avaient manifestement pas su contenir la violence, et de nombreuses boutiques avaient été saccagées ou pillées. C'était le chaos dans un nombre important de villes françaises.

En repensant à Harry, je réalisai qu'il y avait sans doute directement participé, ce qui expliquait le temps qu'il avait mis à me répondre. Dans ses messages, il ne mentionnait jamais le programme exact de ses journées, mais il semblait déjà bien intégré au mouvement des Gilets jaunes, en particulier à sa frange la plus extrême. La chaîne info avait d'ailleurs expliqué qu'outre les black blocs, des groupes d'ultra-droite avaient participé à la manifestation, même si rien n'était précisé sur le rôle exact des uns et des autres. Harry faisait-il partie des casseurs ou avait-il seulement assisté à l'événement ? Avec son gabarit, je le voyais mal s'adonner à des actes trop physiques, mais ce n'était pas exclu.

Au fur et à mesure que je visionnais les images sur mon iPhone, une excitation indescriptible grandissait en moi. Sans que je puisse me l'expliquer, j'espérais qu'Harry soit l'un des types que je voyais à l'écran, en train de fracasser des devantures de magasin ; j'avais envie qu'il apparaisse soudainement à l'image, le visage meurtri, hurlant sa colère.

C'était absurde, mais ce désir me remettait comme en marche, il me redonnait un motif d'espérance : il y avait encore des gens prêts à tout pour défendre leurs intérêts ! Le pays n'était pas encore entièrement lobotomisé par l'addiction aux réseaux sociaux et le divertissement généralisé ! On pouvait encore compter sur quelques personnes pour prendre des risques en sortant dans la rue un samedi avec la ferme intention de se faire entendre. Comme c'était rassurant ! Car après tout, que valaient ces voitures brûlées et ces magasins bousillés face au désarroi de millions de citoyens ? Que valaient l'augmentation attendue des primes d'assurance et la fatigue des CRS face à une injuste répartition des richesses qui durait depuis les années 70 ? Que valaient les kiosques à journaux écroulés et les trottoirs dégueulassés face au racisme social constant dont faisaient preuve un grand nombre d'élites vis-à-vis du bas peuple ?

Je ne cautionnais pas la violence gratuite, ni évidemment les opinions fascisantes d'Harry, mais, dans son combat, il y avait quelque chose qui dépassait largement sa fougue identitaire et sa déraison juvénile ; j'y voyais bien davantage que de la brutalité, j'y voyais une forme de résistance à l'oppression lente que subissaient une grande partie des classes moyennes du pays, qu'il s'agisse de fonctionnaires, d'employés ou de petits patrons ; on ne pouvait réduire les incendies de l'avenue de la Grande-Armée et les jets de projectiles à une agressivité bestiale. Ces gens tentaient tous de sauver l'honneur des oubliés et des sans-grade, avec les moyens de la souffrance et du désespoir.

Qu'est-ce que je faisais de mon côté ? Qu'est-ce que j'entreprenais, pour ma part ? Rien, absolument rien, car je m'apprêtais déjà à rejoindre l'élite, en poursuivant mon cursus en « grande » école. J'avais beau être en désaccord avec le milieu que je côtoyais, je ne le quittais pas pour autant, par peur, par lâcheté, par conformisme. J'appartenais à une catégorie de salopards qui préparaient la révolution en chambre, bien à l'abri de la rue et de la misère sale. C'était tellement plus confortable de théoriser les injustices en plein Saint-Germain-des-Prés, les livres de Rousseau et de Marx sur les genoux, dans des enceintes aseptisées. Sauf que cette branlette, je le savais, ne menait strictement à rien.

Harry et tous les autres faisaient ce que les personnes comme moi n'avaient pas le courage de faire.

10

J'avais des envies d'aventure mais, comme la plupart des gens, pas la force de les concrétiser.

Mon milieu me l'interdisait. Ma mère et ses trois sœurs avaient été abandonnées par leur père lorsqu'elles étaient petites, et aucune d'elles n'était allée jusqu'au bac. Lorsque mon père était mort à seulement trente-huit ans – comme un chien, sur son lieu de travail, avec un connard de collègue qui l'avait vu s'agripper au mur de son bureau mais qui n'avait pas cru bon d'appeler les secours –, un destin m'était tout d'un coup tombé dessus : celui de gravir l'échelle sociale, avec sérieux et détermination. Grâce à l'amour inépuisable de ma mère, j'étais miraculeusement en train d'atteindre ce premier objectif. Je faisais de bonnes études et, pour mon entourage, ce n'était pas la moindre des fiertés.

Je ne croyais pas au déterminisme social, je savais qu'une trajectoire a priori toute tracée pouvait, au gré des circonstances et des événements historiques, présenter d'étonnantes bifurcations. Mais le respect de sa classe d'origine n'est pas quelque chose dont on se défait facilement. J'avais intégré Sciences po, ce que nombre de personnes de ma famille avaient bien eu du mal à croire, alors je ne pouvais pas me barrer pour aller jouer au révolutionnaire, fût-ce à travers l'embryon contestataire qu'étaient en train de façonner les Gilets jaunes. La révolte est avant tout un plaisir bourgeois, et quiconque a traîné ses guêtres ne serait-ce que quelques heures à la fac de Nanterre sait que l'écrasante majorité des indignés professionnels sont des personnes à l'abri du besoin – lorsque ce ne sont pas purement et simplement des branleurs. Ceux qui ont besoin de leur putain de diplôme, ils y vont, en cours, coûte que coûte – et ce, même quand ils ne cautionnent pas les dernières réformes du gouvernement sur les APL ou les bourses du Crous.

Harry semblait être d'une autre race. Celle de ceux qui n'ont plus rien à perdre, ou dont le sentiment d'injustice est tel qu'il surpasse tous les autres, y compris la quête de survie. Pourtant, il n'était pas un héritier, et il avait le sens du travail, vu les efforts qu'il avait dû fournir pour décrocher sa mention bien au bac. Mais son mode de pensée était différent du mien, plus radical et dépourvu de tout surmoi. Il aimait l'aventure pour l'aventure, alors que moi, je cherchais un supplément d'âme, et sans doute une forme de vie par procuration. Rien de plus. Nous ne naviguions pas dans le même paradigme.

Je n'avais pas eu à « tuer » mon père, le ciel s'en étant chargé, mais je ne m'étais pas encore défait de la tutelle de ma mère – contrairement à Harry qui, bien qu'il soit plus jeune que moi, ne paraissait plus du tout inféodé à sa famille. Moi, je vouais un respect infini à celle qui avait veillé, chaque minute de mon enfance, à mon bien-être matériel et mental, et il m'était impensable de prendre le risque de la décevoir. C'est d'ailleurs pour cette raison qu'elle ignorait toujours mon homosexualité. Elle avait bien le droit d'espérer avoir, un jour, des petits-enfants. L'homophobie n'avait rien à voir là-dedans. Je savais que je ne deviendrais pas hétérosexuel, mais je respectais ce désir maternel.

Au-delà de cette tutelle dont j'étais conscient et que j'entretenais même à ma manière, un autre obstacle s'opposait à ce que je devienne, sous une forme ou sous une autre, un « Harry », même dans une version édulcorée : j'ignorais ce qu'était un homme. J'avais été élevé par trois générations de femmes – de ma grand-mère jusqu'à ma sœur – et les quelques compagnons que ma mère avait pu fréquenter n'avaient jamais joué le « rôle de père ». J'avais bien eu des oncles, et un parrain, mais tous étaient décédés très jeunes et, de toute façon, ils n'habitaient pas la même région. Alors j'avais dû me fabriquer, comme beaucoup de garçons élevés au sein de familles monoparentales, une figure idéelle du père, empruntée anarchiquement à des livres et à des films pas toujours subtils sur le sujet.

J'en savais un rayon sur les femmes, autant que ce que j'ignorais à propos des hommes. Partant, la figure du héros, au sens classique, m'était absolument inconnue, et si je percevais volontiers ma mère comme une sorte d'Erin Brockovich yvelinoise, elle ne pouvait décemment pas jouer tous les rôles.

Malgré toute la rage que j'avais en moi quand j'apprenais que certains de mes camarades recevaient mille, parfois deux mille euros mensuels de leurs parents, je ne me voyais pas de grand destin. Sciences po ne me passionnait pas, mais j'allais quand même pouvoir me trouver un boulot à l'issue du cursus. Quelque chose de pas trop mal, avec un peu de chance. Ce serait déjà bien. Il faut savoir sauver sa peau.

Je persistais toutefois à vouloir comprendre le mieux possible les fondements du système démocratique qui s'écroulait chaque jour un peu plus sous mes yeux navrés. Je n'avais pas les épaules d'un Lénine ou d'un Castro, mais mon cerveau fonctionnait, et je me serais bien vu jouer le rôle de pygmalion auprès d'Harry, lui qui manquait si cruellement de limites morales pour encadrer son action. La seule difficulté, c'est que j'ignorais totalement dans quelle direction il fallait aller.

À l'évidence, je n'étais pas ou plus social-démocrate, tant les combats et les porte-parole de ce camp me filaient la nausée, mais la droite conservatrice et sûre de ses dogmes économistes surannés ne me convenait guère davantage. Mélenchon m'avait semblé un temps incarner une forme de sursaut social qui dépassait les clivages partisans traditionnels, avant qu'il ne soit pris au piège de son propre mouvement, dont certains des cadres paraissaient dépourvus de structure cérébrale. Quant à Macron, qui avait bêtement fait de la jeunesse une vertu en soi, il donnait l'impression de ne pas savoir ce qu'il faisait, empêtré dans une idéologie autodestructrice : le pragmatisme. Sur cet échiquier politique pulvérisé par l'élection présidentielle de 2017, Marine Le Pen restait encore debout, et son programme, quelque peu centrisé, sentait encore bien mauvais – et péchait par son anachronisme obsessionnel au sujet de l'euro et des frontières. Son logiciel datait des années 60, même si elle savait s'entourer de jeunes premiers.

À l'heure où le repli communautaire devenait une pratique courante chez les nouvelles générations, j'avais moi-même été tenté de me rapprocher du judaïsme, pour essayer de trouver la clé de voûte qui faisait défaut à mon prisme de pensée. Mais la démarche m'était vite apparue trop contraignante, et surtout aux antipodes de tout ce qui avait caractérisé ma culture familiale depuis la mort prématurée de mon père : l'arrachement à la religion. Chaque fois que l'option du réenracinement se présentait à moi, je me rappelais les paroles de ma grand-mère paternelle pour qui Dieu était devenu, selon ses propres dires, « le mal absolu ». C'était une opinion répandue chez les Costes, et je n'envisageais pas de venir la bouleverser – même si je me rendais de temps en temps à la synagogue pour me donner bonne conscience.

Harry se posait moins de questions que moi : il était porté par le ressentiment et la colère et il avait vu dans les Gilets jaunes un mouvement globalement compatible avec sa grille d'analyse, au moins sur le terrain social. Il n'avait pas besoin d'autre validation. Je l'aurais très bien imaginé participer aux révoltes de Mai 68, s'il était né plus tôt, ou au Printemps arabe, s'il avait été maghrébin, ou encore à la révolution bolchevique, s'il avait vécu en 1917. Il n'était pas accroché, de mon point de vue, au concept d'identité qu'il mettait pourtant en avant, il était surtout lié à l'idée d'insoumission, voire de violence. Chez les Gilets jaunes, je me doutais qu'il devait particulièrement apprécier l'engagement physique direct, au contact des forces de l'ordre et des autres manifestants, sur le macadam parisien. C'était un archétype du mâle, même s'il aimait sucer des bites. Quant à moi, j'étais déjà en train de m'embourgeoiser.

Je me rendais à la synagogue près de chez ma mère quand un type d'une trentaine d'années m'apostropha sur le trottoir d'en face : « Hé, retire ta kippa, c'est pas Tel-Aviv ici ! » Je continuai mon chemin en vérifiant discrètement que personne ne me suivait. L'incident fut vite clos.

Ce genre de réflexion était devenu courant depuis quelques années et nous savions, en tant que juifs, que notre présence dans l'espace public était loin d'être bienvenue partout. Le phénomène m'inquiétait, mais pas au point que je me sente menacé chaque vendredi soir, lors du shabbat. Je savais en revanche, pour avoir un tant soit peu étudié l'histoire contemporaine dans les livres de Berstein et Milza, que la non-résolution d'une crise sociale pouvait engendrer le pire. Le mépris de classe n'était pas qu'un problème d'ordre moral, il menait à de profondes fractures politiques, aux conséquences insidieuses.

Je réalisais que les Gilets jaunes étaient l'avatar d'une réaction sociale sans précédent, qui ne pourrait pas disparaître par le simple écoulement du temps. Dans un tel chaos, source, en effet, de repli identitaire, ce n'étaient pas les indignations des « intellectuels » et autres éditorialistes contre l'extrême droite qui allaient changer quoi que ce soit à la donne. Il fallait traiter le mal à la racine, et cette racine, ce n'était pas l'idiote Marine Le Pen, c'était le marasme économique et social qui plombait la France et une grande partie de l'Europe depuis quarante ans.

Malgré tout, la société multiculturaliste à l'occidentale semblait se maintenir, mais pour combien de temps encore ? Le terrorisme intégriste faisait des victimes à haute fréquence, les actes antisémites et antichrétiens se comptaient chaque année par centaines, autant que les agissements antimusulmans. Bien sûr, cela concernait une minorité de personnes, mais il était de plus en plus difficile de rencontrer quelqu'un qui n'avait pas été directement ou indirectement touché, surtout en Île-de-France. Le cosmopolitisme constituait un défi sans doute stimulant sur le plan intellectuel, mais bien ambitieux en pratique.

Je constatais autour de moi que l'élévation sociale garantissait presque systématiquement une sortie du communautarisme. À Sciences po, et dans tous les établissements parisiens privilégiés, les cultures, les langues et les origines s'interpénétraient avec succès et, de fait, la plupart de mes amis de promo n'étaient ni d'origine française, ni gays, ni juifs. Quand le destin professionnel est quelque peu assuré, on s'ouvre facilement à l'autre pour en tirer un enseignement, en faisant fi des différences les plus primaires. Mais lorsqu'on vit dans un ghetto, c'est une tout autre histoire.

Le profil d'Harry me confortait dans cette lecture des origines de la radicalité : son milieu était modeste, avec un père ouvrier et une mère femme de ménage, un logement merdique avec une mauvaise connexion Internet, et aucune gare à moins de trente minutes à pied. Sans surprise, il s'était solidarisé très tôt avec des mecs comme lui, blancs et de culture vaguement catho, et s'était mis à détester les Arabes – qui le lui rendaient bien. La haine communautaire s'apprenait dès les bancs du collège.

Pour autant, le ressentiment évident que mon plan Tinder avait contre les immigrés n'était pas de la méchanceté gratuite. Dans nos nombreux échanges, Harry développait une sorte d'interprétation sociale des injustices qui, selon lui, avaient deux causes distinctes : le capitalisme néo-libéral d'une part, accusé d'autogénérer des inégalités et une forme de frustration collective, et l'immigration d'autre part, qui ruinerait le modèle social français tout en tirant les salaires vers le bas – les entreprises voyant dans cette main-d'œuvre illimitée et bon marché une « armée de réserve » pour assurer les emplois les plus pénibles. Il n'était pas difficile d'observer qu'Uber Eats et Deliveroo exploitaient allégrement des travailleurs très peu qualifiés pour maximiser leur rentabilité. Harry n'était sans doute pas un fin économiste, mais il avait des yeux.

J'avais toutefois grand peine à identifier le moment précis où son raisonnement basculait de l'analyse sociale marxisante à la lecture purement raciale ; il était habile, et avait presque réussi à me convaincre que, contrairement aux apparences, le mouvement des Gilets jaunes portait en lui un « potentiel » identitaire – c'est-à-dire, dans son langage, la possibilité d'une séparation entre plusieurs communautés issues de la société. Cette intuition lui était venue lors d'une manifestation, quand il avait vu un antifa aider un natio à se relever d'une agression : « La police nous avait chargés, il y avait des projectiles partout, et en principe, les black blocs et les droitards se mélangent jamais. Mais là, pour la première fois, la jonction s'est faite. Et crois-moi, ce n'était pas une erreur. Les mecs qui participent à ça savent très bien ce qu'ils font, et surtout qui est qui. »

Lui, tout comme moi, fondait beaucoup d'espoir dans le mouvement des Gilets jaunes, mais je me rendais compte que nous n'avions pas les mêmes objectifs. Je pensais sincèrement qu'une réponse sociale forte et appropriée serait capable non seulement d'apaiser la colère dans le pays mais aussi d'éteindre la fièvre communautariste, alors qu'Harry voyait plutôt dans ce soulèvement les prémices d'une révolte identitaire qui trouverait là rien de moins que sa future armée. Nos opinions étaient, de ce point de vue, diamétralement opposées, mais je reconnaissais que mon révolté du nord de la France était un fin dialecticien. Son seul défaut, c'est qu'il essentialisait tout.

Harry voyait dans l'origine ethnique et ce qu'il appelait bêtement la « race » une détermination fondamentale que même la culture ne pouvait pas dépasser. Il le disait avec ses mots, sans recourir aux fumeux théoriciens du « grand remplacement », mais pour lui, la France était et devait rester une nation « blanche », pour demeurer « elle-même ». J'avais beau arguer que diverses vagues d'immigration, tant d'origine européenne qu'en provenance d'Afrique, avaient pu parfaitement s'intégrer au pays durant plusieurs décennies, il maintenait qu'il n'y avait aucune chance pour qu'un « Blanc » partage un destin commun avec un « Arabe, même non musulman ». Selon lui, tout était question de sang et de génétique, sans que l'éducation et la culture puissent avoir d'effet uniformisant et égalisant. « Même si tu mettais ensemble deux mille Arabes avec deux mille Blancs pendant cinq ans en leur donnant les mêmes cours, en leur faisant écouter la même musique, en les convertissant à la même religion, à la sortie, il y aurait toujours deux mille Blancs d'un côté et deux mille Arabes de l'autre. C'est comme ça », m'avait-il envoyé sur Snapchat. J'avais gardé la capture d'écran.

Un soir, alors qu'Harry avait lâché une blague antisémite bien crasse sans même s'en rendre compte, j'avais hésité à le bloquer sur les réseaux sociaux. Qu'étais-je en train de chercher avec ce type ? De l'affection – j'en manquais cruellement –, du cul – j'en avais oublié la sensation –, mais pour le reste ? Certes, j'avais toujours été attiré par les esprits révoltés, y compris les plus tordus, mais n'y avait-il pas là quelque chose de plus grave ? Harry avait encore l'excuse de la jeunesse, et je sentais bien que, sur certains sujets, le second degré n'était jamais loin. Mais le terrain était glissant.

En réalité, j'avais l'impression de ne plus avoir vraiment le choix. Autour de moi, dans les milieux cultureux et intellos que je fréquentais, je ne voyais plus qu'une forme de pourriture à la fois lâche et conformiste. D'un côté, il y avait les étudiants en art dont le mode de vie marginal m'attirait mais qui étaient incapables, souvent par ignorance, d'affronter les sujets qui fâchent, et de l'autre, il y avait les crétins des écoles de commerce et des IEP qui parlaient d'antiracisme et de féminisme à longueur de journée tout en ayant comme unique objectif d'intégrer un cabinet de conseil, « si possible dans le top 3 ». À choisir, je préférais encore les apprentis artistes, dont la compagnie était plus supportable. Mais je me sentais fondamentalement extérieur à tous ces gens.

Chez les gays, j'arrivais encore à faire mon marché, grâce à un puissant facteur pacificateur : le cul. Grâce au ciel, il n'était pas nécessaire de partager les opinions d'autrui pour avoir droit à une fellation ou à une sodomie. On était capables de faire la part des choses et, de toute façon, les « plans » duraient rarement plus de trois quarts d'heure, ce qui laissait peu d'espace pour envisager la question du conflit israélo-palestinien ou la fiscalité sur le patrimoine immobilier. Mais le problème se posait nécessairement pour toute relation un peu « suivie », où l'on ne pouvait se contenter de demander à l'autre s'il voulait qu'on lui gicle dedans ou s'il était favorable à une faciale. De fait, je connaissais déjà trop bien Harry – dans l'URL, en tout cas – pour oser me montrer aussi direct avec lui, le moment venu. Avec les sentiments, on devait non seulement respecter son partenaire, mais s'intéresser à lui, en acceptant sinon en avalisant ses prises de position – tout du moins celles qui étaient connues. Il n'était pas possible de rester spectateur.

C'était le premier acte de collaboration.

11

Nous nous étions réfugiés avec Simon à La Palette, un bar de la rue de Seine qui fermait tard.

En début de soirée, nous avions été voir l'interminable film *Magnolia*, avec un Tom Cruise plus improbable que jamais, dans un petit cinéma proche de la rue Soufflot qui ne passait que des vieilles pellicules. Il était 23 heures et nous n'avions toujours pas dîné.

« Alors, comment ça se passe, ton bouquin ? Tu avances sur tes mecs de droite ? demandai-je, sourire en coin.

– Ouais, ça avance, de toute façon l'intuition est là, il faut juste que je la mette en forme, mais je sens que c'est la bonne piste. D'ailleurs, on voit qu'il y a une colère de dingue qui monte, et pour une fois elle vient du peuple profond. Pas des lycéens des beaux quartiers ou des profs.

– Ouais..., mais en quoi ça confirme ton hypothèse ?

– Bah, ça me paraît évident ! Le peuple profond, il est carrément de droite. Plutôt blanc, de culture catho et avec de vieux relents xénophobes... La France de Pernaut, quoi ! Ceux qui manifestent tous les samedis.

– T'as beaucoup de gens d'origine immigrée qui pètent des câbles aussi, tu sais, et ils correspondent pas vraiment à ça. Après, j'comprends ce que tu veux dire. Mais à mon avis le mécontentement est bien plus large depuis quelques années. Y a qu'à regarder les gens qu'ont voté Mélenchon ou Le Pen : la plupart étaient des jeunes, qui à mon avis s'en tapaient pas mal du catholicisme ou de ce genre de considérations…

– Ça se passe bien, sinon, avec Harry ?

– Ouais ça va, mais j'suis pas sûr de lui plaire autant qu'il me plaît, pour faire simple. Je crois que j'ai peur de le décevoir au niveau performance. Lorsqu'on s'est vus chez lui l'autre fois, j'ai eu du mal à bander, tu vois l'genre… et j'ai bien vu qu'il était déçu.

– Mais tu m'avais pas dit que vous vous entendiez hyper bien, sur le reste ?

– Justement ! Et c'est ça qui m'étonne, on discute pendant des heures de la politique de gouvernement, des inégalités, des Gilets jaunes…

– T'es passé dans la *friend zone*, mec. »

La *friend zone* était une expression qui désignait le glissement d'une relation initialement sentimentale vers quelque chose de plus amical. Un mot-valise qui englobait en réalité toutes les histoires vraiment intéressantes, celles qui ne se limitaient pas au cul et au visionnage d'ordinaires blockbusters américains, le samedi soir, après une pizza quatre fromages achetée au supermarché. Le problème, c'est que je la recherchais systématiquement, cette *friend zone*, car je voulais connaître la personne à fond avant d'envisager la suite, notamment le sexe. Je considérais sans doute inconsciemment qu'il devait y avoir une certaine communion intellectuelle avant de pouvoir oser se montrer à quelqu'un. On a beau dire, se foutre à poil devant un inconnu, c'est pas évident. Je plaçais l'esprit avant le corps, en bon intello que j'étais, et ça me semblait être une bonne chose. Mais la vérité, c'est que, dans ces moments-là, j'avais peur de l'acte. Je n'arrivais plus à bander.

Après un certain temps, et de longs échanges sur plusieurs semaines, on entrait dans une nouvelle phase. On se connaissait l'un l'autre et, dès lors, il n'y avait plus rien à découvrir. L'excitation – la mienne – s'effondrait. À chaque fois, je construisais sans m'en rendre compte une sorte d'impasse dès qu'une personne me plaisait vraiment. Comme si je souhaitais que les relations les plus prometteuses échouent avant même que j'aie commencé à retirer mon putain de sweat-shirt. Harry était un cas d'école.

Inversement, j'étais parfois capable de coucher avec le premier venu lorsque je savais qu'il ne pourrait y avoir de lendemain. Je devais en quelque sorte mépriser la relation au plus haut point pour que ma queue puisse se tendre. Lorsque au contraire j'admirais la personne, tout s'éteignait brutalement en moi ; j'étais comme prostré, incapable de libérer mes désirs. Le problème, c'est que j'admirais trop Harry.

« Et toi au fait, comment ça se passe avec ta Katia ? demandai-je.

– Là, je vais la voir ce week-end, je vais rester trois jours.

– Mais ça te convient toujours, ce rythme ?

– Oh oui ! Parfaitement. Tu sais, je baise pas beaucoup, ça m'intéresse pas des masses. Il y a toujours la branlette, toute manière, et je sens que dans cinq ans, j'arrêterai. C'est lourd, tout ça. Tellement de prise de tête pour une petite sortie de liquide, ça vaut pas l'coup. J'pense carrément à faire une vasectomie un jour, pour supprimer le problème de la reproduction, des chiards et toute cette merde.

– T'es vraiment sérieux !

– Oui, je t'assure, y a tellement d'autres choses qui m'intéressent bien plus que ces discussions permanentes sur des questions hypercontingentes, ça me déprime… À la rigueur, j'pense que j'pourrais me mettre avec une muette. Au sens médical, je veux dire.

– Mais tu penses pas… comment dire… que tu préfères…

– Les mecs ? Oh, je crois vraiment pas. C'est plutôt que je tombe jamais amoureux. Ça peut m'arriver d'avoir des déceptions, quand une fille me plaît et que j'arrive pas à la baiser, bien sûr, et puis de temps en temps je me fais larguer malgré tout, comme n'importe qui. Mais y a jamais de vrai drame. Enfin, je connais des drames intérieurs, bien sûr ! Mais c'est plutôt après avoir lu Proust, quand je me rends compte que j'arriverai jamais à avoir son style… C'est pas tout à fait le même registre ! Et c'est pas le problème d'aimer les mecs, honnêtement j'ai eu mille opportunités pour savoir si j'étais homo et c'est vraiment pas le cas. Même si ça m'est déjà arrivé de faire…

– De faire quoi ?

– J'ai juste sucé un type, un jour. Ça remonte au lycée, y a quelques années. C'était une soirée de réveillon de jour de l'An, je crois, et évidemment c'était une énorme beuverie, et y avait un gars que j'admirais assez, qu'avait un nom à la con, genre Kevin, et je l'ai pompé.

– Mais comment ça ? Tu l'as sucé comme ça !

– Je sais plus exactement, on était déchirés, mais c'était un peu le beau gosse du lycée, j'étais bourré. Je crois que j'étais jaloux de lui, tout simplement. J'me disais que si je le suçais, peut-être que je monterais en gamme auprès des meufs.

– Ah ouais ? Et c'est ce qu'il s'est passé ensuite ?

– Non, évidemment. Ça a même empiré et j'ai pas baisé pendant un an, après. »

La vie de Simon était toujours un échec dans la plupart des domaines, mais il avait bien intégré la chose, comme s'il anticipait l'inefficacité de son action avant même de l'avoir engagée. Dès lors, il n'était pas soucieux.

Je fonctionnais sur le mode inverse, j'avais plutôt tendance à réussir ce que j'entreprenais – sauf dans le registre amoureux –, ce qui faisait que j'appréhendais chaque événement, par peur de l'échec. Je développais même une forme de paranoïa, qui me faisait croire que le monde entier était contre moi : la SNCF avec ses trains en retard, les administrations avec leurs dossiers à remplir auxquels il manquait toujours quelque chose, mes téléphones qui n'avaient jamais de batterie lorsque j'en avais le plus besoin, même les films qui se terminaient mal lorsque j'avais besoin qu'ils finissent bien. Par conséquent, j'étais angoissé de façon permanente, avec l'alcool et la masturbation comme seuls outils de décompression. J'étais un garçon atrocement ordinaire.

Harry était mon contraire : il avait confiance en lui, en son intellect, en ses charmes, et il affrontait les tracas du quotidien avec une relative indifférence. Je jalousais cette manière singulière de laisser glisser la négativité quotidienne, moi qui avais presque la nausée à chaque contrariété. Il était l'homme que j'aurais voulu être.

Il n'y avait plus de RER et Simon m'avait proposé de venir passer la nuit chez ses parents. C'était un lieu immense, au moins aussi immense que l'appartement de Louis Garrel et Eva Green dans *The Dreamers*, un film semi-érotique qui s'adressait à une frange très spécifique de la population : les jeunes CSP+. C'était précisément le milieu que côtoyait Simon toute la journée, alors que moi, après les cours, je rentrais chez ma mère qui habitait une maison de ville biscornue à seulement quelques mètres d'une voie ferrée – en banlieue chic, certes, mais en banlieue quand même. Il ne faut jamais minimiser la différence entre Paris et le reste de la France. C'était sans doute ce point précis qui me faisait aller davantage vers des minets provinciaux que vers des pseudo-lettrés aux parents diplomates ou médecins : la radicalité m'attirait. Or le confort en éloigne.

Simon était l'incarnation archétypale de ce mécanisme : il avait les idées vives, mais une manière de les vivre des plus conformistes. Il écrivait, mais n'aurait jamais eu l'idée de s'autopublier sur un mode pirate, il lui fallait Gallimard ou Grasset, sinon rien. De la même manière, il exécrait la boboïtude littéraire à la Édouard Louis ou François Bégaudeau, mais il ne voyageait jamais au-delà du périphérique – sauf pour aller en cours à HEC. Il vivait à Paris comme dans un village, sans contact avec les mœurs des gens de peu, qu'il méprisait d'ailleurs ouvertement.

« Mais pourquoi tu sors avec des types aussi bas de gamme ? » me disait-il parfois, l'air sincèrement troublé. Il ne comprenait pas comment je pouvais encore porter de l'intérêt aux catégories populaires, alors que j'étais moi-même en train de gravir l'échelle sociale. Sauf qu'il n'y avait rien d'intéressant chez les classes supérieures, qui vivaient toutes plus ou moins de la même façon et votaient les yeux fermés pour les partis dits « majoritaires », lesquels ne faisaient plus de politique depuis longtemps. Je ne trouvais de l'excitation que dans les marges, et ces marges, seules des personnes comme Harry pouvaient les incarner. Surtout pas des gens comme Simon.

Alors que nous nous apprêtions à nous coucher, mon ami me dit que des Gilets jaunes avaient pété le pare-brise de la voiture de son père, une vieille Renault Scénic. « C'est quand même vraiment des gros cons, comme si ça servait à quoi que ce soit de faire ça. »

Dans l'absolu, il n'avait pas tort, et je comprenais d'autant plus son énervement que son père, proviseur de lycée, n'était pas ce qu'on pouvait appeler un bourgeois – il appartenait à la classe moyenne supérieure, tout au plus. « Le problème de ce pays, c'est que la situation a littéralement pourri. Plus personne ne fait confiance au gouvernement, alors on s'en prend à tout ce qu'on trouve sur son passage », tentai-je d'expliquer.

Mais Simon n'avait pas la moindre compassion pour ces « cas sociaux », comme il les appelait. Pour lui, c'étaient avant tout des branleurs jaloux de la réussite des autres. Il y avait du vrai dans ce qu'il disait. Je ne pensais pas que les Gilets jaunes étaient des ratés médiocres, mais je reconnaissais volontiers qu'il existait, en France, une espèce de culture de la haine des riches, plus ou moins larvée.

Pour Simon, cet état d'esprit traduisait quelque chose de plus profond : une exécration du commerce et de la réussite économique en général qui entretenait parfois des liens avec la rhétorique antisémite la plus sotte. « Écoute les slogans des Gilets jaunes, Nico, c'est pas que de la critique des injustices. Si tu regardes bien, y a du soralisme, une pseudo-analyse de l'État gangréné par les lobbies, ça sent pas bon, j'te dis ! » Il faisait référence à certaines images relayées sur les réseaux sociaux, qui avaient effectivement mis en lumière les accointances de quelques Gilets jaunes avec la mouvance antisioniste issue d'Égalité et Réconciliation, la secte abjecte d'Alain Soral.

Je persistais à vouloir faire comprendre à Simon que les revendications les plus massivement exprimées étaient liées au pouvoir d'achat et à la représentativité des gouvernants, mais ses contre-arguments pesaient lourd : « Souviens-toi de ce tweet qu'avait posté Filoche sur Macron, qui amalgamait Macron et Israël. Avec tes Gilets jaunes, on n'est vraiment pas loin de ça ! Regarde même le Branco, ce type est pas net avec son brûlot *weird* et son obsession pour Gabriel Attal, on nage en plein délire ! »

Je n'étais effectivement pas fan du personnage de Juan Branco, dont le verbe, maîtrisé, avait des accents sensationnalistes et, chose ô combien insupportable, grandiloquents. Je n'accordais pas beaucoup de crédit aux écrivains engagés, fussent-ils jeunes et sincères dans leur démarche. Je respectais surtout ceux qui se coltinaient les basses œuvres, dangereuses et peu valorisantes : les hommes d'action. Branco n'était pas l'un d'eux. C'était un intellectuel indigné, comme moi, mais lui avait quelque chose que je n'avais pas : l'argent.

Simon avait pour projet de me faire retrouver la raison vis-à-vis d'Harry. Je l'écoutais avec attention. Mais il en fallait bien plus pour me convaincre d'arrêter.

12

J'avais accompagné ma mère au cimetière pour aller, comme nous le disions, « voir » mon père. L'expression m'avait toujours paru étonnante, elle était pourtant juste. Lorsque nous nous postions devant la tombe et que nous récitions des prières dans notre tête, nous avions en effet l'impression de dialoguer avec le défunt. À chaque fois, nous faisions le point, comme si nous tenions à ce que mon père soit informé de nos dernières mésaventures, y compris les plus triviales. Le jeu me plaisait. Ça commençait souvent sur le mode : « Bonjour, papa, pardon de ne pas être revenu plus tôt, j'ai eu beaucoup de choses à faire, avec les cours. » Et puis il y avait des blancs, tant du côté de ma mère que du mien, et après quelques secondes, nous continuions sur la revue des événements récents. Quand c'était fini, nous échangions pour comparer nos récits : « Alors, tu lui as parlé de Sciences po ? », « Et toi, tu lui as raconté tes problèmes de chaudière ? »... On pouvait trouver une forme de convivialité avec un mort.

Papa ne nous répondait pas directement, mais nous sentions sa présence. Celle de son âme et aussi celle de son corps, dont les restes ne devaient néanmoins plus ressembler à grand-chose. On a du mal à laisser partir quelqu'un, lorsqu'il disparaît si jeune. En lui parlant comme nous le faisions, nous prolongions son existence, jusqu'à l'infini.

Je décidai pour la première fois de lui parler de ce qu'il convenait d'appeler, même si je détestais l'expression, mon homosexualité. « Papa, je sais que tu vas être déçu, mais maman m'a toujours dit que tu étais quelqu'un de tolérant, alors je me lance... Voilà, je pense que je préfère les mecs. J'imagine que ce n'est pas ce que tu souhaitais, mais tu es bien placé pour savoir que les situations ne tournent pas forcément dans le sens qu'on aurait voulu... Bref, j'ai envie de t'en parler, parce que j'ai rencontré quelqu'un récemment, qui s'appelle Harry. Il habite Versailles, et il me plaît vraiment beaucoup... C'est même assez indescriptible, ce que je ressens, je t'avoue. Je ne sais pas si tu étais quelqu'un d'indigné, mais il a cette espèce de fougue magnifique qui le pousse à la révolte, il me fascine. Honnêtement, ses idées me conviennent pas, mais quelle énergie, tu n'as pas idée ! Quand je le regarde, je vois tellement de sincérité que je n'arrive plus à me contrôler... Et pourtant, ce n'est pas la première fois que je tombe amoureux d'un gars, désolé de te l'apprendre. Mais là, c'est très spécial. C'est tellement fort que j'envisage même d'en parler à maman, t'imagines... Bon, c'est un peu tôt pour l'instant puisque... »

« Tu as fini, Nico ? La nuit va bientôt tomber, me dit ma mère en posant une pierre sur la tombe.

– Oui, bientôt, maman, donne-moi juste deux minutes. »

« Voilà... comme je te disais... je crois que j'aime ce type, et quelque chose est en train de se passer en moi. Je sens qu'il y a un basculement, pas tant sur le plan des idées, mais au niveau du sens de ma vie. Tu vois, j'ai intégré Sciences po, je crois que j'ai assuré un peu mon avenir, même si tout reste encore à faire... Mais j'ai aussi envie d'autre chose. Tu comprends ? Je ne veux pour rien au monde décevoir maman mais il faut aussi que je fasse mes propres choix, tu crois pas ? Je sais que tu ne vas pas me juger... Je sens ton amour tous les jours, même quand je fais des conneries ! Essaye juste de me dire ce que tu en penses... Est-ce que je m'égare ou pas ? Je suis attiré par ce garçon, mais c'est au-delà du physique et de la connivence intellectuelle, sinon je t'en aurais pas parlé. Il a un combat à mener, et j'ai la sensation qu'il faut aussi que j'y participe, à mon niveau. Car regarde. Toi. J'imagine que ce n'est pas agréable de te rappeler ça, mais tu es mort si jeune ! Est-ce que tu étais content de la vie que tu avais ? Je veux dire, tu as fait des enfants, tu avais une super femme dont t'étais amoureux, mais au boulot, par exemple, est-ce que tu te réalisais ? C'est toujours un sujet tabou à la maison, mais je sais que les dernières années qui ont précédé ton décès, tu ne faisais que bosser, bosser, bosser... Tu rentrais tard, maman me l'a dit souvent, et après avoir dîné avec nous, tu te remettais à ton bureau jusqu'à pas d'heure, la clope au bec ! Tous les jours comme ça jusqu'à 1 ou 2 heures du matin, y compris le week-end ! Un jour, maman t'a même dit : “Si tu continues comme ça, tu ne verras pas grandir tes enfants...” Je sais que tu faisais ça pour nous, et grâce à toi, on a une maison, c'est déjà énorme. Mais tu ne regrettes pas, au fond, de t'être autant tué à la tâche ? Je ne suis pas contre l'entreprise, je ne suis pas marxiste, mais tu es mort comme une merde dans ton bureau un putain de lundi matin ! Et personne n'a pu te sauver, personne… Tu as cravaché pour quoi ? Pour engraisser cette boîte américaine à la con qui t'avait promis que tu deviendrais bientôt directeur financier ? Bah, tu sais quoi, je m'en fous de ça ! J'aurais préféré un père ouvrier et vivant que toi dans cette tombe ! Je ne t'en fais pas le reproche… mais comprends-moi. Je ne veux pas reproduire ça. Jamais je ne reproduirai ça. Je sais que c'est une connerie, ce carriérisme, qu'il faut voir la vie autrement, comme quelque chose de très éphémère, s'il y a une leçon que j'ai tirée de ta mort, c'est bien cela… J'ai retrouvé tes vieilles photos il y a pas longtemps, lorsque maman faisait du rangement à la maison. Tes vieilles photos d'Inde et d'URSS, lorsque tu étais encore étudiant. Qu'est-ce qu'elles sont belles ! J'aimerais tellement les faire exposer. Pour te rendre hommage, mais aussi parce qu'elles sont vraiment bien ! T'imagines, si tu avais poursuivi dans cette voie ? On aurait sans doute pas eu la maison, et je ne serais peut-être même pas né, mais tu aurais vécu. Qu'est-ce qui a plus de valeur que la vie, finalement ? »

Nous nous apprêtions à repartir à la maison. Ma mère avais mis la clé de contact dans sa vieille Polo et avait actionné les essuie-glaces. Une fine pluie commençait à tomber sur le pare-brise.

« T'avais beaucoup de choses à lui raconter, aujourd'hui, me dit-elle en faisant démarrer le moteur.

– Oui, en effet, j'avais quelque chose sur le cœur, il fallait que ça sorte.

– Bah, dis-moi, qu'est-ce que c'est ?

– C'est un peu délicat, et c'est trop tôt pour t'en

parler, j'suis désolé. Ça concerne quelqu'un que j'ai… enfin… non, je préfère te raconter tout ça plus tard.

– Je vois que tu n'es pas très bien en ce moment, Nicolas. Tu m'en parles quand tu seras prêt, hein ? »

J'étais prêt, mais ce n'était sans doute pas son cas.

Les rues défilaient derrière la vitre passager à moitié embuée par les gouttes d'eau qui tombaient à un rythme soutenu. Il pleuvait souvent quand nous allions voir mon père ou, plus exactement, il faisait grand beau temps lorsque nous arrivions et il se mettait à tomber des cordes dès que nous repartions. Chaque fois, j'avais l'impression que c'étaient les larmes de celui qu'on abandonnait une nouvelle fois.

J'ignorais à quel point j'avais été déterminé par la mort précoce de mon père. Pour certains, le fait que j'étais encore un enfant lorsque le drame se produisit était « une bonne chose », car je n'avais selon eux « aucun souvenir de lui ». C'était sans doute en partie vrai. Néanmoins, on m'avait retiré mon père avant même que je puisse m'imprégner de sa voix et de son odeur, et c'était en fait pire que tout. Il avait vécu, son acte de décès l'attestait, mais pour moi, il n'avait toujours été qu'un cadavre en voie de décomposition, puis un tas d'os. Ce n'est pas facile de vivre avec une telle image de son père. On ne m'avait pas donné le droit de me souvenir de lui, quand il me prenait sur ses genoux ou lorsqu'il m'embrassait le soir, avant d'éteindre la lumière. On ne m'avait pas donné le droit de me rappeler sa manière d'être, ses joies, ses colères, ses excès, dont je savais qu'ils avaient été nombreux. On ne m'avait pas donné le droit de me remémorer ces deux anniversaires, à un et deux ans, au cours desquels il avait dû me faire des cadeaux, et plein d'autres choses encore. J'aurais pourtant voulu avoir ça quelque part dans un coin de ma tête, dans les moments de tristesse tels que ceux que j'étais en train de vivre, ce soir de novembre. J'aurais bien aimé pouvoir me raccrocher à autre chose qu'à des photos, sur lesquelles il figurait rarement puisque, comme ma mère me le disait, « c'est lui qui tenait toujours l'appareil ». J'avais juste quelques clichés, flous pour la plupart, où on le voyait parfois en Bretagne, dans la maison de mes grands-parents, parfois en vacances, mais c'était bien maigre. Il n'y avait pas assez de chair pour que je puisse un tant soit peu m'identifier à lui. Pour moi, il n'avait jamais existé.

13

Ma relation avec Harry s'était stabilisée, il m'obsédait toujours autant, même si nous nous voyions de façon régulière, et souvent à son initiative. J'avais donc cessé de m'inquiéter au quotidien et nos échanges avaient repris comme lors des premiers jours. Nous n'avions toujours pas couché ensemble mais nous prenions souvent des verres jusqu'à des heures tardives, le plus souvent dans le Marais.

Nous fréquentions en particulier le Ju', un bar gay situé rue des Archives, à quelques pas du BHV. C'était un endroit où l'on se sentait bien, non seulement en sécurité mais aussi aimés, presque cajolés, notamment par le gérant, un certain Boris à qui je faisais la bise à chacune de nos venues.

La dernière fois, nous avions même pris la pose et il nous avait photographiés sous tous les angles à l'intérieur de l'établissement dont les lumières roses nous donnaient un teint irréel. Sans complexe, Harry s'était prêté au jeu et manifestait le sentiment de satisfaction du provincial qui commençait à conquérir Paris. Bien sûr, il ne s'agissait que de simples verres, mais il savait que nous étions dans l'un des quartiers les plus chers de la capitale, qui plus est dans l'un des lieux les plus courus. Il se sentait loin, très loin de sa monotone périphérie du nord de la France qui buvait plus de Suze que de mojitos.

Après ce photoshoot improvisé, nous avions dû prolonger la soirée dans un autre bar, à Châtelet, car nous avions raté le dernier RER. C'était le seul endroit du coin qui ne fermait pas de la nuit. L'inconvénient était qu'il diffusait de la musique rock à toute berzingue, jouée en live par des musiciens amateurs qui donnaient l'impression de se parodier eux-mêmes. Ça se payait d'habiter la banlieue.

Malgré le relatif calme de notre relation, je n'arrivais plus à me concentrer pendant les cours. J'en séchais une grande partie, d'autant que personne ne notait les absents, et je restais souvent des heures à errer dans les couloirs de Sciences po, à la Péniche ou dans le jardin, avec la sensation que ce lieu n'était plus le mien. Parfois, je m'installais à la bibliothèque pour lire le journal, histoire de déculpabiliser. J'essayais de compenser ma paresse en me plongeant quelques minutes par jour dans les pages du *Monde* ou de *Libération*. Erreur ! Cela faisait bien longtemps qu'on n'apprenait plus grand-chose dans ces journaux à la ligne éditoriale galvaudée. Un soulèvement formidable avait lieu dans le pays, mais à de rares exceptions près, les médias n'y décelaient que de la violence et de la haine. La presse n'était tellement plus habituée à voir des gens moyens descendre dans la rue qu'elle avait fini par croire qu'ils étaient morts. À l'ère de la pleurnicherie victimaire, c'était mal vu d'être un révolté ordinaire. Plus personne ne savait vraiment ce que c'était, le peuple. Dès lors, on en avait peur.

Au fil de nos rencontres, je découvris qu'Harry s'était investi dans le mouvement des Gilets jaunes dès le début, via les groupes plus ou moins clandestins qu'il fréquentait, et nous passions des heures à en discuter dans des cafés ou même à Sciences po, où il passait me rendre visite. Il avait appris à aimer la rive gauche, ou plutôt à l'apprivoiser, parce qu'il ne supportait pas de se sentir à l'écart d'un monde qui s'était autodésigné comme la vitrine de la vie intellectuelle française. Harry n'avait aucun respect pour l'autorité, en tout cas pas pour celle de l'establishment. C'était l'anti-snobs par excellence.

Il avait une vision des choses plus radicale que moi au sujet des événements en cours : pour lui, les Gilets jaunes incarnaient le vrai peuple, contre la dictature des élites et l'européisme autoritaire. J'étais pour ma part plus partagé ; certes, le fondement des revendications me paraissait légitime, mais je gardais quelques inquiétudes sur l'horizon politique sous-jacent. La masse des Gilets jaunes était constituée de petites gens, appartenant à la classe moyenne déclassée, dont la plupart n'avaient pas eu la chance de faire de longues études, ce qui ne les empêchait pas de maîtriser leur discours. Mais en leur sein, il y avait, à l'évidence, un vague fond de populisme primaire aux relents anti-impérialistes et soraliens, qui entretenait un certain rapport avec la rhétorique antisioniste. Je n'étais pas un juif très pratiquant, mais je restais vigilant sur les questions ayant trait à Israël ou au judaïsme, non par tribalisme grégaire, mais par réel souci pour une communauté souvent pointée du doigt – le plus souvent pour d'injustes motifs.

Harry connaissait mes origines depuis les premiers jours de notre relation et cela ne semblait lui poser aucun problème. Il ne correspondait pas du tout, de ce point de vue, à l'extrême droite traditionnelle. Il savait que je n'appréciais que modérément ses diatribes violentes qui amalgamaient un grand nombre d'élites et de réseaux de puissance, mais il connaissait aussi ma sincère indignation au sujet des questions sociales. Notre véritable désaccord concernait la question de la mondialisation. Pour lui, la libre circulation des hommes, des capitaux et des marchandises participait d'un même processus d'écrasement des nations, uniques remparts contre la domination du monde de l'argent. J'avais beau arguer que le fait, pour un être humain, de pouvoir choisir dans une certaine mesure son lieu de vie était une liberté élémentaire, et que le protectionnisme économique avait historiquement échoué, il maintenait que le « système » avait été bâti pour les riches, sans que les peuples y récoltent le moindre avantage. Seule la Nation pouvait, selon lui, représenter légitimement les citoyens ; par conséquent, l'Union européenne constituait en elle-même une instance de domination arbitraire qu'il convenait de supprimer définitivement et, si nécessaire, en employant la force. Harry n'avait pas froid aux yeux, je sentais qu'en cas de soulèvement général, il n'aurait pas hésité à s'engager en première ligne, quitte à se griller pour le restant de sa vie. Son excès de radicalité m'effrayait, mais renforçait parallèlement mon attirance physique pour lui. Le sex appeal entretient des rapports compliqués avec la morale.

Nous nous retrouvions cependant sur un point essentiel : la révolte des Gilets jaunes était un véritable mouvement social qui ratissait large. Il y avait des femmes, des jeunes et, contrairement à ce que disaient les médias, le peuple des banlieues avait aussi pris part à la révolte. Pour une fois, la France n'avait pas accouché d'un mouvement catégoriel, tel celui de Nuit debout, qui n'avait vraiment concerné que les couches éduquées supérieures, dont une immense partie travaillait ou se destinait à travailler pour la fonction publique. Les Gilets jaunes étaient infiniment plus mélangés sur le plan social : ouvriers, employés, profs, professions libérales, commerçants, petits patrons… C'était une authentique masse, qui avait puisé dans les profondeurs du pays pour faire émerger un mouvement transversal, apartisan, qui, de ce fait, revêtait un caractère irrépressible.

C'était mardi et Harry m'avait rejoint au Basile, le café où tous les étudiants de Sciences po avaient l'habitude de traîner après – et parfois pendant – les cours. Comme d'habitude, il était entièrement vêtu de noir et portait son horrible sacoche Adidas. On dit que l'amour rend aveugle.

« Je vais prendre un Monaco, s'il vous plaît, dis-je au serveur.

– Et moi un mojito fraise ! » s'exclama Harry, toujours enthousiaste. Il commandait souvent ce cocktail depuis que nous en avions consommé des litres, un soir, au Ju'.

« Alors, les cours, c'était bien ? me demanda-t-il en se précipitant sur les cacahuètes.

– Pas vraiment, enfin j'en sais rien, en fait ! J'y vais plus.

– Ah bon ! Mais pourquoi ? Y a un problème ?

– Non, mais ça m'emmerde.

– Moi j'aimerais bien m'emmerder à Sciences po ! ironisa Harry en continuant à se goinfrer comme un écolier à l'heure du goûter.

– Je sais, c'est un problème de riche, comme on dit… Mais j'ai parfois envie de tout balancer, de partir à l'étranger. À Berlin, j'aimerais bien.

– Ah bon ? T'es allemand ?

– Non ! Mais il paraît que c'est une ville géniale, dynamique, très jeune et underground.

– Ah oui ? Et tu partirais longtemps là-bas ?

– Je sais pas trop. Peut-être trois ou quatre mois.

– Ah d'accord ! » fit-il, sans témoigner la moindre inquiétude.

Je n'avais bien sûr aucune intention de partir outre-Rhin.

Je me demandais parfois quel statut j'avais pour ce mec. Nous nous voyions une ou deux fois par semaine et échangions par messages au quotidien, mais certaines attitudes, comme celle qu'il venait d'avoir au sujet de mon *fake* projet berlinois, démontraient un humiliant désintérêt. Je savais, comme il me le répétait régulièrement, que nous n'étions pas « en couple ». Qu'étions-nous alors ? Des amis ? Des camarades ? Des collègues ? Pire encore ?

« J'ai rencontré une nana, l'autre fois, à une réunion, me raconta Harry.

– C'est-à-dire ?

– Bah tu sais, je fréquente des groupes identitaires, et c'était un événement à Versailles. On s'est bien entendus. Elle s'appelle Manon. »

Je ravalai ma salive.

« D'accord… mais… tu comptes la revoir ?

– Je sais pas, peut-être », répondit-il en aspirant bruyamment la fin de son mojito. Il était odieux.

« Elle t'attire ? repris-je, la gorge nouée.

– Ouais, j'crois, mais pour l'instant, il s'est rien passé.

– T'aimes vraiment les filles tant que ça ?

– On en a déjà parlé, t'es saoulant avec ça, je préfère les mecs, tu sais bien, mais parfois j'avoue que ça me dérangerait pas de m'en taper une. Ça change ! »

J'avais écourté notre entrevue, prétextant un travail important à terminer pour le lendemain. Harry me sortait par les yeux avec sa nonchalance blessante et sa légèreté niaise.

Je m'étais réfugié dans la bibliothèque de Sciences po, où j'avais pu trouver un ordinateur libre. Il me venait l'envie d'enquêter sur ce garçon qui avait littéralement colonisé mon quotidien. Car, chose surprenante, je n'avais jamais googlé son nom. J'avais pourtant une masse importante d'informations sur lui, désormais : son état civil complet, sa ville d'origine, son ancien lycée. Son profil Facebook ne m'avait pas été d'une grande aide puisque Harry s'était récemment adonné à un vaste « nettoyage », selon ses mots, depuis qu'il fréquentait des milieux nationalistes. Toutes les photos compromettantes ou l'appartenance à des groupes controversés avaient été soigneusement gommées, pour ne laisser que le strict minimum : un dessin abstrait en guise d'image de profil, évidemment un pseudonyme, et des publications anodines sur le dernier film Marvel ou la nouvelle coiffure de Cyril Hanouna. On peut tout reconstruire, sur Internet, même s'inventer une autre personnalité.

Harry n'avait néanmoins pas été jusqu'à supprimer certaines pages des résultats Google, entreprise bien plus ardue à mettre en œuvre, sauf à solliciter les services d'un expert idoine. Je tombai donc le plus facilement du monde sur d'obscurs blogs faisant référence à son affiliation à telle et telle instance – des groupuscules d'extrême gauche à tendance souverainiste, des partis plus ou moins clandestins et des organisations clairement droitardes. Le pire, c'est qu'outre son nom complet, certaines pages faisaient mention de sa ville d'origine, en Picardie, entre autres informations diverses telles l'appartenance à une section ou à un comité spécialisé sur l'immigration. On ne pouvait tomber plus bas sur l'échelle de l'errance politique 2.0.

Au fur et à mesure que j'exhumais de la Toile ces sites nauséabonds, dont le lien véritable avec Harry n'était pas toujours clair, ma fascination pour le personnage s'accroissait. Il n'avait vraiment peur de rien. Une seule de ces publications pouvait aisément planter sa future carrière, car le Net garde tout en archive, mais je savais qu'il s'en foutait. « À un moment donné, faut bien s'engager », m'avait-il dit récemment, lorsque je l'avais mis en garde sur les risques qu'il était en train de prendre avec ses multiples activités.

Harry était dingue, complètement dingue, mais selon des critères rationnels ou calculateurs que, de toute façon, il rejetait en bloc. « Je me tape pas mal de ce que peuvent penser les gens, je les emmerde ! » répétait-il. Même lorsque je lui expliquais qu'il regretterait peut-être un jour ces engagements de jeunesse, il affirmait en me coupant la parole : « Tout ce qui compte, c'est qu'au moment où je m'engage, j'y crois dur comme fer. »

Moi qui étais obsédé par le regard des autres, je n'arrivais même pas à concevoir cette vision quasi masochiste, sacrificielle de l'existence. Je faisais Sciences po parce que « ça ouvre des portes », et si je ne mâchais pas mes mots quand j'analysais la situation sociale du pays, je veillais toujours à maîtriser mon discours. Par crainte, sans doute.

« Il faut arrêter d'avoir peur ! » disait souvent Harry en riant. Dans ces moments-là, je ne savais que répondre. On n'arrête pas quelqu'un qui ne craint pas le danger.

14

J'avais rejoint mon ami Carl au Ju'. Alors que le temps était glacial, il ne portait qu'un simple T-shirt col en V et un pantalon retroussé jusqu'au bas des genoux. J'avais toujours éprouvé un certain désir sexuel pour lui, c'était d'ailleurs réciproque. On s'était roulé des pelles, à l'occasion. Mais entre-temps, Harry avait envahi ma vie. La donne avait changé.

Nous nous enfilâmes deux mojitos chacun en l'espace d'une demi-heure. La terrasse chauffée était des plus agréables, surtout passé minuit, lorsque tous les putains de touristes s'étaient enfin cassés de la zone. Paris redevenait alors un charmant village, où la liberté et l'esprit vaguement punk pouvaient enfin s'exprimer. Le quartier portait pourtant les stigmates des événements politiques en cours, avec un grand nombre de devantures de magasins brisées par la frange radicale des Gilets jaunes. Cela m'indifférait. Pour une fois, les primes d'assurance allaient servir une juste cause.

Carl ne quittait pas son portable des mains. « Je te cache pas que je cherche un plan, là, donc si tu me vois partir quelques minutes, t'inquiète pas, je fais mon affaire et je reviens. » L'annonce ne me surprenait pas, c'était quelqu'un qui pratiquait le sexe de façon brute, sans interdit aucun. Quand il avait envie de baiser, c'est-à-dire au moins une fois par jour, il ouvrait Grindr et hop, la géolocalisation de l'app faisait le reste pour lui. « Ce que j'adore dans le quartier, c'est que t'as même pas besoin de marcher. T'as des centaines de mecs dans un rayon d'un kilomètre. Y a qu'à cliquer. »

Le marché était d'autant plus fourni que Carl ne pratiquait pas de discriminations : il prenait presque tout ce qui se présentait, quels que soient l'âge ou la gueule, à condition que le type soit suffisamment bien monté. Parfois, il tombait très bas. C'était un mec bien plus à l'aise que moi avec son corps ; partant, il s'excitait avec une grande facilité.

« Y en a un qui m'a l'air pas mal, il est vers Saint-Paul, à trois minutes. J'pense que j'vais y aller. Tu m'attends et j'reviens ? Toute façon j'ai pas envie d'me faire défoncer, donc c'est l'histoire d'une bonne pipe. »

L'idée de devoir rester tout seul comme un con au bar ne m'enthousiasmait guère. « Ça te gêne si je viens ? Je ferai que regarder. »

Le gars descendit nous chercher rue de Rivoli et nous invita à monter chez lui. C'était l'archétype du gay du Marais : trente-cinq ans, assez musclé, tartiné d'autobronzant et, bien sûr, friqué.

« Tu nous offres un verre ? » demanda Carl, alors que nous arrivions dans l'appartement au parquet vitrifié. Le mec s'était déjà mis en calbute et ne semblait pas vouloir traîner.

J'avais sniffé beaucoup de poppers pour me détendre avant cette fausse partouze. Je n'avais aucune intention de participer à leur truc, et en voyant la gueule du bonhomme, qui devait bosser au service marketing d'une sombre boîte allemande, je ne risquais pas de changer d'avis. Malgré tout, la mise en scène m'amusait.

Je n'étais pas exactement déglingue niveau sexe mais la vigueur avec laquelle mon pote léchait la bite de cet illustre inconnu constituait un divertissement savoureux. La verge n'était pourtant pas bien longue, mais elle semblait bien dure et la langue de Carl naviguait familièrement dans cette zone.

Le type gémissait comme un gorille, mais ce n'était pas gênant. Il m'avait fait installer près de lui, sur le canapé en tissu, et voulait me faire participer. J'avais gentiment écarté sa main, à deux reprises. Il avait fini par comprendre.

Carl ne m'avait pas adressé le moindre regard. Complètement absorbé par sa tâche, il ne cessait de former des cercles avec sa bouche et, à un rythme régulier, il plongeait littéralement pour enfourner la tige au fond de son gosier. Il devait vraiment avoir beaucoup pratiqué pour ne pas gerber en pareille situation. J'en aurais été incapable.

Le jeu durait depuis déjà un bon quart d'heure et je commençais à m'ennuyer. Je m'étais assis par terre, près de la table du salon, et je regardais mes mails.

« T'es sûr que ton pote veut pas participer ? demanda le mec à Carl.

– Hm… Non… Hm… Il veut juste… Hm. Mater. »

Je me demandais combien de temps leur machin allait encore durer. D'ici quelques dizaines de minutes, nous n'aurions plus de RER.

« Allez, même si tu participes pas, dis-nous ce que t'as envie de voir », suggéra le bonhomme, qui commençait à suer.

Je me rapprochai du canapé et m'arrêtai tout près de

Carl, l'air pensif. « J'aimerais bien que tu lui foutes des fessées, assez fortes. »

L'idée n'avait pas été mûrement réfléchie, elle se révéla pourtant idéale pour détendre l'ambiance qui était devenue pesante. J'ignorais si Carl se réjouissait de cet inattendu changement de programme, mais il ne posa aucune question et retira son pantalon. Il avait un très beau cul, quoique un peu trop poilu pour moi, qui affectionnais plutôt les corps d'éphèbes.

Le gars n'était pas particulièrement doué et frappait Carl sans grande assurance, à tel point que je fus pris d'un fou rire. « C'est rien, continuez ! C'est juste la situation qui me fait délire. »

Mon pote me jeta un regard noir.

En même temps que Carl se faisait doigter par le type dont le corps moite ressemblait de plus en plus à celui d'une anguille, la fellation se poursuivait. Et je me demandais quand le bonhomme allait enfin se décider à jouir.

Le poppers m'avait donné mal au crâne et j'avais envie de me casser. Non pas que le spectacle fût désagréable, mais il me renvoyait à ma propre médiocrité sur le terrain sexuel. Je n'avais pas niqué depuis plusieurs mois et, surtout, je ne l'avais toujours pas fait avec Harry. C'était peut-être aussi pour ça que j'avais voulu accompagner Carl ce soir-là, pour me convaincre que j'étais aussi capable de choses salaces. On surjoue souvent ce qu'on est en réalité incapable de faire.

Je vivais encore et toujours par procuration.

15

Nous avions décidé de partir en week-end à Londres avec Harry, du samedi matin au dimanche soir, nos bourses ne nous permettant pas de partir plus longtemps. Je connaissais assez bien la ville mais mon fougueux accompagnateur n'y avait jamais mis les pieds. « Je suis toujours resté en France », m'avait-il avoué, un brin honteux.

J'avais réservé une nuit dans un modeste Bed & Breakfast au nord-ouest de Hyde Park, près du métro Queensway. C'était la partie *cheap* du quartier victorien, qui comportait un grand nombre de vieux hôtels dont l'extérieur, généralement soigné, donnait l'impression qu'il s'agissait d'établissements de standing. En réalité, c'étaient les chambres doubles les moins chères de la ville : tout juste cinquante livres la nuit. À ce prix-là, il ne fallait pas s'attendre à trouver des draps propres.

C'était la première fois que je partais en vacances « en amoureux » avec une personne du même sexe. À la fin du lycée et au début de mes études à Sciences po, j'allais souvent en Corrèze avec Stéphanie, mais c'était décevant. Ce qui est facile, entre garçons, c'est qu'on connaît naturellement les besoins de l'autre ; partant, on les anticipe. Alors qu'une fille a son propre système de fonctionnement, un mécanisme opaque dans lequel je n'avais jamais réussi qu'à me prendre, faute de talent, sans doute, et d'envie, aussi. Je pouvais être spontané avec des hommes que je ne connaissais parfois que depuis quelques minutes, mais avec les nanas, il y avait toujours une distance, une sorte de barrière qui me paraissait infranchissable. Et elles me le rendaient bien, en me traitant comme de la merde.

Je m'étais demandé si, compte tenu de ces difficultés, je n'avais pas choisi la voie de l'homosexualité par défaut, autrement dit par manque d'ambition. Non pas que les relations homosexuelles soient faciles, mais j'avais l'impression de comprendre plus ou moins ce qu'il se passait dans la tête de l'autre. Tandis qu'avec les nanas, je ne faisais que me tromper. Elles reprenaient chacune de mes phrases, chacune de mes analyses, chacun de mes projets, comme si ma seule présence déclenchait en elles une volonté d'anéantissement.

Soho était bondé. Selon les médias, le tourisme franco-anglais avait nettement diminué depuis l'annonce du Brexit, mais nous constations l'inverse. Nous entendions toutes les deux minutes parler français, à un point qui devenait carrément pénible. « Moi, ça me rassure qu'il y ait autant de Frenchies autour de nous ! avait dit Harry. Comme je parle super mal anglais, je me sens moins seul ! » On n'imagine pas à quel point la maîtrise d'une langue étrangère est un facteur discriminant. Être citoyen du monde, ou même citoyen européen, c'est vrai que c'est agréable, mais c'est aussi très stigmatisant pour tous ceux qui ne connaissent que leur langue natale. Entre Harry et moi, il y avait un monde, sur le plan symbolique.

Londres était la ville moderne par excellence : propre, cosmopolite, mondialisée à outrance, jusqu'au ridicule, mais qui entretenait, comme pour contrebalancer la violence de l'uniformisation libérale, un rapport étriqué à la tradition. Certains quartiers avaient beau être ravagés par les chaînes de *junk food* et de *fast fashion*, des pubs à la devanture éternelle continuaient de ponctuer les suites infinies de boutiques et commerces en tout genre. Mais, étrangement, l'ensemble n'était pas désagréable car, contrairement à Paris, tout y était soigné, les rues, les trottoirs, les gares, les kiosques à journaux, et les Anglais se différenciaient nettement des Français sur un point : ils étaient aimables, même lorsque deux jeunes sans le sou se pointaient dans un restaurant pour n'y consommer qu'une maigre salade, sans boissons.

On critiquait à juste titre le cynisme de l'urbanisme capitaliste, autant que l'opportunisme du sourire du « marchand », mais n'était-ce pas mieux, du point de vue du client, de bénéficier d'une amabilité forcée plutôt que d'une gueule de six pieds de long sincère ? À choisir, je préférais la double morale de la culture protestante au misérabilisme culpabilisateur des cathos de gauche.

Harry était ravi de pouvoir enfin visiter un pays étranger. Il reconnaissait volontiers que Versailles était une ville étriquée, voire consanguine, et que Paris souffrait aussi d'une fâcheuse tendance : celle de l'entre-soi. À Londres, il était naturel de parler dans des langues étrangères, même si celles-ci n'étaient comprises que par une poignée de gens ; il était également normal de porter le voile islamique, la kippa, le foulard, des lunettes violettes, des cheveux rouges, des manteaux gothiques, des maquillages de vampire, des costumes trois-pièces, des chapeaux faits à la main, des salopettes, des strings, des redingotes, des robes et même tout ça ensemble. On ne le tolérait pas par indifférence, on le tolérait par tolérance.

« J'suis bien content de sortir un peu de la politique française, j'te cache pas, m'avoua Harry, alors que nous nous baladions dans le nord de la ville, à Camden.

– Tu veux dire au niveau des médias ?

– Non, au niveau des réunions auxquelles je participe, tu sais. Après les Gilets jaunes, je sens que ça va péter. Du coup, j'suis pas mécontent de pouvoir me détendre un peu avant la guerre ! » poursuivit Harry en me donnant un baiser sur la joue.

On avait du mal à croire que derrière ce corps presque frêle et cette gueule de premier de la classe se cachait une sorte de black bloc version droite nationaliste. Je n'arrivais toujours pas à me faire à l'idée.

Au fur et à mesure de notre déambulation, je le sentais de plus en plus fasciné par cette ville. Et au-delà, je le voyais s'ouvrir, non pas à moi, mais au monde. Il avait jusqu'à présent fréquenté des milieux franco-français, voire strictement régionaux, qui ne lui avaient pas permis d'imaginer d'autres types de lieux, d'autres modes d'expression et de communication. On n'est jamais conservateur par choix, c'est la pauvreté de la condition sociale qui incite à survaloriser sa culture d'origine.

« J'aimerais trop vivre à Londres, un jour, même juste pour quelques mois. Y a l'air d'y avoir tellement de choses à découvrir. Mais je sais pas si j'en aurai l'occasion. »

Il redevenait l'adolescent qu'il était toujours, alors que sa maturité précoce et son indépendance l'avaient prématurément jeté dans le monde adulte. Il avait encore des moments d'innocence à vivre, que son milieu lui avait volés. Je m'étais donné une sorte de mission : les lui faire rattraper, comme je pouvais.

La nuit tombait sur le Parlement et les élégants lampadaires donnaient une coloration orangée à la ville.

Nous avions prévu de nous rapprocher du quartier de notre hôtel pour passer la soirée. À Londres, les distances sont bien plus grandes qu'à Paris et les taxis, particulièrement chers. Quant aux Uber, je les avais exclus d'emblée puisque mon forfait de téléphone ne me donnait pas accès à Internet hors de France. Nous étions redevenus des piétons.

Harry était crevé et de moins en moins aimable. « Bon, c'est encore loin, ton truc ? » me demandait-il toutes les cinq minutes. De nouveau, il commençait à se montrer odieux.

Nous avions froid et le faible éclairage de la rue qui nous menait vers Queensway créait une ambiance lugubre, presque glauque.

« Ah, c'est par là que je voulais t'emmener ! Juste à gauche, il y a toutes les...

– Non c'est bon, ça fait trop tard là, j'ai faim ! On verra plus tard, ça me saoule, maintenant. J'ai grave la dalle ! T'aurais dû me prévenir que les distances étaient aussi grandes dans cette ville à la con. J'en peux plus de ces conneries. J'aurais mieux fait de rester à Paris. »

Il était presque 21 h 30 et nous avions l'embarras du choix : italien, marocain, américain, français, asiatique, islandais… Harry semblait avoir retrouvé le moral à l'approche du dîner et m'avait pris ostensiblement la main. Malgré les diverses humiliations, je ressentais une profonde satisfaction à me retrouver avec lui dans cette ville éclectique. Je savais que, bien plus que Paris, Londres était un lieu où tout était possible, où toutes les surprises pouvaient se présenter à un angle de rue : un groupe de hipsters excentriques, un concert en plein air, un attroupement devant une boîte de nuit à cause d'une star venue y passer la soirée. Et pour les Français, ce sentiment était renforcé : l'Angleterre incarnait la « coolitude » anglo-saxonne et nous donnait une bien plus grande impression d'exotisme que d'autres pays pourtant limitrophes, à l'instar de l'Espagne ou de l'Italie. La fascination pour l'empire culturel américain, dont Londres constituait un prolongement modeste, était encore puissante à l'heure du « Brexit trauma ».

Nous prenions un réel plaisir à croiser tant de gens différents de nous, chose qui, à Paris, n'aurait pas eu la même saveur. Nous étions ailleurs, nous n'avions pas toutes nos marques ; dès lors, tout était intéressant, du Pakistanais semi-exploité qui faisait sa pause avant de retrouver la cuisine d'un modeste restaurant, à la femme d'affaires vêtue d'un tailleur Chanel qui se dirigeait vers Notting Hill, en passant par le garçon sans âge criblé de piercings qui arborait un magnifique T-shirt « Keep cool and listen to Marilyn Manson ». L'exotisme est une perception éminemment subjective.

« On va là, si tu veux, ça a l'air pas trop cher et y a pas mal de choses, proposai-je à Harry devant un restaurant de la chaîne Little Italy.

– Deal ! » me lança-t-il en m'embrassant dans le cou.

On se serait presque cru dans *Quatre mariages et un enterrement*, version gay-teenager. Je n'avais plus aucun surmoi.

L'établissement était plein et une musique commerciale servait de fond sonore à la grande salle aux lumières tamisées. Nous avions tous les deux commandé des linguine aux coques, ainsi qu'une bouteille de chardonnay. De vrais bourgeois en herbe.

Harry n'avait pas l'habitude de boire beaucoup mais la situation lui paraissait suffisamment exceptionnelle pour ne pas avoir à se priver de quoi que ce soit. Il n'y a rien de pire que de se restreindre dans un lieu qu'on a longtemps fantasmé ; la réalité doit être à la hauteur des espoirs qu'on y a investis. D'autant plus quand on vient d'un coin paumé de Picardie d'où on croyait ne jamais pouvoir sortir.

Après le restaurant, nous étions allés boire une bière à Notting Hill, mais nous avions jugé qu'il y avait trop de touristes. Nous avions donc décidé de nous rendre dans un quartier moins caricatural : Angel, dans le nord de la ville. Pour picoler, toujours. Car avant d'être un Disneyland du multiculturalisme, Londres était un gigantesque tonneau.

Pour Harry, Angel lui rappelait surtout le clip d'Ed Sheeran, qui avait été tourné aux alentours de la station de métro du même nom, pour l'exaspérante chanson *The*

A Team. «*It's too co-o-old outside*», avait fredonné le môme, lorsque nous étions sortis de la station. J'avais toujours eu un faible pour les ambiances guimauve délicieusement régressives. Du moins si à un moment, j'arrivais à me faire sucer.

Le bar où nous nous étions installés était une sorte de café-concert avec des musiciens qui jouaient en *live* des morceaux d'Amy Winehouse et de Phil Collins. « Tu crois qu'ils connaissent Indochine ? » m'avait demandé Harry, qui était fan de l'insupportable groupe français. Bien entendu, personne ne savait qui c'était, pour mon plus grand bonheur.

C'était étonnant de voir qu'en seulement deux heures de train, on se retrouvait dans un environnement aux goûts et aux mœurs finalement très singuliers. Le capitalisme avait beau uniformiser à marche forcée les modes et les cultures, les peuples résistaient et demeuraient attachés à des spécificités, y compris les plus désuètes ; le mainstream envahissait certes l'ensemble de la planète, mais selon des canaux distincts. À Paris, on écoutait Maître Gims et Vianney ; grâce au ciel, leur succès n'avait pas franchi la Manche.

« Tu penses qu'on va encore avoir des métros à cette heure-ci ? s'inquiéta Harry, alors que je l'avais accompagné dans une pièce à l'odeur d'œuf pourri qui servait de toilettes.

– Ah, c'est sûr que non ! Il est déjà 2 heures. Va falloir improviser. »

Harry m'avait brutalement tiré vers lui pour m'embrasser. C'était la première fois qu'il agissait de la sorte. « J'ai envie de toi », m'avait-il glissé à l'oreille, avant de fermer le loquet de la porte taguée, avec une large ouverture en haut et en bas.

Harry déboutonna mon pantalon Cheap Monday et commença à me sucer. Mon sexe avait fantasmé ce moment depuis des semaines, il n'en pouvait plus.

Cette fois-ci, j'avais pu bander, vite et dur.

« Je veux que tu me prennes, Nico. J'veux que tu me prennes tout de suite, t'as compris ? » m'avait-il susurré à l'oreille, alors qu'il faisait une courte pause, avant de reprendre sa tâche prodigieuse.

Comment un gamin de dix-huit ans pouvait-il tailler une aussi bonne pipe ? Certes, nous étions tous les deux bien alcoolisés, mais je sentais à ses mains et aux mouvements de sa langue qu'il était un pratiquant régulier, voire obstiné. Il ressentait chaque frémissement de ma verge et adaptait ses gestes en conséquence, comme un pilote professionnel ajuste sa conduite aux moindres variations du bitume. Sucer devrait s'enseigner dès le collège.

Harry s'était positionné devant moi, au-dessus de la cuvette des chiottes, les fesses à l'air. J'avais introduit avec délicatesse ma verge légèrement humide dans son anus dilaté, et je l'avais baisé, brutalement, comme il semblait me le demander. Il ne cessait de gémir, réclamant que les mouvements soient encore plus forts, plus profonds. Je le retenais avec mon bras droit pour qu'il ne perde pas l'équilibre, ce qui me permettait, à intervalles réguliers, de faire remonter son buste à la verticale afin de lui lécher le cou.

Nous baisions depuis près de dix minutes et plusieurs personnes s'agitaient à l'extérieur. Personne n'était dupe et j'entendais de temps à autre des « *Somebody's getting some action !* » et des « *I so want to fuck too !* », qu'Harry ne comprenait qu'en partie. C'était mieux ainsi.

À sa demande, j'accélérai encore le mouvement dans une dernière ligne droite qui devait être impeccable.

« Baise-moi, putain ! répétait-il en m'agrippant les fesses. Entre en moi jusqu'au bout, tape jusqu'au fond ! Baise-moi, putain ! Baise-moi, j'te dis ! Baise-moi ! Vas-y ! Frappe-moi ! Frappe-moi encore ! »

Enfin, nous avions consommé.

16

Mon cours de finances publiques avait été interrompu par un groupe de militants écolos qui entretenaient des liens avec Extinction Rebellion, un groupe radical prônant la désobéissance civile. À Sciences po, la plupart des étudiants affichaient leur vive sympathie pour la cause environnementale, même s'ils condamnaient, par manque de courage, les revendications les plus extrêmes. Leur attitude vis-à-vis des Gilets jaunes était plus lâche encore, puisque la pertinence même du mouvement était mise en question : « Pourquoi ils se plaignent, ces analphabètes qui veulent pas payer d'impôts ? », « C'est que des Blancs de la classe moyenne, c'est pas eux, les vraies victimes », disaient-ils entre eux à la machine à café. L'esprit de ces pseudo-élites avait été tellement colonisé par la machine universalo-humaniste de supérette que lorsque les gueux criaient à l'injustice, cela ne suscitait chez eux aucune émotion. Il y avait la révolte autorisée, celle qui abondait dans le sens de l'Histoire petite-bourgeoise, et la fausse révolte, celle des anonymes qui n'avaient pas le brevet d'écologisme, de féminisme ou de LGBTisme adéquat – et qui n'avaient donc, en toute rigueur, pas droit de cité.

L'analyse n'était pas seulement odieuse, elle était erronée, car, en y regardant bien, les Gilets jaunes regroupaient des sociologies très variées, de la mère de famille catho déclassée au jeune musulman privé de boulot en passant par le métrosexuel fauché. Sauf qu'effectivement, leurs déterminations secondaires – être de telle confession, de telle origine ou de telle sexualité – avaient été évacuées pour que soit mis en avant un point commun objectif : leur condition sociale. Le problème, c'est que cela faisait bien longtemps que la question avait été rangée au fond des tiroirs des ministères, faute de budget suffisant, sans doute, et de volonté politique, surtout. À Sciences po, on suivait l'air du temps au gré des top tweets et des tribunes d'« artistes engagés », dont certains étaient pourtant de notoires exilés fiscaux, mais on ne faisait jamais dans le social. L'indignation est si facile lorsqu'elle tape à côté.

Je descendais l'escalier du bâtiment principal pour rejoindre la Péniche lorsqu'un mec à l'air illuminé me jeta un flyer au visage en s'écriant : « Viens samedi, l'ami ! Grand rassemblement pour le climat à 15 heures !

– Mais c'est le jour de rassemblement des Gilets jaunes, non ?

– Justement, on est en marge de ça, nous on est contre la violence ! Faut qu'on sauve notre planète !

– Et les gens, faut pas les sauver ? »

Sur le flyer était indiqué, en caractères verts : « PAS DE PLANÈTE B ». Ils oubliaient qu'il n'y avait pas non plus, à ma connaissance, de « PEUPLE B ».

Les examens de fin de semestre arrivaient à grands pas, et le début de semaine commençait plutôt mal, dans un contexte général qui m'incommodait de plus en plus. La crise des Gilets jaunes ne cessait de s'amplifier partout dans le pays, et la plupart de mes camarades traitaient ces révoltés de la France périphérique avec un mépris dont seuls les intellos de la rive gauche ont le secret. « Des racistes ! » qu'ils disaient, « Des homophobes ! » qu'ils répétaient, « Des abrutis ! » qu'ils assénaient. Le peuple des sans-dents avait en effet quelque chose de peu ragoûtant, avec son penchant populiste et ses tendances nationalistes, mais c'était le peuple. Pas celui du *Contrat social* de Rousseau, dont on se gargarisait à longueur d'exposés et de fiches de lecture, ni même la version soft sociale-démocrate proposée par Rosanvallon ou Piketty. C'était le peuple des profondeurs, sale et corrosif. Mais c'était pourtant celui qui détenait la souveraineté, l'unique pouvoir légitime, celui qui avait le droit à tout moment de se révolter contre ses gouvernants, celui qui jouissait de la possibilité de résister à l'oppression de l'État jacobin, celui qui, en ultime ressort, devait avoir le dernier mot.

Cette montée en puissance de ceux qu'on n'entendait d'habitude jamais ne plaisait pas aux dominants et futurs dominants. La plupart de mes condisciples et des maîtres de conférences qui nous faisaient cours – des sortes de chargés de TD à peine améliorés – préféraient théoriser jusqu'à en vomir sur la démocratie « représentative », qui avait l'immense avantage de confier les rênes du pouvoir aux sachants, c'est-à-dire à eux. Ces gens avaient l'intime conviction, jamais assumée clairement, qu'ils étaient le plus à même de savoir ce que le peuple voulait, ils étaient persuadés que la masse des citoyens était constituée de débiles ignorants, xénophobes et fascistes. Alors ils ne pouvaient pas supporter ces Gilets jaunes, ils les détestaient, ils les dépréciaient, autant qu'il était humainement possible de le faire. Avec le flegme que tout étudiant de Sciences po sait manier pour ne surtout froisser personne.

Harry ne m'avait donné aucune nouvelle depuis notre retour de week-end, deux jours auparavant. Je m'étais habitué à son comportement changeant, qui pouvait passer d'une frénésie voluptueuse à une indifférence crasse en l'espace de quelques heures. Mais j'avais mal au ventre dans ces moments-là. Comme si une armée de vers m'avait soudainement dévoré les boyaux. Le corps aussi se révolte.

Durant ces « fenêtres » de silence radio, j'en profitais pour voir mes autres amis, que j'avais fortement délaissés depuis ma rencontre avec Harry. J'en étais conscient, et certains commençaient à me le reprocher, à l'instar de mon fidèle ami d'enfance, David, qui connaissait ma fâcheuse tendance à oublier le reste du monde lorsque je tombais amoureux, et de Carl, qui m'avait invité à dîner chez ses parents.

J'étais descendu à la gare du Vésinet-Le Pecq. Il faisait un froid de canard et mon manteau à col de fourrure ne suffisait pas à me tenir chaud. Le début de l'hiver était la période de l'année que je détestais le plus. Avec Noël, il fallait comme on disait connement « faire le bilan », le problème, c'est que je ne savais plus quelle était ma place dans la société française. Ma relation avec Harry m'avait profondément chamboulé, et toute la confortable trajectoire que j'avais envisagée jusqu'alors se cassait un peu plus la gueule chaque jour. Sciences po m'apparaissait comme un pis-aller qui m'empêchait d'envisager le destin que je pouvais avoir, et que je me refusais à affronter. Je n'aurais sans doute pas choisi l'option radicale et droitiste qui semblait être celle d'Harry, mais j'avais envie d'autre chose que d'une simple carrière dans la fonction publique, fût-ce à un haut niveau. Les bouleversements politiques et sociaux du pays me sautaient en plein visage, sauf que je continuais à fuir pour assurer je ne sais quelle rente de situation. Mon âme me faisait honte.

Comme à l'accoutumée, le père de Carl était venu me chercher à la gare. C'était un homme blessé, un ancien ouvrier de l'imprimerie qui s'était retrouvé au chômage du jour au lendemain – après vingt-cinq ans de maison et pas un seul jour d'absence ou de maladie. Il vivait avec son fils et sa femme dans un trois-pièces en rez-de-chaussée, à la limite de la ville de Montesson. Le loyer était au prix du marché mais le modeste salaire de la mère de Carl ne leur permettait pas de mener grand train.

Il était environ 20 heures lorsque nous arrivâmes dans l'appartement surchauffé. Je saluai le chat qui trônait sur le canapé du salon puis m'installai sur un fauteuil, après avoir retiré mes chaussures. Les murs étaient ornés à 80 pour cent de livres, que le père de Carl, qui était brocanteur à ses heures perdues, avait soigneusement classés. Il y avait beaucoup de classiques dans des éditions anciennes, des beaux livres en plus ou moins bon état, et un nombre invraisemblable d'ouvrages sur les contrepèteries ou la sexualité des poissons. Ce n'était pas une bibliothèque, c'était un parc d'attractions littéraire.

La mère de Carl avait préparé des gâteaux apéritifs et, sans même que je m'en aperçoive, mon verre avait été rempli d'une bonne rasade de pineau. Je me sentais bien chez ces socialo-communistes d'un autre âge.

La famille soutenait sans réserve le mouvement des Gilets jaunes, en particulier le père de Carl, qui avait l'impression que ces manifestants non professionnels sauvaient quelque peu son honneur. Il n'avait toujours pas digéré sa dégringolade sociale et, même s'il n'avait aucun diplôme ni titre, il comprenait les mécanismes du capitalisme libéral comme personne. C'était un homme humilié, mais sans haine ni excès ; il condamnait la violence des black blocs et se disait même opposé au terme de « populisme » qui, selon lui, ensauvageait inutilement le peuple. « On a besoin de gueuler et d'être mieux représentés, mais on sait ce qu'on fait », disait-il en s'incluant sans s'en rendre compte dans la masse des insurgés. Il ne défilait pas le samedi, ni d'ailleurs les autres jours de la semaine, mais son gilet jaune ne quittait jamais le tableau de bord de son break Citroën – et sans les médicaments qu'il prenait contre sa dépression, il aurait sans nul doute participé aux manifestations.

Carl partageait l'opinion de son père et voyait dans les Gilets jaunes un enjeu moral qui allait bien au-delà du social. « Il y a une dignité perdue à restaurer », disait-il en me regardant à travers ses grosses lunettes rectangulaires. Contrairement à moi, il n'avait pas fait de brillantes études et avait même dû, quelques mois auparavant, commencer à bosser. Il comptait bien reprendre son BTS mais, « provisoirement », il travaillait en tant que vendeur dans un magasin de vêtements. Je savais bien qu'il n'allait jamais les reprendre, ses études.

Nous étions passés à table et la mère de Carl faisait le service. Elle avait préparé un lapin à la moutarde avec des pommes de terre. Il n'y avait rien de plus agréable qu'un dîner chez eux, sans chichis, sans langue de bois, sans grandiloquence, sans intolérance. On pouvait tout dire, et tout demander ; rien n'était proscrit, ou politiquement incorrect ; il n'y avait pas d'enjeu, de personne à convaincre ou à dissuader ; pas de slogan, ni d'éléments de langage, ni de discours stratégique. C'était un repas chez des Français ordinaires.

Alors que nous en étions au dessert, Carl me parla d'un fait inquiétant qui avait eu lieu dans une petite ville des Yvelines, quelques jours auparavant. « Ça s'est passé à Conflans, près d'un lycée, un type a été tabassé par trois autres gars parce qu'il faisait efféminé, apparemment », raconta-t-il tout en vérifiant les informations sur son téléphone. Si la victime n'était pas décédée, son pronostic vital était toujours engagé. Les agresseurs n'avaient pas encore été interpellés mais il s'agissait, d'après les témoignages, de lycéens.

Carl précisa que des actes similaires s'étaient multipliés depuis quelques mois, dont certains n'avaient pas été rapportés dans les médias. « C'est des petits incidents, il n'y a pas de morts, et parfois ce ne sont que des insultes, alors ça n'inquiète personne, ajouta-t-il. C'est ça le drame. Tout le monde s'en fout. Ça passe pour de simples incivilités, alors qu'il y a un climat anxiogène pour les pédés en ce moment, surtout pour les plus jeunes. »

Je ne m'étais pas rendu compte de l'ampleur du phénomène et, en écoutant les multiples faits divers que nous rapportait Carl, je réalisai à quel point mon environnement scolaire m'avait coupé de cette réalité du pays. Certes, je me souvenais du gérant de bar homophobe que nous avions croisé avec Harry près des Champs-Élysées, mais Sciences po était un cadre tellement gay-friendly qu'on oubliait parfois ce qu'il se passait dans le reste de la société. Et le problème de la presse, c'est qu'elle ne parle pas des signaux faibles. Tant qu'il n'y a pas de mort ou de blessé grave, il n'y a pas de dépêche AFP. Ni a fortiori de tribune dans *Le Monde*. Pour s'informer, il faut s'y prendre autrement.

Le père de Carl, qui aimait, selon ses propres mots, « bouffer du curé », mettait cette montée des intolérances sur le compte des religions : « La pire saloperie qu'on ait pondue, peut-être avec la bombe nucléaire, c'est quand même ces textes à la con. Ces putains d'Écritures saintes qui empoisonnent encore la tête de notre jeunesse des millénaires plus tard ! Et même ces salopards du Vatican qui ont violé la moitié de leurs enfants de chœur continuent à te faire des leçons de chasteté ! Ils mériteraient la Cour pénale internationale, tous ces fumiers. »

Le problème avec ces différents combats que nous évoquions – celui des Gilets jaunes et ceux contre les agressions homophobes et les actes antisémites qui, eux non plus, ne faiblissaient pas –, c'est qu'ils étaient menés séparément. D'un côté, les Gilets jaunes ne mettaient pas les intolérances du quotidien au cœur de leurs revendications et ils étaient quelque peu empêtrés dans une doctrine marxisante incomplète ; de l'autre, les droits-de-l'hommistes antiracistes étaient en majorité sourds à la question sociale. C'étaient deux ensembles, et aussi deux sociologies qui ne se parlaient plus, faute de se fréquenter. Comme Houellebecq l'avait expliqué avec brutalité la veille du second tour de l'élection présidentielle de 2017, lorsqu'il avait dit « J'appartiens à la classe qui vote Macron », la France était divisée en deux. La classe supérieure défendait l'Europe et le marché libre tout en soutenant les avancées « sociétales », tandis que la classe inférieure essayait de survivre, loin des questionnements sur la GPA et sur la couche d'ozone. Chacun avait ses arguments et ses priorités, sauf qu'une nation ne peut pas supporter longtemps d'être ainsi fracturée.

Dans le RER pour rentrer chez ma mère, je repensai à Harry qui voyait dans ce chaos multidimensionnel une autre source de division : la question de l'identité et de l'immigration. Jusqu'alors, elle avait été peu entendue, voire occultée, dans les revendications des Gilets jaunes, mais tout le monde savait qu'elle n'était pas du tout réglée. La problématique avait d'ailleurs ceci d'effrayant qu'elle irriguait avec la même puissance les deux classes : chez les privilégiés, dont la majorité étaient « libéraux » au sens économique, il demeurait toujours une droite et une gauche, avec une focalisation plus ou moins forte, selon le bord, sur les thématiques de l'insécurité et du communautarisme ; et chez les plus pauvres, dont la majorité était plutôt favorable au retour de l'État providence, il y avait une opposition tout aussi franche entre les identitaires et les « socialistes » plus classiques, avec une inquiétude plus ou moins exprimée au sujet notamment des phénomènes de radicalisation. Harry avait tout compris.

La question n'était pas tant de se demander quelle était la division la plus pertinente, toutes l'étaient, à différents degrés. L'enjeu, c'était de savoir laquelle allait s'imposer.

17

Je venais de me masturber devant un boulard trouvé sur Xvideos.com, où l'on voyait un minet se faire enchaîner par une dizaine de mecs d'affilée, pendant près d'une heure. C'était banal. En 2018, on avait de plus en plus de mal à avoir des relations sexuelles « en vrai », mais on consommait du porno à la pelle et avec une violence toujours croissante. Je n'arrivais pas à comprendre lequel était la poule et lequel était l'œuf. Était-ce l'abstinence forcée qui nous faisait nous tourner vers ça, par dépit, ou était-ce à l'inverse la consommation frénétique de X qui nous rendait impotents sur le plan sexuel ? En tout cas, pour un jeune de mon âge, ces sites avaient intégré le quotidien et devenaient des outils indispensables pour évacuer le manque et la frustration.

15 h 37. J'écoutais une interview de Luchini sur le couple, chez la mielleuse Mireille Dumas, au cours de laquelle il présentait sa vision de la chose : « Se grimper dessus après vingt ans de mariage, c'est du boulot ! C'est du boulot ! » Sauf qu'il oubliait de dire que, dans le monde de 2018, cette difficulté ne commençait pas après vingt ans, mais après vingt jours, tout au plus.

Dans les relations, plus rien n'était garanti au-delà de quelques semaines : ni le désir, ni l'attirance, ni évidemment la fidélité. Les gens étaient devenus des espèces de bêtes intransigeantes, incapables de se projeter, et intolérantes à toute déception. Il y avait une fenêtre de tir d'une amplitude extrêmement limitée au cours de laquelle il fallait pouvoir tout démontrer à l'autre : qu'on était « cool », « sexy », « un bon coup », « pas chiant », « marrant », « smart », etc. Si tous les éléments de la liste n'étaient pas cochés après trois ou quatre rendez-vous, on était déjà sur la touche ; et si la perfection n'était pas rétablie à l'entrevue suivante, c'était carton rouge, agrémenté, le cas échéant, de l'humiliation ultime : se faire bloquer par l'autre de tous les réseaux sociaux, histoire qu'on comprenne bien le message. Je m'étonnais souvent que le taux de suicide n'ait pas explosé ces dernières années. Il fallait croire que la volonté de survivre était encore grande dans la civilisation des dégénérés.

« Tu viens à Versailles vers 19 h 30 ? » suggéra Harry sur Messenger.

Sans explication aucune, ce sale bâtard venait de sortir de son silence. Et moi, bien sûr, je rampais.

« D'accord, tu veux que j'apporte quelque chose ?

– Nan c'est bon, on verra sur place !

– À tout'. »

J'abdiquais ma dignité.

Il faisait froid et la mairie de Croissy avait installé les insupportables décorations de Noël dans la plupart des rues du centre. J'angoissais rien qu'à l'idée de penser à tous ces gens qui allaient, trois semaines plus tard, se ruer dans les commerces pour acheter des ignobles bûches à soixante balles et des huîtres à quarante-cinq euros la douzaine. La décadence occidentale.

Je n'avais jamais aimé les fêtes de fin d'année, que l'on présentait encore comme « symboliques », alors que nous vivions dans un contexte de néant existentiel où même l'émission de Ruquier du samedi soir ne parvenait plus à rassembler les masses. Je ne comprenais pas comment on pouvait avoir envie de « passer » lesdites fêtes, puisqu'elles ne signifiaient plus rien, mis à part les soldes d'Amazon et l'arrivée du nouveau MacBook.

Je changeai à La Défense pour emprunter le Transilien en direction de Versailles-Rive-Droite. C'était dimanche et il n'y avait pas grand monde dans les couloirs, à l'exception de quelques étudiants qui rentraient de leurs interminables brunchs et de rares Versaillais ou assimilés qui empruntaient les transports en commun – sans doute dans l'attente que leur putain d'Audi soit réparée.

La sociologie de l'ouest parisien était particulière ; il y avait beaucoup de classes moyennes, une quantité substantielle de catégories supérieures, mais tous partageaient une sorte d'« esprit yvelinois », caractérisé par des habitudes aussi hétéroclites que la détention d'un clébard, d'un jardin plutôt vaste, d'une baraque, d'au moins une voiture, et d'une résidence secondaire souvent située en Bretagne – ou en Normandie. Ce n'étaient pas des gens spécialement arrogants, même si leurs mœurs étaient souvent conservatrices, en revanche, leur attitude générale dénotait une douce tendance à la misanthropie. C'était la droite, indubitablement, mais une droite assez ouverte, et finalement bien plus tolérante et solidaire que la « gauche » de

Paris intra-muros, qui incarnait pour moi la pire espèce de renégats que la France ait jamais connue. Je n'étais pas de droite, mais je m'y sentais bien, dans les Yvelines, et Paris ne me fascinait pas.

Les arrêts se succédaient sans originalité particulière, j'espérais pourtant qu'un événement imprévu ait lieu, tel un déraillement ou une collision avec un avion, afin qu'Harry puisse venir me sauver et que, dans un malentendu, il me mette la bague au doigt. Mais le service fonctionnait sans aucune défectuosité, le train roulait à une vitesse stable, sans marquer d'à-coups ni d'arrêts entre les stations. Il n'y avait pas de grève, pas d'incident voyageur, pas de troubles lié aux Gilets jaunes, pas d'attroupement sur les voies ni de tournage sauvage, rien. J'avais envie d'aller à Versailles comme de me pendre, je ne pensais pourtant qu'à le serrer dans mes bras, mais je craignais que ce soit notre ultime entrevue. Je voyais déjà la tuile en train de me tomber sur la gueule.

Je fus tenté un instant de lui écrire un texto pour lui dire que j'aimais bien les lumières multicolores qui ornaient l'intérieur du wagon, mais je réalisai que je lui avais déjà fait le coup la dernière fois que j'étais venu chez lui. Puis je me dis que ce pourrait être une bonne idée de lui envoyer un simple « J'ai hâte de te voir » à l'approche du terminus, sauf que c'était justement ce qu'il ne fallait pas faire. Alors je ne fis rien.

« T'arrives dans combien de temps ? me demanda-t-il.

– Euh… dans trois stations.

– D'ac. Je t'attends au milieu du quai. »

Merde. Et pourquoi ne m'attendait-il pas plutôt à la sortie de la gare, ce con, comme la fois précédente ? Avait-il quelque chose de si urgent à me dire qu'il fallait me sauter dessus dès mon arrivée ? Allait-il me larguer sur le quai, comme on jette un vieux chien sur une autoroute avant la période estivale ? Je m'attendais à tout. À tout, sauf à la joie.

Je n'étais pas quelqu'un qui larguait, j'étais quelqu'un qui se faisait larguer.

Mon train arrivait à Versailles-Rive-Droite. Je m'étais levé et placé près de la porte pour scruter le quai. J'aperçus sa silhouette sombre à quelques mètres en retrait des rails, il avait les mains dans les poches et le visage fermé. En réalité, je ne pouvais pas vraiment distinguer son expression, mais je l'imaginais très bien, de la même manière qu'un homme allongé sur une voie ferrée devine assez aisément qu'un train va finir par le percuter, à un moment donné.

« Salut ! » me dit-il en m'embrassant sur la bouche. Il était plus excitant que jamais.

Nous sortîmes de la gare et partîmes en direction du centre-ville. Harry avait suggéré qu'on aille au McDo avant de retourner au café dans lequel nous étions déjà allés la fois précédente. Le fameux « bar à fachos ».

J'étais rassuré, le programme me paraissait suffisamment long pour que puisse être écartée l'hypothèse de la rupture directe et brutale. Il n'était pas si lâche, finalement.

Nous commandâmes deux menus Best Of avec Big Mac et *potatoes* sauce blanche. J'avais payé pour nous deux mais Harry avait insisté pour me rembourser, ce que j'avais refusé. On pouvait lui reprocher toutes les choses du monde à ce gars, mais pas d'être pingre.

« Ça fait combien de temps que t'as pas couché avec un mec ? me demanda-t-il brutalement, alors que nous étions attablés au fond de la salle.

– Pardon ?

– Bah oui ! La dernière fois que t'as baisé, quoi !

– Eh bien… c'était… avec toi, à Londres. » J'avais envie de l'estropier.

« Ah d'accord. Comme on n'est pas en couple, j'me disais juste que t'avais peut-être niqué avec d'autres gens, depuis. »

J'adorais son langage de pute, on avait l'impression qu'il parlait d'un choix de papier peint pour une buanderie.

« Et toi ? dis-je, la gorge nouée.

– Moi ? Personne. Pour l'instant. Y a bien cette fille dont je t'avais parlé, Manon, elle me plaît toujours mais j'arrive pas à bien m'y prendre. »

Ce fumier attendait peut-être que je lui donne des conseils.

« T'en es où avec les Gilets jaunes, sinon ?

– Bah écoute, je participe à quasiment toutes les actions, le samedi, mais pas seulement. Et j'ai rejoint un nouveau mouvement natio, ils recherchent des jeunes pour les élections européennes.

– Ah ouais ? Dans quel cadre, exactement ?

– C'est pas encore très clair, mais en gros ils veulent constituer une liste et ils cherchent des jeunes motivés. J'en peux tellement plus de Macron qu'il faut bien commencer à se bouger, sinon jamais rien changera, dans ce pays de soumis. »

Nous avions rejoint l'énigmatique bar militant, et Harry semblait détendu. Mais j'ignorais toujours ce qu'il avait derrière la tête, avec ses projets de reconquête nationale. La conversation partait dans toutes les directions, du dernier live YouTube du Raptor jusqu'aux violences policières commises contre les Gilets jaunes en passant par « la traîtrise des médias officiels ».

Nous n'avions toujours pas les mêmes options politiques mais son diagnostic au sujet de la situation sociale et économique me paraissait souvent pertinent et courageux. Je ne relevai pas tel ou tel propos choquant, pour ne pas briser cette étincelle qui commençait vaguement à renaître entre nous. Je me souvenais que c'était ce type de discussion qui avait, lors de nos premiers échanges, suscité notre intérêt l'un pour l'autre. Je n'allais pas tout foutre en l'air pour défendre l'honneur des droits de l'homme.

Harry avait commandé un deuxième verre et continuait à me raconter ses projets anarcho-révolutionnaires en restant toujours assez flou sur ses engagements politiques réels. J'ignorais le nom exact de son organisation, et il se gardait bien de me préciser où leurs réunions se tenaient – et surtout, quel genre de personnes s'y retrouvaient. Je me demandais, au fond, pourquoi il faisait ça, alors qu'il aurait pu s'investir plus dans ses études tout en militant, par exemple, dans une organisation étudiante plus traditionnelle. Malgré sa formidable fougue et son énergie communicative, il paraissait quelque peu perdu, prêt à sauter dans la première diligence qui lui aurait proposé de renverser l'État, fût-ce avec des couteaux en plastique comme uniques armes. On ne s'improvise pas Che Guevara, surtout à l'heure où l'on séquestre des Assange et où l'on assassine des Politkovskaïa.

Moi-même, je n'allais pas très bien. Et je m'interrogeais au sujet d'Harry : n'était-il pas, lui aussi, profondément dépressif ? Il s'investissait dans moult activités, entreprenait d'improbables projets, mais dans quel but, précisément ? Il ne cherchait pas de « relation sérieuse », il refusait d'aller en cours, et son attitude avec moi dénotait une instabilité affective pathologique. Je me demandais s'il était possible que deux personnes aussi inadaptées que nous deux forment un jour une espèce de couple. Tout ça était sans doute vain.

Nous quittâmes le bar vers 23 h 30. « On va chez moi après, si tu veux, mais avant, j'aimerais te montrer un truc », m'avait lancé Harry sur un ton ambigu. Qu'allait-il encore m'annoncer ! Qu'il projetait un attentat ? une ratonnade ? un putsch contre le maire de Versailles ? Rien ne m'aurait étonné de la part de ce cinglé. Je n'espérais qu'une chose : qu'on aille chez lui après pour niquer de façon normale – sans coke ni grosse biture. Juste une baise.

Nous marchâmes en direction du boulevard du Roi, à une bonne quinzaine de minutes de là où nous étions. « Tu verras, c'est pas loin, et après ce sera facile pour rentrer chez moi », m'avait-il assuré.

Nous venions de passer devant le château et je m'étais arrêté un instant pour le prendre en photo près de l'impressionnant portail doré. Il avait tenu la pose. Comme tout mec de son âge, Harry était atrocement égotique, d'autant qu'il était gay, et donc encore plus axé sur son apparence que la moyenne des gens. Je savais ce que c'était, j'en étais moi-même la laide illustration.

Tout en marchant d'un bon pas, il m'expliquait qu'il ne se faisait pas trop de souci pour son avenir : « Mes parents accepteront de payer mon loyer jusqu'à mon doctorat, normalement. » Il ignorait ce qu'il allait faire professionnellement, mais pour lui, ce n'était pas la question essentielle, il voulait surtout garder sa pseudo-indépendance, c'est-à-dire pouvoir continuer à vivre seul, sans avoir à rendre de comptes à personne. Là était son unique obsession.

Je lui fis remarquer que ce luxe était pour moi impossible, puisque ma mère n'avait pas les moyens de me payer une chambre de bonne et que, avec le rythme des cours, je n'aurais jamais pu prendre un emploi en parallèle. Mais cette dimension de l'existence matérielle ne l'intéressait pas ; tout ce qui comptait, c'était la liberté dont il pouvait jouir au quotidien. Pouvoir se lever à n'importe quelle heure, sortir tous les soirs, dormir à l'extérieur, militer toute la journée. Il assumait un franc opportunisme individuel qui se justifiait, selon lui, par l'inscription dans une quête collective de grande ampleur – dont lui seul avait le secret. Ce dingue était prêt à sacrifier sa propre existence, y compris son avenir tout entier, à sa haineuse cause révolutionnaire. C'était pour lui une nécessité, et il sentait que se nichait là quelque chose qu'on pouvait appeler son destin.

« Voilà, c'est juste ici, me dit Harry en pointant du doigt un petit bâtiment en briques aux vitres à moitié pétées.

– Qu'est-ce que c'est, en fait ?

– C'est le QG de mon organisation. »

Harry m'expliqua qu'il avait rejoint le groupe activiste quelques mois auparavant, après une rencontre fortuite avec un ancien cadre du Front national, un certain Anselme. « Ici, on fait juste de la politique dure », précisa-t-il.

Je restai dubitatif face à ce bâtiment qui ressemblait davantage à une planque qu'au siège d'un parti.

« Je peux te poser une question ? demandai-je, alors que nous revenions sur nos pas pour rejoindre son appartement.

– Bien sûr ! Tout ce que tu veux.

– Pourquoi tu fais ça ?

– La lutte, tu veux dire ?

– Ouais, enfin ce genre de délire clandestin chelou.

– C'est pas clandestin, on est juste un groupe d'action qui assume d'être de droite… En fait, j'ai rencontré quelqu'un il y a de ça deux ans, c'était dans le Nord, près de chez mes parents, et on avait les mêmes opinions politiques. Il m'a parlé de ce truc, il m'a présenté à sa famille et à des anciens gars de la mouvance natio, et voilà, ça s'est fait comme ça ! Y avait pas de plan. Je supportais plus les gauchistes avec qui j'avais trop traîné. C'est des débiles qu'ont rien compris aux menaces actuelles. Point barre.

– Je vois, mais t'avais pas de réticences ? C'est quand même pas pareil que de rejoindre le club de chorale du quartier, quoi !

– Ouais c'est sûr ! Mais t'en fais pas, y a rien de bizarre qui se passe là-bas, c'est juste des méthodes un peu différentes des partis classiques, c'est tout. Et en vrai, on est proches du Rassemblement national, pas de quoi fouetter un chat. On est juste plus discrets.

– Mais ils sont pas hyper opposés aux gays, tous ces gens ? J'veux dire, encore plus que les cathos de Versailles ?

– Mais non ! Je t'ai déjà dit. Le logiciel a complètement changé. Tu sais, depuis le 11-Septembre et tous les attentats de 2015, les gays ont compris que l'ennemi global, c'était les islamistes, absolument pas les cathos. Les pédés dans notre genre, ils se font sans arrêt insulter et cogner par ces putains d'Arabes. Les ennemis de mes ennemis sont devenus mes amis. C'est marrant que tu fasses pas le même raisonnement, surtout toi qu'es feuj… Ça me paraît tellement évident. Tu verras, tu finiras bien par comprendre. »

18

La nuit avec Harry se passa plutôt bien mais je n'étais toujours pas à l'aise avec mon corps. J'avais quand même réussi à éjaculer, grâce à un porno d'une grande bestialité que nous avions mis in extremis sur le PC – et pour lui faire plaisir, j'avais avalé son sperme brûlant. Il y avait encore une espèce de blocage entre nous, et sa beauté froide me terrorisait. Lorsque son regard bleu était rivé sur moi, je me sentais scanné. D'ailleurs, je baissais souvent les yeux en sa présence. Comme par soumission.

J'étais allé chercher des croissants à la boulangerie du coin et, lorsque je revins à l'appart, Harry était en train de parler au téléphone. Fort :

« Carrément, toute façon je t'ai dit que je voyais personne en ce moment, donc c'est bon, là j'suis avec un pote mais il va bientôt se barrer. » Je posai les croissants sur la table de la cuisine et lui jetai un regard noir. « Bon, j'vais devoir te laisser, mais on fait comme ça, hein, je t'envoie un texto quand tu peux passer. »

Je sortis du frigo une bouteille de lait et refermai la porte avec brutalité tout en continuant à le fixer. Il raccrocha enfin et me dit d'un ton cassant : « Quoi ? Y a un problème ? »

Nous mangeâmes les croissants sans même nous adresser la parole. Harry envoyait des messages sur son téléphone et faisait beaucoup de bruit en mastiquant. Il ne se contentait pas de m'ignorer, il me provoquait. Un instant, j'hésitai à lui rentrer dans le lard mais je redoutais ses réactions. Ce n'était pas quelqu'un de dépendant émotionnellement, et certainement pas vis-à-vis de moi.

« Bon, tu veux faire un truc cet aprèm ? dis-je au bout d'une dizaine de minutes.

– Faire un truc ?

– Bah ouais, faire quelque chose, sortir, je sais pas... Bouger de Versailles.

– Ah non, désolé, j'suis pas dispo, dit-il en continuant à écrire sur son téléphone.

– Tu peux pas me regarder quand tu me parles ?

– Attends, tu vois bien que j'envoie un message.

– Bon, c'est bon, là ?

– Attends.

– Alors, on bouge, cet aprèm ?

– Mais je t'ai dit que j'étais pas dispo, tu comprends pas le français ?

– Et pourquoi ?

– Qu'est-ce que ça peut te foutre ?

– Je sais pas, on a baisé cette nuit.

– Et alors ? Tu crois que t'es le seul avec qui je baise !

– Donc tu vois qui... cet aprèm ?

– Fais pas chier, je vois quelqu'un, j'crois que je t'ai déjà consacré assez de temps, hein ? Je fais encore ce que je veux.

– Dis-moi qui tu vois, c'est tout ce que je te demande.

– J'vais voir Manon, t'es content maintenant ? Si ça te plaît pas, tu sais où est la porte.

– Putain, mais t'es vraiment une…
– Une quoi ? Bah vas-y, dis-le ! Une quoi ! Une ordure ? Un enculé de facho ? Un sale nazi ? Si c'est ça, casse-toi, et remets plus les pieds ici ! »

J'avais ramassé mes affaires en quatrième vitesse et quitté l'appartement en claquant la porte derrière moi. Harry n'avait pas bougé un ongle. Quant à moi, j'avais eu du mal à retrouver le chemin de la gare, car mes yeux étaient gorgés de larmes.

À peine étais-je rentré chez ma mère que je partis à la salle de sport. Il me fallait une rapide échappatoire. Je n'y étais pas retourné depuis plusieurs semaines, car j'avais pris l'habitude d'aller courir dehors plutôt que sur un ennuyeux tapis de course. Mais dans l'état où j'étais, il me fallait voir du monde.

« Tiens ! Ça faisait longtemps que je t'avais pas vu ! » me dit un jeune gars, pendant que j'étais en train de m'entraîner sur la machine à abdominaux. Sa tête me disait quelque chose. « T'as fondu, putain ! T'as fait comment pour perdre autant ? »

Je réalisai qu'il s'agissait du mec qui m'avait lourdement dragué, un soir, quelques mois auparavant, peu de temps après que j'eus rencontré Harry. Il m'avait fait des avances insistantes que j'avais, à l'époque, vertement déclinées.

« J'ai surtout fait du cardio, c'est le plus efficace, et j'ai beaucoup moins mangé. En combinant les deux, tu peux perdre dans les quatre à cinq kilos par mois, tranquille, répondis-je sans interrompre mon entraînement.

– Faudra que tu me coaches ! Je suis incapable de me maîtriser tout seul. » Je me rappelai que j'avais trouvé le gars plutôt beau gosse, la fois précédente ; mais ce soir-là, il était spectaculairement attirant.

« Si t'es dans le coin, on peut toujours se voir à l'occasion, je t'expliquerai le programme que j'ai suivi, en détail. » J'avais l'impression que quelqu'un parlait à ma place.

« Tu ferais ça ? En tout cas, ravi de te connaître, je m'appelle Ismaël.

– Bah enchanté, moi c'est Nicolas. Mais on m'appelle Nico. »

J'étais parti dans un autre endroit de la salle pour faire du rameur. J'avais beaucoup couru depuis quelque temps, mes jambes étaient devenues musclées. Je pensais ainsi plaire davantage à Harry. L'opération n'avait pas été des plus concluantes.

Avec le poids que j'avais perdu, je me sentais en grande forme à toute heure du jour. L'entraînement physique n'a pas seulement pour vertu de rendre le corps plus tonique, il dépoussière l'esprit et renforce, sans qu'on s'en rende compte, l'estime de soi – moi qui en étais souvent dépourvu.

Au bout de trente minutes d'exercice, je retournai au vestiaire pour me changer, avant de quitter la salle.

« T'es encore là ! Je pensais que t'étais déjà parti, me lança Ismaël, qui était en train de sortir des douches. Il ne portait qu'une fine serviette autour de la taille, laissant apparaître son torse bronzé et ses jambes musclées.

« Non, j'étais en train de bosser sur le rameur depuis tout à l'heure », dis-je en commençant à me changer.

À peine eus-je le temps d'enlever mon T-shirt Nike qu'Ismaël se précipita sur moi et me plaqua contre le mur.

Je ne résistai pas. Il m'embrassa brutalement tout en caressant mon torse, puis passa sa main à l'intérieur de mon caleçon et m'agrippa les fesses. La serviette qui l'enveloppait était tombée au sol et je sentais son sexe raide contre mon bassin.

Il me retira mon jogging et me jeta dans les douches, face au mur. Je me laissai faire. Il partit un instant chercher un préservatif dans son sac à dos, revint vers moi et commença à me doigter l'anus. Je n'avais jamais joué le passif dans un rapport homosexuel.

Ismaël me pénétra vigoureusement ; je lâchai un gémissement, presque un cri. Il passa son bras sous mes aisselles pour me stabiliser et intensifia les va-et-vient, comme un forcené. J'avais un peu mal, mais c'était une souffrance délicieuse, hypnotique. Sa queue frappait mon cul comme un bûcheron tranche le bois, avec force et précision. Je risquais à tout moment la fissure anale.

La pénétration dura près de quinze minutes, quinze minutes d'indescriptible plaisir, puis je m'agenouillai devant lui pour le sucer. Son sexe me rappelait celui d'Harry, long et charnu.

Sentant qu'il allait jouir, je retirai ma bouche tout en gardant ma tête devant son sexe triomphant. Il m'éjacula en plein visage.

Nous prîmes ensuite une douche ensemble et nous quittâmes sur un ton courtois, chacun souhaitant à l'autre une très bonne fin d'après-midi.

Sur le chemin qui me ramenait chez moi, je réalisai avec surprise et une certaine fierté ce que je venais de faire. Je n'avais aucun regret.

Il était 22 heures passées lorsque je m'apprêtai à envoyer un message à Ismaël – qui avait discrètement laissé un papier dans mon sac de sport, avec son numéro de téléphone. Ce n'était pas mon genre de courir plusieurs lièvres à la fois, mais Harry s'était montré si odieux que j'avais envie de le lui faire payer. Et peut-être même déjà de commencer à l'oublier. « On peut se revoir demain si tu... », commençais-je à écrire, lorsque je reçus une notification *push* sur mon iPhone. « Je suis désolé pour ce matin, j'ai vraiment merdé, rappelle-moi quand tu auras le temps. » C'était un message d'Harry.

J'effaçai ce que j'étais en train d'écrire à Ismaël.

Nous passâmes près de trois heures au téléphone, et je dus m'asseoir par terre pour pouvoir recharger la batterie. Harry se confondit en excuses et m'assura qu'il n'avait aucun sentiment pour Manon, ni pour qui que ce soit d'autre, et qu'il voulait que je m'installe chez lui, pour qu'« on essaye quelque chose ». Le projet me paraissait absurde, et bien trop prématuré, mais je sentis à sa voix qu'il y avait un attachement réel de son côté – moi qui ne voyais la plupart du temps que du mépris dans ses yeux.

Il me raconta qu'il se sentait perdu à Paris, et que même s'il était ravi d'avoir quitté le Nord, ses anciens amis lui manquaient. « Tu vois bien que j'ai besoin d'affection, au fond, même si j'me conduis comme un bâtard avec toi, scandait-il. Tu peux pas savoir comme je suis content de m'être cassé de ce milieu de merde, jamais je retournerai en arrière, mais la transition est dure, putain ! Alors je fais parfois n'importe quoi, j'fréquente un peu n'importe qui et je réalise pas le mal que je fais autour de moi... Pardon, toi je sais que t'es différent des autres, tu m'prends comme je suis, avec mes idées, pas comme ces enculés de gauchistes qui veulent me faire taire parce que je dis ce que je pense, toi t'es pas comme eux, on sent que t'as vécu des trucs durs aussi, pas comme ces petits-bourgeois proprets qui vivent dans leur tour d'ivoire avec leurs livres intellos, t'as des tripes, t'as du cœur, c'est pour ça que j'me suis attaché à toi aussi. Franchement, voilà, et même si le sexe c'est pas ouf entre nous pour l'instant, j'suis sûr que ça peut changer, faut que j'me comporte mieux aussi, mais laisse-moi du temps, t'as vu, laisse-moi du temps pour te montrer ce que j'ai au fond de cette fureur, faut pas que t'aies peur, Nico, et merci pour les croissants ce matin, en vrai c'était super mignon, ah putain que j'suis teubé de pas vouloir qu'on soit bon avec moi, ça me paraît tellement pas normal ! Toujours l'impression d'avoir des dettes envers les gens, après, t'as vu, de devoir leur rendre la pareille, mais je sais que tu raisonnes pas comme ça, t'as été éduqué, elle doit être géniale ta mère, avec les saloperies que t'as vécues, c'est beau, bref excuse-moi, reviens chez moi, s'il te plaît, dès que tu peux, j'ai besoin de toi, tu le sais ça, j'ai besoin de toi, de quelqu'un qui me prend tel que je suis. »

La fierté que j'avais ressentie quelques heures auparavant en rentrant de la salle de sport venait de se transformer en une atroce culpabilité.

19

C'était la première fois de ma vie que je me libérais sur le plan charnel. Contrairement à toutes mes expériences passées, ce n'était ni raté, ni minable, ni, comme avec Ismaël, purement bestial. Pour la première fois, je parvenais à allier sentiments et physique, corps et esprit, baisers et sodomie. Les paroles qu'Harry avait prononcées au téléphone, autant que celles qu'il avait eues lorsque j'étais venu chez lui en Uber, vers 2 heures du matin, m'avaient autorisé à affirmer, enfin, ma liberté sexuelle. Pour la première fois, je n'avais plus honte en retirant mon T-shirt, mon fute et mes sous-vêtements, je ne ressentais plus de gêne en le suçant, en me faisant sucer, ou même défoncer. Il y avait sans doute des poils peu gracieux ici et là, quelques amas de graisse, et même des morceaux de peau légèrement distendue, mais je n'y voyais plus d'inconvénient. J'avais bien le droit, moi aussi, à la joie libidinale, au plaisir du cul « normal ». Je n'étais pas éternellement abonné aux plans à la con, avec des mecs moches qui me faisaient bander mou ou des mecs beaux qui me désarçonnaient complètement. J'ignorais ce qu'il était prêt à me donner par la suite, Harry, mais il m'avait déjà donné ça.

Et c'était énorme. On sous-estime souvent l'importance de ces rites initiatiques.

« T'as pas à me dire merci, Nico, c'était tellement bon pour moi aussi. Qu'est-ce qu'il t'est arrivé, depuis l'autre fois ? C'est fou comme t'as changé ! Si j'avais su qu'un simple coup de fil t'aurait aussi rapidement décoincé à ce niveau, putain, je l'aurais fait avant ! C'était tellement kiffant. »

Je n'osai pas lui répondre.

Le lendemain soir, Harry m'avait demandé de l'aider à coller des affiches pour le groupuscule versaillais qu'il avait rejoint. J'avais d'abord refusé. « Hé, je vais pas aller faire de la propagande pour le RN, je suis pas facho, moi ! » Mais après qu'il m'eut expliqué « qu'on ne faisait pas ça pour un parti mais pour des idées, sans affiliation d'aucune sorte », et « qu'on devait soutenir les revendications des Gilets jaunes par tous les moyens possibles », j'avais accepté.

Nous étions partis en pleine nuit avec des trottinettes de location et deux gros sacs à dos bourrés d'affiches, et avions tartiné les villes des environs de messages révolutionnaires comme « ABATTRE MACRON », « HALTE AU RACKET », « MANU, ON ARRIVE ! », « AUX ARMES ! », « ÉTEINS TA TÉLÉ, ENFILE TON GILET », « PARADIS POUR LES UNS, PAS UN RADIS POUR LES AUTRES », « UN PEUPLE DEBOUT NE ROMPT POINT » ou encore « ON NE NAÎT PAS CASSEUR, ON LE DEVIENT ». L'exercice revêtait un caractère amusant pour l'intello bon élève que j'étais, jusqu'à ce qu'Harry veuille me faire coller une affiche avec le slogan « STOP À L'IMMIGRATION ». J'avais expliqué que je ne voyais pas le rapport avec les Gilets jaunes, et que cela ne figurait même pas parmi leurs revendications, mais Harry m'avait pris la main et forcé à étaler la colle sur le mur en me disant : « Tais-toi, on va nous remarquer. » La zone se trouvait en effet au milieu d'un ensemble d'immeubles. J'avais protesté une nouvelle fois, mais en voyant l'œil noir d'Harry qui signifiait « Mets-la ou je t'en mets une », j'avais fini par coller l'affiche.

Après trois heures de course dans les rues de Versailles, du Chesnay et de Vaucresson, nous étions rentrés hilares sur nos trottinettes à moitié défoncées qui portaient les stigmates de nos turpitudes : morceaux d'affiches avec un œil ou parfois un bout de menton de Macron, quand ce n'était pas celui de Castaner, boulettes de colle diluées par la pluie, traces de pied partout sur les guidons. Fréquenter un facho pouvait s'avérer hautement amusant, surtout pour moi qui prévenais toujours ma mère avant de sortir, même en plein après-midi. J'avais pris dix ans de maturité en quelques heures.

En rentrant à l'appart, Harry avait fait chauffer des lasagnes et avait même mis du prosecco au frigo. « C'est moins cher et aussi bon que le champagne. » J'avais été élevé selon le même schéma.

Il était près de minuit et nous venions de baiser pendant près d'une heure. Harry se montrait de plus en plus affectueux et j'avais l'impression que son rythme de respiration avait nettement baissé, comme si lui aussi se sentait désormais en confiance avec moi. Nous n'étions en réalité pas si différents que ça, même s'il se donnait des airs de dur pour mieux se protéger des autres.

« J'ai tellement besoin qu'on me prenne dans les bras, m'avait-il dit, juste avant de me passer un double de ses clés. Prends-les, s'il te plaît. Je sais que t'es très bien chez ta mère, et c'est plus près de Sciences po qu'ici, mais comme ça tu pourras passer me voir quand tu veux. Même si je suis pas là. Toute façon, j'aime pas être le seul à avoir les clés, j'me dis toujours qu'en cas de problème, personne peut entrer. »

J'étais dans la salle de bains en train de retirer mes lentilles quand Harry me demanda à quelle heure ouvrait le centre commercial Les Quatre Temps situé à La Défense. Il avait des courses à faire là-bas, le lendemain.

« Je sais pas du tout, j'y vais jamais. Regarde sur Google.

– Yes. Attends, merde, j'ai plus de batterie, on a trop utilisé Google Maps tout à l'heure !

– Regarde sur le mien, j'ai encore 10 pour cent, j'crois.

– Yep, il est où ?

– Euh, sur le tabouret de la cuisine, il me semble. C'est bon ?

– Ouais, je l'ai !

– Mon code, c'est 192858. »

Je mis trois longues minutes à retirer correctement ma lentille droite, qui avait glissé dans le coin de mon œil. « Ah, quelle merde ces trucs, vivement que je me fasse le laser, quand j'aurai les moyens ! » Je la remis dans le récipient de forme ronde et me lavai les mains.

« Alors, ça ouvre quand, Les Quatre Temps ? » dis-je en arrivant vers le lit.

Harry n'y était pas. Je tournai la tête et le vis assis sur le tabouret de la cuisine. L'air furieux.

« Qu'est-ce qu'il y a ? Le magasin est fermé demain ? ricanai-je. C'est pas grave, t'iras un autre jour !

– C'est qui Ismaël ? Et c'est quoi cette histoire de salle de sport ?! » hurla Harry en me jetant le portable à la gueule.

Je le pris en plein dans les dents.

J'eus beau expliquer que je nous croyais séparés lorsque l'incident s'était produit, j'eus beau lui rappeler qu'il s'était montré odieux le matin même en prévoyant devant moi un rencard avec Manon, j'eus beau me précipiter sur lui pour m'excuser en le suppliant, il n'entendit rien. Stoïque, il garda le silence durant de longues minutes puis me toisa d'un air grave.

« La différence, c'est que moi, je n'ai rien fait avec Manon, tu vois. Je l'ai fait venir, puis j'ai direct compris que je faisais une connerie, et que c'était toi que j'aimais, alors je l'ai fait dégager. Et maintenant, c'est toi qui dégages. Et ne t'avise pas de me recontacter. »

Je lui agrippai le visage pour le forcer à m'embrasser, il me repoussa violemment et me mit un coup de genou dans les couilles. Je tombai au sol en hurlant.

« Maintenant, BARRE-TOI, FILS DE PUTE ! OU J'TE JURE QUE JE T'ÉCLATE ! »

3 heures du matin. Après une heure d'errance dans les rues de Versailles, j'avais réussi à commander un Uber et j'étais reparti chez ma mère. Le chauffeur faillit refuser la course, en raison de la morve que j'avais sur le nez et des traces de sang qui salopaient mon sweat.

J'avais tenté de joindre Harry par tous les moyens, en vain. Il m'avait immédiatement bloqué de tous les réseaux sociaux et n'apparaissait plus lorsque je tapais son nom sur Facebook, Instagram ou Snapchat. Et les textos que je lui envoyais ne lui parvenaient plus. Je l'avais perdu.

Je m'étais réfugié au fond de mon lit, allongé sur le côté, mon téléphone posé à quelques centimètres de mon visage. Dans l'espoir d'un signe. Pour me calmer, j'avais bien essayé de mettre Netflix, mais on sait que lorsqu'une chose vous obsède, on la voit, on la sent, on la retrouve partout.

Ma vieille amie Agathe, à qui j'avais vaguement raconté l'épisode par texto, tenta de me rassurer en m'expliquant qu'Harry était très jeune, sans doute immature et à mille lieues de penser qu'il pouvait me mettre dans cet état. Mais elle avait tort, et elle savait qu'elle avait tort. Contrairement à une idée répandue, les vrais amis ne vous disent pas la vérité, ils ne l'embellissent pas non plus, ils essayent seulement de vous sortir la tête de l'eau, lorsque vous touchez le fond, en insistant sur les zones d'ombre et les fameux « torts partagés », afin d'apaiser votre souffrance. Agathe était une vraie amie.

La vérité, elle, on la connaît toujours ; elle se trouve en nous, bien en évidence, comme la serrure au milieu d'une porte. Lorsqu'on appelle à l'aide, on attend du réconfort, pas d'être confronté à la crudité de notre condition.

J'avais consommé la seule drogue que j'avais sous la main : du poppers. L'effet était particulièrement court dans la durée, mais il forçait le corps à penser à autre chose durant quelques secondes. On aurait tort de croire que c'est l'esprit qui réfléchit, c'est le corps qui, en fonction de l'état où il se trouve, de ses sensations, nous met dans une certaine disposition d'énergie. Mon corps était en train de hurler.

Jusqu'alors, j'avais réussi à retenir mes cris, mais la pression devenait trop envahissante.

Plus je descendais dans les bas-fonds de mon âme, plus la honte s'intensifiait, plus mon amour-propre disparaissait, et plus ma passion se renforçait. Je puisais toute mon énergie dans cet Autre ; Harry était devenu ma seule raison d'être, dès lors, la privation totale de mon essence m'enlevait toute envie de vivre.

20

Ma mère ne comprenait pas ce qui pouvait me mettre dans un tel état. « Tu angoisses à cause de tes examens ? me demanda-t-elle, alors que j'ouvrais la porte du frigo pour prendre du jus d'orange.

– Non, c'est pas ça, je…

– Mais dis-moi, Nicolas ! Tu es livide, et tu as des marques sur le visage, que se passe-t-il ? »

Je lâchai la bouteille en verre, qui explosa sur le sol. Ma mère fit un bond en arrière puis se précipita sur moi.

« Dis-moi ce qu'il y a ! Pourquoi tu pleures comme ça, mon poussin ? Pourquoi ? », répéta-t-elle en m'enlaçant.

Je m'allongeai sur le canapé, tremblant, et ma mère mit une couverture sur mon dos. « Bon, maintenant, dis-moi ce qu'il se passe. Tu m'inquiètes beaucoup. »

Je lui racontai tout de A à Z : le match Tinder, la première rencontre à Saint-Germain-en-Laye, ma gêne sur le plan sexuel, qui avait fait repousser notre première fois, le week-end à Londres, plutôt réussi, et la suite décevante : l'absence de nouvelles, mes soupçons d'infidélité, et ma faute, inexcusable, qui avait été découverte par erreur. Ma mère remarqua aussi les traces de coups sur mon visage, même si j'avais passé une grande partie de la matinée à essayer de les camoufler. « T'en fais pas pour ça, c'est moi qui me les suis faits, parce que je m'en voulais terriblement. »

Je lui racontai tout, à ceci près que, pour ne pas ajouter du drame au drame et de l'étonnement à l'étonnement, j'avais inversé le sexe d'Harry. Je parlai d'une certaine Julie. Cela n'était pas aisé de remplacer tous les « il » par des « elle », mais l'opération avait semble-t-il fonctionné. De toute façon, je n'avais guère eu le choix. Lorsque j'avais dit : « Je viens de me faire larguer », ma mère m'avait tout de suite répondu : « Mince ! Je suis désolée, je ne savais pas que tu avais quelqu'un, comment s'appelle-t-elle ? » On ne pouvait pas annoncer deux bouleversements en même temps.

Au fond, peu importait. Pour moi, l'amour n'avait pas de genre.

Ma mère me donna un Doliprane 1000 pour calmer mon mal de tête et je passai le reste de la journée devant la télé, à regarder des DVD. Il y en avait un bon stock dans l'armoire du salon et je devais essayer de me vider l'esprit. Il me fallait des histoires – et surtout pas des émissions ou des programmes d'actualité. Des histoires de gens, qui m'embarquaient dans un monde clos où on se sentait bien. J'avais visionné *Un conte de Noël*, de Desplechin, *Coup de foudre à Notting Hill*, et même l'interminable *Titanic*. Je n'avais de toute façon plus d'énergie pour penser.

Toute la journée, j'avais essayé de contacter Harry. Pour contourner les blocages sur les réseaux sociaux, j'avais dû créer de faux comptes afin que mes messages et mes « demandes d'ami » lui parviennent effectivement. Mais il n'était pas dupe : dès qu'il sentait qu'il y avait quelque chose de bizarre dans la conversation, et qu'il n'avait pas souvenir du nom de la personne avec qui il échangeait, il cessait de répondre. J'avais bien réussi à lui parler sur Snapchat durant quelques minutes en me faisant passer pour un ancien pote de collège, mais il avait reconnu certaines des expressions et abréviations que j'employais souvent, comme « vdm » (pour « vie de merde ») ou « jpp » (pour « j'en peux plus »). Le travail d'acteur n'est pas chose aisée, et à chaque fois, je recevais un « t'es grillé Nico, casse-toi ». C'était un garçon de son temps, qui connaissait tous ces stratagèmes inutiles. Je n'avais aucune longueur d'avance sur lui.

Ma mère avait malgré tout repris ses activités et elle était en train d'installer le sapin de Noël dans la salle à manger. « J'ai pris un Nordmann, ils perdent moins leurs épines, je trouve. Tu veux pas venir m'aider à le décorer ? Ça te changera un peu les idées. »

Nous n'achetions plus de sapin depuis plusieurs années. Les décès récents dans la famille nous avaient éloignés de tout ce qui relevait des « célébrations », et ma mère était tout aussi écœurée que moi par la frénésie consumériste propre aux fêtes de fin d'année. « C'est vraiment que du commerce », disait-elle souvent à ce sujet. Mais cette année, elle avait voulu faire exception. « J'ai pensé que ce serait bien de nous remémorer les bons souvenirs. » Nous avions en effet passé quelques agréables moments, notamment avec ma sœur, qui avait quitté la maison depuis longtemps. Lorsque nous étions plus jeunes, les réveillons du 24 décembre se déroulaient le plus souvent chez ma mère, à trois, autour d'un bon repas – et comme nous n'étions pas catholiques, la soirée se terminait souvent loin de toute solennité, avec de la musique de Michael Jackson qui gueulait dans les haut-parleurs et moi qui essayais d'apprendre aux deux filles la chorégraphie du clip de *Smooth Criminal*. Généralement, après l'échange des cadeaux, auquel ma sœur restait attachée, nous terminions la soirée devant un DVD comique, type Muriel Robin ou Franck Dubosc. Et nous étions sincèrement satisfaits.

« Bon, ça va un peu mieux, j'ai l'impression ? me demanda ma mère, alors qu'elle me passait des boules argentées.

– Bof bof. Je sais pas quoi faire, il... j'veux dire elle répond pas à mes messages.

– Tu l'as vraiment trompée ?

– Ouais... je croyais vraiment qu'on était séparés.

– Tu sais, Nicolas, si elle l'a aussi mal pris, de deux choses l'une : soit c'est quelqu'un d'orgueilleux qui supporte pas la tromperie, j'en ai connu des comme ça, même lorsque la situation l'autorisait. Dans ce cas, effectivement, c'est compliqué de revenir. Soit c'est pas par orgueil, mais par tristesse et déception, et dans ce cas je suis sûre qu'elle reviendra vers toi.

– Tu crois ?

– Faire la gueule aux gens dans des situations comme ça, tout le monde le fait. Même avec ton père, tu sais, je me rappelle que lorsqu'il était rentré de son voyage en Inde pour ses photos, il m'avait avoué avoir eu une aventure avec une fille sur place. Une nana du groupe avec lequel il était parti. On n'était pas encore mariés mais on habitait déjà plus ou moins ensemble, en face de l'appartement de ta grand-mère, dans le 12e. Comme tu t'en doutes, je l'ai très mal pris, je me suis barrée, je suis retournée à Romainville chez ma mère et je répondais plus aux appels de ton père. Tu t'rends compte, moi qui l'aidais sans arrêt avec ses photos, il part en voyage et il me trompe avec une nana avec qui il développait les négatifs, c'était hyper humiliant.

– Mais finalement, tu lui as pardonné ?

– Oui, c'est ce que je voulais te dire, on a beau faire des conneries, si l'autre revient et s'excuse, on passe l'éponge au bout d'un moment. Ta Julie finira par revenir vers toi, j'en suis presque certaine.

– Mais… avec papa, du coup, ça s'était passé comment, le rabibochage ?

– Oh, je ne me rappelle plus dans les détails, on était si jeunes… Mais je me souviens qu'il avait appelé ma mère, à l'agence immobilière où elle bossait, et ensuite j'avais eu l'information comme quoi il s'excusait. Et quelques jours après, il s'était présenté à l'appart, chez ma mère.

– Mais moi je ne connais personne de sa famille, ni ses parents, ni son frère.

– Tu sais bien où elle habite, ta copine ?

– Oui bien sûr, mais elle m'ouvrira pas. Vu ce que j'ai pris l'autre fois dans la… enfin vu ce que j'ai entendu, c'est mort.

– T'as pas les clés ? »

Nous passâmes toute la soirée à débattre avec ma mère de la stratégie à mettre en place. Mon infinie tristesse laissait progressivement place à de l'espoir, un espoir nourri par les encouragements de ma complice qui me voyait déjà réussir avec la fameuse Julie : « Tu vas à son appart avec un cadeau, c'est bête mais ce n'est jamais désagréable, tu t'excuses à nouveau mais rapidement, sans te répandre, parce que ça c'est insupportable, et tu suggères très vite que vous vous remettiez ensemble, parce que vous vous entendez bien, que vous vous amusez bien, et qu'elle ne retrouvera sans doute pas ça facilement, tu essayes, ça peut ne pas marcher bien sûr… et si elle te claque la porte au nez, eh bien tu attends gentiment devant sa porte, sans gémir, sans l'appeler, sans te plaindre, tu te calmes et tu attends. Elle finira bien par sortir. Quand elle sortira, tu te montres poli, tu ne te mets pas à chialer, c'est ridicule, mais au contraire tu la prends par surprise en te montrant adulte, en lui faisant des propositions concrètes, c'est ça qu'on veut, les femmes, du concret, dans les relations amoureuses, pas de la guimauve.

J'ignorais si cette démarche allait fonctionner, mais je n'avais de toute façon aucune autre piste. Et je savais que les gays fonctionnent un peu comme des nanas sur pas mal de trucs. Ce n'est pas pour rien si tous les mecs homos ont autant de « copines ».

Pour ne pas effrayer Harry, j'avais choisi de reporter ma visite au lendemain. Il faisait un froid glacial et je me voyais mal débarquer chez lui à 23 heures, alors qu'il était peut-être déjà couché. C'était aussi l'avis de mon amie Agathe, qui avait beaucoup ri lorsque je lui avais expliqué la stratégie évoquée par ma mère. « Elle manque pas d'idées, Mme Costes ! » s'était-elle exclamée, avant de m'expliquer que la psychologie des gays présente sans doute des « spécificités », « une sorte de mélange compliqué entre le sentimentalisme typiquement féminin et la lâcheté typiquement masculine ». La tâche n'allait pas être simple, d'autant que, malgré nos nombreux échanges et nos quelques soirées ensemble, je ne connaissais pas bien Harry, au fond. Ce garçon était encore une énigme.

Je me couchai vers minuit avec l'étrange sensation d'avoir à reconquérir quelqu'un que je n'avais jamais vraiment conquis. J'espérais avoir tort.

21

« Harry ? Tu veux bien m'ouvrir, s'il te plaît ? C'est Nico. » J'avais suivi à la lettre les recommandations de ma mère et avais opté pour un ton sobre, sans mièvrerie. Mais je n'avais pas acheté de cadeau. Mon amie Agathe avait trouvé l'idée « bonne pour une Julie mais pas pour un Harry ».

« Harry ? » répétai-je en cognant un peu plus fort sur la porte. Il faisait le mort.

En bon élève, je décidai d'attendre sagement devant chez lui. Je savais que le temps allait être long, alors j'avais apporté un bouquin.

« L'immeuble n'est pas une salle d'attente, jeune homme ! me lança une bonne femme avec une voix de chroniqueuse politique, genre Léa Salamé. Le règlement intérieur prévoit même des sanctions en cas de non-respect, ne m'obligez pas à appeler la police.

– Oh, excusez-moi, madame, dis-je en me levant. En fait, j'attends quelqu'un, qui ne devrait pas tarder maintenant. Je vous promets que si dans une heure il n'est toujours pas là, je m'en vais. »

La bonne femme, qui devait être la gardienne, me fixa d'un air pincé puis repartit dans le couloir.

J'avais lu presque la moitié de mon bouquin et m'étonnais de n'avoir rien entendu dans l'appartement d'Harry. L'heure du déjeuner était largement passée et je n'avais ni perçu de bruit de porte ou de casserole, ni entendu d'eau couler. Il était peut-être sorti, mais je savais qu'il n'était pas en cours ce jour-là.

« Vous êtes encore là ? Vous m'aviez dit que vous seriez parti dans une heure il y a presque deux heures ! Alors maintenant, vous prenez votre bouquin et vous dégagez, jeune homme ! Et pas d'histoires.

– Oui, bien sûr, pardon, je suis tellement… enfin…, dis-je en sanglotant.

– Je ne sais pas quoi vous dire, ajouta-t-elle, plus gentiment.

– Ne vous en faites pas, ça va aller, je vais rentrer chez…

– Vous ne cherchez pas Harry Lassaux, par hasard ? »

Mes yeux s'illuminèrent comme les guirlandes électriques du sapin de ma mère. « Si ! Vous auriez des infos ? J'ai l'impression qu'il n'est pas chez lui. »

La bonne femme s'approcha de moi et me dit discrètement : « Je ne suis pas censée parler de la vie des locataires, mais je connais très bien M. Lassaux, il se confie à moi de temps en temps, et je sais qu'il est loin de ses parents. Je suppose que vous êtes l'un de ses amis ?

– Oui, c'est ça, un très bon ami à lui.

– Eh bien, je l'ai vu partir hier soir lorsque je sortais les poubelles, il avait commandé un taxi et il s'est engouffré dedans avec une grosse valise. Je n'en sais pas plus, mais je pense que c'est inutile de l'attendre comme ça pendant des heures… Bon, maintenant je vous laisse, et je ne vous ai rien dit, hein ? Bon courage pour la suite. »

À peine la bonne femme fut-elle repartie dans le couloir que je frappai de nouveau à la porte d'Harry. « Tu es là ? Non ? Bon, j'ouvre ! »

L'appartement semblait avoir été soigneusement vidé. Il y avait toujours les meubles, la cuisinière et les étagères, mais plus rien ne traînait. L'espace ressemblait à une chambre d'hôtel qu'on aurait astiquée en attendant les prochains clients. Il n'y avait presque plus de bouffe, à l'exception d'un pauvre paquet de pâtes, plus de brosse à dents, plus de dentifrice, plus de gel douche, même les produits d'entretien avaient disparu, en dehors d'un vieux Monsieur Propre qui avait été oublié sous l'évier de la cuisine. Les volets étaient fermés et les appareils électroménagers – micro-ondes, frigo – avaient même été débranchés.

Son départ était récent, de l'eau suintait encore dans le bac à douche. Mais vu l'état de l'appartement, dans lequel l'aspirateur avait manifestement été passé, il n'y avait pas eu de fuite précipitée. C'était un départ prémédité.

En m'asseyant sur le lit, j'essayai de me remémorer nos dernières discussions. Avait-il le projet de retourner chez ses parents pour la période des fêtes ? Ou des vacances prévues avec des amis ? C'était quelqu'un d'assez mystérieux, dont le jardin secret occupait sans doute une grande place dans l'existence, mais ce départ me paraissait louche. Comment aurait-il pu me proposer de venir m'installer chez lui en me passant un double de ses clés s'il avait eu l'intention de se barrer quelques jours plus tard ? Cela n'avait pas de sens. Je savais que je n'étais pas au centre de sa vie, ni de ses préoccupations, mais il était probable que notre violente engueulade lui avait donné des idées. Peut-être même l'envie de prendre le large. Harry était si imprévisible.

Je décidai d'inspecter l'appartement, non pour découvrir des informations confidentielles à son sujet, mais pour savoir où il était parti. Je me doutais bien qu'avec ses engagements radicaux dans les milieux politiques yvelinois, j'aurais pu trouver des données compromettantes, en cherchant bien. Sauf qu'au stade où j'en étais, ça ne me préoccupait guère. J'aurais pu découvrir une croix gammée sous son matelas ou un poster de Goebbels dans un de ses tiroirs, mon désir de le revoir n'aurait pas été atteint d'un iota. Cette relation avait investi ma conscience dans des proportions telles que je ne pensais même plus à mes examens de fin de semestre, moi qui, d'habitude, cessais toute activité lorsqu'il était question d'enjeux scolaires – fût-ce le brevet des collèges. On aurait pu me dire que j'étais disqualifié des épreuves, ou carrément viré de l'école, la nouvelle me serait passée dessus comme une mouche sur le cul d'une vache.

Je plongeai ma tête dans l'oreiller qui portait encore l'odeur d'Harry, ou peut-être était-ce une construction de mon esprit. Même absent, il habitait le studio avec une sorte d'énergie politico-lubrique qui me donnait envie de me tripoter. Ce n'était pourtant pas le moment, et vu tout ce que j'avais à réviser pour Sciences po, j'aurais dû me barrer vite fait de l'appartement pour revenir chez ma mère. Mais ces considérations prosaïques pesaient tellement peu, comparées au manque dont je souffrais à cet instant. Il n'était pas mort, il se trouvait sans doute en lieu sûr, avec des amis ou des proches, mais son absence me frappait comme des coups de pelle.

De nouveau, je grelottais. Je décidai de me glisser sous la couette. La vision de cet appartement dépourvu de lui m'insupportait, je devais fermer les yeux pour ne plus la subir. Les paupières baissées, je renaissais, je l'imaginais en train de se balader à poil devant moi. Sa queue heurtait doucement ses cuisses. Il me regardait avec ses yeux d'activiste, et voulait me pénétrer, bien profond, comme lors de notre dernier rapport. Il ressentait un désir brutal à mon égard, qui s'accroissait au fil de nos discussions. Que c'était excitant de se faire baiser par un radical ! Il n'y a rien de tel que la queue d'un homme prêt à dire tout ce qu'il a de plus brut en lui. Pas seulement l'horrible, ou le vulgaire, mais simplement la vérité – la sienne, partiale et éminemment subjective, mais c'était déjà beaucoup.

En 2018, plus personne n'assumait aussi librement ses propos. On n'entendait le plus souvent que des polémistes, des débiles, des éditorialistes de pacotille qui vivaient en contradiction totale avec ce qu'ils prêchaient ; il n'y avait plus que des menteurs, des escrocs, des gens malhonnêtes qui vendaient de l'idéologie comme on écoule des canapés chez Conforama. Ce type, Harry, sortait complètement du lot, il n'avait pas seulement peur de rien, il voulait vivre ; il s'était cassé, sans doute pour une bonne raison. Il n'était pas radical pour être radical, il l'était par nécessité vitale, et intégrité intellectuelle. On ne la lui faisait pas, à Harry ! Pas même moi. D'ailleurs, il s'était barré. Chose que je n'aurais jamais pu faire moi-même. J'étais une pourriture de lâche, comme tous les cloportes qui peuplaient la France.

Je m'endormis plusieurs heures, après m'être masturbé en pensant à lui. Il était 19 heures passées et ma mère m'avait envoyé plusieurs textos : « Alors, ça a marché ? », « Tu lui as fait le coup des clés ? », « Elle a aimé ton cadeau ? ». Pour ne pas l'inquiéter, je lui répondis seulement : « Tout va bien, je rentre demain. »

Je décidai de me faire des pâtes, car je n'avais pas la force d'aller au supermarché. Je n'étais pas chez moi, je n'étais pas en vacances, je n'avais qu'un seul objectif : le retrouver, quelles que soient les complications.

En tournant les coquillettes dans la casserole, j'essayai de dresser dans ma tête la liste des lieux où il pouvait se trouver : le plus probable était chez sa famille, dans le Nord, compte tenu de la « grosse valise » évoquée par la gardienne ; il y avait aussi le groupe de Gilets jaunes, vaguement lié aux black blocs, dont il s'était rapproché ; et bien sûr, je pensai au groupuscule droitiste qu'il avait apparemment rejoint. Mais je ne disposais d'aucun détail : ni sur la ville de ses parents, ni sur ses copains Gilets jaunes, ni sur ses amis militants plus ou moins proches du RN.

Harry avait bien sûr emporté son portable, il n'y avait donc aucune source digitale directe à exploiter. Quant aux rares papiers et documents qui se trouvaient encore dans les tiroirs de sa commode et de sa table de chevet, ils ne m'avaient rien livré d'important – hormis le fait que c'était un piètre dessinateur et qu'il était fan d'Harry Potter. Tout au plus, grâce à sa carte d'étudiant qui traînait sous un bibelot, j'appris que son deuxième prénom était Paul et son numéro d'étudiant, 80041762.

Le plus simple était encore d'attendre qu'il revienne.

22

Cinq jours plus tard, je n'avais toujours aucun signe d'Harry. Je passais mes nuits à l'attendre, enfermé dans son minuscule appartement que je ne quittais que pour aller me ravitailler en bouffe. C'était devenu ma planque, même si je n'avais rien fait d'illégal et que la police n'était pas à mes trousses. Il n'avait ni appelé, ni répondu aux nombreux messages que j'avais envoyés de multiples comptes différents, il ne s'était pas davantage pointé dans l'immeuble, et la gardienne, que j'interrogeais quotidiennement, n'avait rien d'autre à me dire que : « Je ne l'ai pas vu. »

Ma mère s'inquiétait de mon absence du domicile familial mais elle ignorait que je séchais les cours. « T'inquiète pas, maman, je continue à aller à Sciences po, je ne suis pas fou ! » Elle aurait été terrifiée d'entendre la vérité.

Mes enquêtes intra-appartement n'ayant rien donné, je décidai, au sixième jour, d'envisager de nouvelles pistes. J'ignorais presque tout du quotidien d'Harry, mais j'avais encore tous nos messages sur mon téléphone – des messages que je relisais sans cesse pour y trouver une indication de lieu ou une évocation de personne que j'aurais pu contacter. Le problème, c'est qu'il se répandait très peu dans ses textes, peut-être par habitude, ou peut-être par crainte d'être sous surveillance. Toujours est-il qu'il n'y avait ni nom, ni adresse, ni détails sur ses allées et venues. J'essayais toutefois de me remémorer nos discussions dans l'IRL qui, elles, étaient plus nourries. Un peu comme les malfrats, Harry se livrait sans difficulté mais seulement à l'oral, pour ne pas laisser de traces.

C'est ainsi que je décidai, un jeudi matin, d'explorer la piste Gilets jaunes, puisque je savais qu'il avait beaucoup participé aux manifestations parisiennes. Mais les rassemblements du week-end étaient bien trop massifs, le chercher dans ces gigantesques foules d'anonymes n'aurait conduit à rien. J'envisageai donc un autre procédé : me rendre aux ronds-points des environs où des Gilets jaunes étaient établis depuis plusieurs semaines. Il avait forcément dû y passer pour leur exprimer son soutien d'une façon ou d'une autre, lui qui me parlait du mouvement à chacune de nos discussions.

Je n'avais pas suivi le sujet des Gilets jaunes autant qu'Harry mais en googlant la chose, j'avais recueilli de précieuses informations. Il y avait notamment un article publié sur le site de France 3 qui affichait, en temps réel, tous les ronds-points où des manifestants se rassemblaient. Et dans les Yvelines, le mouvement était massif : à Versailles, Limay, Rambouillet ou Mantes, des Gilets jaunes étaient présents, et le site indiquait même l'adresse exacte de leur emplacement. Je n'avais plus qu'à tous les visiter.

« Hé, jeune homme, descendez de votre trottinette, s'il vous plaît, vous allez percuter un camarade », me lança un bonhomme moustachu d'une quarantaine d'années. Il était en train de boire un café dans un gobelet avec une dizaine d'autres personnes sur un rond-point proche du Chesnay.

Je posai le pied par terre et m'avançai vers le groupe. En montant sur le petit trottoir, je manquai de glisser sur la pelouse trempée. Il pleuvait des trombes d'eau.

« Bah faites attention, jeune homme, on est pas aux Galeries Lafayette, ici ! » ricana un autre mec qui ne devait pas être beaucoup plus âgé que moi.

Je m'approchai du groupe à pas de loup. Une femme grosse comme un ballon se foutait de moi du coin de l'œil ; il faut dire qu'avec mes cheveux décolorés et ma trottinette à la main, j'incarnais caricaturalement le bobo parisien, qui ne devait pas avoir bonne presse chez les GJ. « Pardon de vous déranger, je cherche…

– Déjà tu t'excuses pas d'être là, car tout le monde est le bienvenu ici ! me dit le bonhomme moustachu en me donnant une tape sur l'épaule. Hé, Michel, tu files un gobelet au gamin ? Il a l'air frigorifié. » On me donna un café fumant et plusieurs personnes m'entourèrent de façon amicale, comme pour me protéger du froid et des intempéries. « Alors, qu'est-ce qui t'amène, avec ta trottinette ? C'est la première fois que j'te vois ici, poursuivit le bonhomme moustachu.

– Oui, en fait je suis à la recherche de quelqu'un que vous n'avez sans doute jamais croisé, mais je sais qu'il soutenait beaucoup les Gilets jaunes dans le quartier, alors j'me suis dit…

– Comment il était, ton gars ? me coupa la femme qui ressemblait à un ballon.

– Laisse-le parler, Jeanine ! Le pauvre, il est trempé,

avec sa patinette, on va encore nous traiter d'agressifs après ! Vas-y, dis-nous comment c'est qu'il est, ton gars, continua le moustachu.

– Oui, en fait, donc… en fait je sais pas du tout si vous pouvez m'aider, mais c'est un gars un peu plus jeune que moi, genre ma taille, cheveux blonds, il s'habille souvent en noir et il a un p'tit cheveu sur la langue, enfin j'imagine que ça va pas vous avancer beaucoup… mais c'est lui, ajoutai-je en montrant une photo d'Harry sur l'écran de mon téléphone.

– Si on le connaît ? C'est lui qui a installé ce rassemblement ici. »

Le moustachu m'expliqua que le rond-point était occupé par les GJ depuis plusieurs semaines, nuit et jour, et qu'un groupe de jeunes de Versailles en avait été à l'initiative. Harry n'était pas venu depuis une dizaine de jours mais y avait déjà passé « des journées entières », et « même des nuits ». J'appris aussi, par la femme-ballon avec qui j'avais vite sympathisé, que d'autres ronds-points avaient été investis dans les environs, tous par ce groupe de jeunes activistes dont l'objectif était de développer le mouvement dans les communes des Yvelines. « Des p'tits mecs très bien, quelques filles aussi, assez BCBG dans leur allure mais avec un certain nombre de gars qui venaient du Nord, j'me souviens. Mais c'était pas une démarche ponctuelle, pour amuser la galerie un samedi sur trois, non, eux, ils voulaient vraiment pérenniser la présence en installant des spots un peu partout, ils étaient organisés. D'ailleurs, ça a plutôt marché parce qu'on a plein de camarades qui nous appellent sur Vaucresson, Saint-Nom, jusqu'à Dreux, et qui nous demandent des conseils sur l'action. Et à chaque fois c'est ces p'tits jeunes qui structurent le truc, ou en tout cas qui l'encouragent dans leurs cercles. J'me souviens très bien aussi de ton Harry, il agit pour son pays… C'est beau. Si mon fils était comme ça ! »

Malgré toutes les informations que je recueillais au sujet de mon fugitif, et tous les compliments que ces GJ me faisaient sur lui, je restais dans le flou sur l'essentiel : où était-il allé ? Qui avait-il rejoint, avec sa grosse valise ? Il avait pu repartir dans sa famille, mais vu la manière dont il me parlait de ses parents, je doutais que ce soit le cas. De toute façon, ces manifestants n'avaient aucun renseignement à me communiquer là-dessus.

Grâce à l'aide de la femme-ballon, qui m'avait donné son numéro de téléphone, j'avais néanmoins obtenu la liste exhaustive des ronds-points sur lesquels elle pensait qu'Harry avait pu se rendre, seul ou avec le « groupe de jeunes » auquel elle faisait sans cesse référence. Je passais ainsi mes journées à voyager sur ma trottinette électrique, que je branchais comme je pouvais dans des bars et des McDo, parcourant une grande partie des Yvelines et même le début du département de l'Eure, selon des informations qui m'indiquaient tantôt une adresse, tantôt un descriptif de personne susceptible de me renseigner. « 3, rue des Noisetiers », « 25, avenue Paul-Doumer », « femme 50 ans bonnet rouge sur la tête », « place du Docteur-Roux », « homme chauve 60 ans petit bouc », « garçon 25 ans queue de cheval »…

À chaque fois, je tombais sur une ou plusieurs personnes qui avaient échangé avec Harry ou l'avaient au moins croisé : « Ah oui, je vois très bien ! Un petit jeune du Nord, je crois me souvenir, drôlement bien élevé, avec des convictions ! » ; « Un charmant garçon, qui faisait beaucoup de politique et avec un discours très mature pour son âge ! » ; « Harry nous a aidés à installer les banderoles pendant toute une matinée, alors qu'il faisait moins 5, et sans jamais se plaindre ! » ; « C'était le plus convaincu de tous, il arrivait plus tôt que les autres et il partait en dernier, et une fois on avait discuté de son père, qui s'était fait virer de sa boîte au bout de vingt-cinq ans après une délocalisation en Estonie » ; « Je me souviens plus de son nom, mais la photo correspond, il avait effectivement un cheveu sur la langue et une gueule d'ange, ça tranchait avec le reste des camarades, mais en matière de révolte, il n'avait aucune leçon à recevoir, le p'tit ! » ; « Il avait des idées assez radicales, de mémoire, et une volonté de justice sociale très forte, et sincère ». Tout cela ne me disait cependant pas où se trouvait Harry.

J'étais rentré dépité à l'appartement et m'étais fait chauffer une tisane. Voilà trois jours que j'errais sur tous les ronds-points des environs, sans recueillir la moindre information utilisable. La frustration était d'autant plus grande que tout le monde avait entendu parler d'Harry. Mais personne n'avait été assez proche de lui pour savoir pourquoi il avait soudainement quitté la ville. J'aurais aimé en savoir davantage sur ce « groupe de jeunes » auquel beaucoup faisaient référence, ces « militants pro-GJ », ces « petits gars motivés qui venaient de Versailles », mais je n'avais aucun nom, aucun numéro de téléphone, aucun détail précis. Et même si certaines personnes que j'avais croisées en savaient peut-être davantage, elles ne se seraient sans doute pas permis de donner des informations personnelles à un inconnu rencontré juste quelques minutes plus tôt. Les Gilets jaunes étaient des gens bien élevés.

Je regardais CNEWS, qui relatait, autour d'« experts » et de « témoins », les dernières turpitudes des black blocs, quand mon téléphone sonna. Une excitation monta soudainement en moi, c'était peut-être Harry, *le* Harry, qui avait entendu parler de moi par le biais d'un de ces révoltés des ronds-points et qui, ému, voulait me recontacter ! Peut-être qu'un des gars avec qui j'avais échangé avait secrètement envoyé un texto à l'intéressé pour qu'il sorte enfin de son silence ! Peut-être même que l'adorable lesbienne aux dreadlocks de Limay, qui avait grillé la nature de la relation que j'avais entretenue avec Harry, connaissait son numéro et lui avait demandé de m'appeler ! Oui, c'était possible ! C'était bien possible !

« Nico ?

– Oui ?

– C'est Jeanine, la fille du rond-point, tu vas bien ?

– Ah oui… Oui, bien sûr, comment vas-tu ?

– Très bien, très bien, avec la dernière manif, j'crois que Castaner va sauter, on lâche rien ! J'peux te dire qu'avec les camarades, on est remontés à bloc…

– C'est super ! Vraiment. Tu vois, au début j'avais quelques réserves sur tout ça, ce que vous faites, et là, écoute, je reviens de plusieurs jours où j'ai balayé tous les ronds-points du coin, et franchement, c'est beau, ce qu'il se passe…

– J'crois vraiment qu'on fait avancer les choses. Le gouvernement va bien finir par lâcher du lest, c'est plus possible de laisser pourrir les travailleurs comme ça, on est écrasés de partout, et nous on fait pas comme les Amazon et compagnie, on les paye, nos taxes et nos cotisations ! Et on n'est pas des branleurs, on bosse tous sur les ronds-points ! Parfois, c'est vraiment pas des super boulots, hein, mais tout le monde se bouge, on s'entraide, on se mutualise, ça vient de partout maintenant, c'est vraiment encourageant, j'espère juste qu'on va aborder les sujets qui fâchent à un moment donné…

– Tu veux dire les retraites ?

– Non, pas ça, enfin c'est vrai que le système s'écroule et qu'y aura aucun lendemain qui chante en la matière, mais non, j'veux parler des aides sociales, des immigrés et tout ça.

– Tu penses vraiment que c'est ce que les Gilets jaunes réclament aussi ?

– Oh, tu sais, c'est très partagé, et on n'a pas le droit d'en parler dans les médias, évidemment, c'est pas politiquement correct ! Mais c'est clair que pour certains d'entre nous, va falloir passer à la vitesse supérieure, parce que y a quand même beaucoup de gauchistes qui se voilent la face là-dessus, et t'as bien vu, sans faire de mauvaise langue ou quoi que ce soit, mais les gens des quartiers, comme on dit, ils sont pas beaucoup sur les ronds points…

– Oh, j'suis pas d'accord, j'en ai vu quand même quelques-uns, en bougeant.

– Oui, bien sûr, t'as toujours des exceptions, mais globalement y a pas beaucoup de ces gens-là, alors qu'en proportion, ils sont maintenant très nombreux dans la population, y a un différentiel important, bref… J'veux pas leur jeter la pierre, et d'ailleurs ils sont pas directement responsables de ça, mais à force de faire venir des pauvres par centaines de milliers chaque année, bah c'est sûr, le système il s'en ressent, sur la santé, et tout ça, pas besoin d'avoir fait Saint-Cyr pour le comprendre, et moi, avec d'autres amis, on veut que ce soit mis sur la table, j'te parle pas des racistes et de tous ces malades qui bousilleraient l'image du mouvement, j'te parle juste des gens honnêtes, qui veulent ouvrir les yeux sur ce qu'il se passe dans certains quartiers, le sexisme, l'antisémitisme, tout ça, et les abus avec les aides sociales, parce qu'on peut pas critiquer le gouvernement et la gestion de l'argent public sans parler aussi de ça, le poids du problème est énorme, et moi, je suis même pas contre l'immigration en soi, d'ailleurs mes parents viennent de Pologne, c'est te dire… mais y en a trop, là, on peut plus les intégrer, c'est plus possible, ils arrivent avec un nombre de difficultés énorme et pas de diplômes pour la plupart, alors qu'aujourd'hui si t'as pas bac + 5 tu trouves pas de boulot, cherchez l'erreur ! Non, c'est plus possible, on est d'accord là-dessus avec pas mal de camarades, faut qu'on en parle, calmement mais clairement, sinon on est lâches et on réglera jamais les problèmes à la racine…

– Je comprends ta position… même si… c'est vrai qu'il y a sans doute une omerta là-dessus, c'est clair que dans certains milieux, dire ça, c'est pas possible, donc même s'il y a des problèmes, c'est tellement mal vu d'en parler que… tu m'as compris. Ça, je veux bien le reconnaître.

– Ouais, mais excuse-moi, en fait je t'appelais pas pour ça, ou plutôt je t'appelais pour t'annoncer une bonne nouvelle !

– T'as eu des nouvelles d'Harry ?!

– Non, pas directement, j'suis désolée… Mais j'ai

recroisé pas plus tard que ce matin un gars qui avait l'air de faire partie du groupe de jeunes auquel ton ami était lié, il a pas voulu me donner son nom ni son numéro, et il est vraiment passé en coup de vent, mais il m'a parlé d'un QG, j'ai pas très bien compris, où il se réunissait avec d'autres. Et là, ils pourraient peut-être te renseigner. C'est au Chesnay, boulevard Saint-Antoine, au numéro… »

23

« Bah rentre, pourquoi tu restes dehors ? Dépêche-toi, on a plein de boulot pour les européennes », me lança une fille avec une tresse, juste après m'avoir ouvert la porte du local. Elle disparut aussitôt.

J'avançai dans un étroit couloir dont les murs, en mauvais état, avaient manifestement été repeints à la va-vite. « Excusez-moi, je peux rentrer ? » dis-je en me dirigeant vers une porte d'où j'entendais des éclats de voix.

Soudain, un type d'une vingtaine d'années déboula d'une pièce à droite et manqua de me rentrer dedans. « Ah, pardon », me dit-il sans même me jeter un regard.

Je continuai d'avancer dans le local qu'Harry m'avait montré quelques semaines auparavant et qui correspondait à l'adresse que Jeanine m'avait indiquée. Plusieurs jeunes personnes s'activaient dans ce qui ressemblait au siège d'un parti politique, ou plutôt d'une association étudiante, au vu des moyens limités qui semblaient avoir été déployés pour l'aménager.

« Bon, tu viens ? s'écria la fille à la tresse qui ressortait juste de la pièce du fond.

– Mais excusez-moi, où ça ? répondis-je en arrivant près d'elle.

– Tu viens pour la réunion de lancement, non ?

– De lancement de quoi ?

– Bah ! de la campagne, à ton avis !

– Mais je ne fais partie d'aucune campagne, je venais juste...

– C'est qui celui-là ? s'écria une voix masculine qui venait de l'intérieur de l'espèce de salle de réunion, dont la porte était encore à moitié fermée.

– Je sais pas, j'ai cru que c'était Franck, le gars du quartier Notre-Dame. Tu t'appelles pas Franck ? poursuivit la fille à la tresse en me dévisageant.

– Ah non, je m'appelle Nicolas, je viens juste...

– Qu'il dégage alors ! s'exclama la voix masculine, qui était celle de quelqu'un d'un peu plus âgé.

– Comment est-ce que tu es venu là ? m'interrogea la fille.

– Ah, mais je suis venu nulle part, j'ai sonné et vous m'avez ouvert, je voulais seulement savoir si vous connaissiez...

– Fais-le rentrer, Lucile, toute façon la réunion commence que dans dix minutes, y a pas le feu. »

Je me trouvais en réalité au siège d'une antenne jeunesse proche du RN, qui préparait la campagne pour les élections européennes de 2019. La fille à la tresse me raconta qu'elle m'avait en fait déjà vu à Versailles avec Harry et que je ressemblais fortement à ce « Franck, le mec du quartier Notre-Dame ».

« Mais du coup, t'es qui, si t'es pas un militant ? Un pote d'Harry ?

– Oui, on peut dire ça, un pote.

– T'es pas un gauchiste, j'espère ? me demanda le mec plus âgé, qui ne devait pas avoir plus de trente ans.

– Euh non, enfin c'est pas le sujet, mais non, rassurez-vous, je suis pas venu pour vous espionner, si c'est ça votre inquiétude !

– Ha, ha ! ricana le type. Tu sais, on n'est jamais trop prudent, j'ai déjà eu des militants PCF qui se faisaient passer pour des frontistes pour avoir accès à nos fichiers sympathisants, c'est te dire le monde dans lequel on vit…

– Ah oui, je vois… Mais non, en fait je viens pour Harry.

– Il lui est arrivé quelque chose ? s'inquiéta la fille à la tresse.

– Non non, enfin je ne crois pas, mais…

– Oh putain, j'espère que non, avec tout le boulot qu'on a pour la campagne, laisse tomber, j'vais pas encore tout me taper, déjà qu'il faut faire les…

– Mais laisse-le parler ! coupa le mec.

– Oui, donc en fait, vous ne l'avez pas vu ? Parce qu'il ne donne plus de nouvelles depuis un moment et…

– Il est tout le temps fourré avec les Gilets jaunes, tu devrais…

– Oui, justement, j'y suis allé, et j'ai tout ratissé, y a personne qui…

– Bah merde alors, bah attends, j'crois que j'ai son numéro quelque part, on va essayer de l'appeler. C'est vrai que ça fait un certain temps qu'il est pas passé au local, j'me demandais aussi. Mais vas-y, pose-toi, prends un café, y a une machine là, derrière toi. Les capsules sont dans le petit panier. »

Le petit groupe, dont je me doutais qu'il correspondait à celui dont les Gilets jaunes m'avaient abondamment parlé, était constitué d'une quinzaine de personnes. La majorité étaient âgées de moins de vingt-cinq ans et étudiaient dans des établissements des environs. Je n'avais pas exactement affaire au gratin des Yvelines, et à voir le style vestimentaire et surtout la manière de parler de la plupart d'entre eux, il s'agissait plutôt de la petite classe moyenne déclassée. Au fil de notre discussion, je compris que tous ou presque habitaient encore chez leurs parents, qui étaient plutôt employés ou chômeurs que notaires – à l'exception du mec un peu plus âgé, qui s'appelait Bertrand, et qui faisait une thèse à Normale sup. Harry était apparemment le seul du lot à venir de province et il semblait particulièrement apprécié, même si l'un des militants, qui venait de s'asseoir près de moi, faisait un peu la moue à son sujet : « Ouais, moi je l'aime bien Harry, il est sincère et il n'a pas peur d'aller au front, mais il est quand même très limite sur certains sujets, le type est capable de sortir des citations de Faurisson, c'est pas vraiment mon délire, j'vous avoue… »

Vu la complicité qui s'était presque immédiatement créée entre nous, Bertrand me proposa d'assister à leur petite réunion, pour que je puisse me faire « une idée ». J'avais précisé que je ne souhaitais pas m'investir dans quoi que ce soit à ce niveau-là, et que même s'ils semblaient tous charmants, j'avais des cours à réviser, mais la fille à la tresse insista : « Allez, reste au moins un quart d'heure, et au pire, si tu le sens pas, tu t'en vas, y a pas de souci. En plus, à la fin, on a préparé un pot, avec du champagne rosé », me précisa-t-elle en me faisant un clin d'œil.

J'appris malgré moi comment fonctionnait une antenne jeunesse d'extrême droite. Il y avait à l'évidence un certain amateurisme, à en juger par l'organigramme interne dont les contours semblaient bien mal définis. Bertrand jouait plus ou moins le rôle de chef d'orchestre mais je compris, au gré des échanges, que ce n'était pas vraiment lui le président de la section – qui n'était d'ailleurs pas directement liée au RN. Il avait plutôt un rôle de coordinateur sur la région. Je compris aussi qu'Harry, dont le nom avait été mentionné à plusieurs reprises, était pressenti comme l'un des futurs patrons de la section.

« Faut quelqu'un de dynamique, qui croit dur comme fer à ses convictions.

– Et quelqu'un de dispo, surtout ! Parce que moi, j'vous rappelle que je prépare l'agrég de philo, alors c'est bien sympa ces réunions trois fois par semaine, mais c'est pas gérable pour tout le monde.

– Moi, Harry, ça m'irait très bien, il a l'étoffe, mais il se disperse, avec les Gilets jaunes et tout ça, faut qu'on prenne cette donnée en compte. Et Anselme aura aussi son mot à dire, de toute façon.

– Mais d'ailleurs, il est pas parti dans son espèce de c… »

Je tendis l'oreille pour entendre la suite de la phrase mais le mec parlait dans sa barbe. Je me levai pour aller lui demander et, lorsque j'arrivai à sa hauteur, il grogna : « Qu'est-ce qu'il y a ?

– T'as pas dit que tu savais où était Harry ? Parce que justement je…

– Non, j'ai rien dit, j'ai aucune idée d'où il est »,

conclut-il d'un air froid, qui signifiait « mêle-toi de ce qui te regarde ».

La réunion dura plus d'une heure trente et se termina, comme la fille à la tresse me l'avait annoncé, par un pot. Je ne me sentais pas si mal auprès de ces fachos décomplexés, et même si certains me regardaient comme une bête curieuse, la plupart faisaient partie de mon « monde » – tout du moins sur le plan des codes culturels. Beaucoup avaient des looks de métrosexuels, la plupart possédaient des iPhone, et deux personnes m'avaient dit être fans de la série *Stranger Things*, que j'adorais aussi. Même au niveau idéologique, je n'avais rien entendu de si terrible.

« C'est toi, le p'tit nouveau ? m'avait dit un métis sans même me laisser le temps de rectifier. T'en fais pas, ça fait toujours peur au début, le RN et tout ce qui gravite autour, ça pue, baaah, c'est pas bon ! Et après, quand tu vois que ce qu'on dit correspond à ce qu'était le programme du RPR des années 80, tu redescends d'un cran. Moi-même, j'ai voté Mélenchon aux dernières présidentielles, et lorsque j'ai commencé à venir ici, tu sais quoi, j'ai même pas vu la différence, au début.

– Mais quand même, je regrette, tous les thèmes de l'immigration, l'islam et compagnie, c'est quand même pas pareil qu'à la France Insoumise !

– Ha, ha, ça parle LFI par ici, les jaunes qui portent pas de gilets ! ricana Bertrand en passant à côté de nous. Ah oui, au fait, j'ai essayé plusieurs fois d'appeler Harry, il est sur messagerie, j'ai laissé un vocal, j'te dirai si j'ai des news.

– Non mais t'as raison, reprit le métis, sur des trucs, y a des diff, c'est évident, mais en fait, au FN, enfin j'veux dire au RN, t'as de tout ! Et c'est pareil à l'UPR et dans tous ces trucs-là. Regarde ma tronche. J'ai l'air d'un nazi ?

– Non, pas vraiment.

– Y en a plein des comme moi ! Des mecs d'origine immigrée qui en ont juste marre d'être envahis.

– Envahis ?

– C'est pas parce qu'on a ma gueule qu'on veut nécessairement qu'il y ait des millions d'Africains qui débarquent en Normandie ! Tu vois le délire, moi j'ai vécu à Bobigny, bah c'est pourri par les immigrés, enfin pas par eux directement, mais par le fait qu'y a plus aucune mixité ethnique.

– Mixité sociale, tu veux dire.

– Sociale, si tu veux aussi, mais ethnique aussi, bordel ! Tu te souviens pas, ton nom c'est Nicolas, c'est ça ?, bah t'es peut-être trop jeune pour te rappeler, mais y a quelques années, t'as des mères de famille musulmanes qu'ont pété un câble dans leur quartier parce qu'il y avait trop d'immigrés et qui voulaient, en schématisant à peine, plus de Blancs dans leurs écoles… Je pourrais te retrouver l'info. Donc voilà, on peut être rebeu, on peut être métis et avoir conscience de ça, et par ailleurs, hein, sur l'islam et tous ces trucs, crois pas que tous les muslims sont pro-musulmans, si tu vois ce que j'veux dire, t'en as même un paquet maintenant qui ouvrent leur gueule et qui disent stop, regarde la Zineb el ché pas quoi, la meuf qui passe sur CNEWS, elle est muslim et elle est grave critique sur tout ce bordel d'islamisme de merde, elle prend ses distances, la nana, et d'ailleurs elle se fait menacer de mort, tu trouves ça normal ? Faut les soutenir, ces gens, ces musulmans qui veulent sortir du ghetto et qui dénoncent ce merdier, moi j'suis métis, mon père est né au Gabon, ma mère est bretonne, et jamais j'ai été victime de racisme, jamais ! Quand je me promenais au marché avec ma grand-mère au fin fond de sa province, j'étais le chouchou de tous les commerçants ! Faut arrêter de faire chier les Français avec ça, les Français ils sont à 90 pour cent très tolérants et ouverts si tu t'adaptes un minimum à leur mode de vie, c'est quand même la moindre des courtoisies quand tu débarques dans un pays, tu crois pas ? Toi t'es quoi, catho ?

– Feuj.

– Très bien, t'as aussi tes traditions, tes rites et tes machins, j'en sais rien, et tu veux les préserver un minimum, j'imagine, bah c'est pareil pour les Français, de souche ou sans souche d'ailleurs, ils veulent préserver leur mode de vie, basta ! Et moi, j'me sens français à 100 pour cent, même si j'ai la gueule que j'ai, et j'me battrai jusqu'à la mort pour défendre ce pays magnifique qui m'a tout donné. »

En rentrant à l'appart, après trois heures de discussion avec ce type qui aurait pu, sans faire tache, militer chez SOS Racisme, je révisais ma lecture de ce qu'on appelait « l'extrême droite ». Je le fis naturellement, quasi inconsciemment.

Comme si c'était une condition pour que je retrouve Harry.

24

Je pris le TER 2329 pour Saint-Quentin, qui se situe à seulement quelques kilomètres de la commune d'Harly, dans l'Aisne. J'avais réussi à accéder au profil Facebook du frère d'Harry – Kevin Lassaux –, qui indiquait un certain nombre d'éléments cruciaux : sa ville de résidence, notamment.

Le trajet ne durait qu'une heure treize et coûtait vingt-six euros. Après avoir passé trois nouvelles nuits à me morfondre, j'avais fini par retourner le studio à la recherche d'une information qui puisse m'aider. Et si le nom de son frère constituait en lui-même peu de chose, cela avait été suffisant pour me permettre de poursuivre mon enquête. J'espérais un dénouement facile, comme dans les films américains : tomber par hasard sur un de ses amis, dans son village, qui m'aurait gentiment conduit à la maison de ses parents, où Harry m'aurait ensuite sauté dessus après m'avoir ouvert la porte.

J'imaginais rencontrer une famille à la Eddy Bellegueule : des homophobes un peu cons, vaguement antisémites et profondément machos. Car outre le fait qu'il était gay, Harry cochait toutes les cases : soutien au RN, lecteur d'Alain Soral et anticosmopolite. Je connaissais ma tendance à vouloir tout poétiser et tout guimauviser, mais la réalité qui me frappait en pleine face était souvent rude. Le Nord était sans doute peuplé de gens sympathiques, et plus divers que ce que les médias en disaient, mais c'était quand même le Nord, avec sa violente désindustrialisation, son taux de chômage trois fois supérieur à la moyenne nationale, son pourcentage élevé d'alcooliques et, pour ne rien gâcher, ses nombreuses affaires de pédophilie. Je ne partais pas en vacances.

Je n'oubliais pas mon seul objectif : savoir où se planquait Harry. Vu le temps qui s'était écoulé depuis notre engueulade, j'espérais que tout pouvait être, sinon recommencé de zéro, du moins réexaminé. C'était un garçon intransigeant, mais les dernières nuits que nous avions passées ensemble l'avaient aussi fait apparaître sous un jour plus doux que ce qu'il voulait bien montrer. Il manquait d'affection, et allait forcément être touché par tout ce que j'avais mis en œuvre pour le retrouver. À condition qu'il soit effectivement dans son putain de village.

De hideuses décorations de Noël avaient été installées dans la ville de Saint-Quentin, sur laquelle je m'étais renseigné pendant le trajet en train. J'avais en particulier consulté un site que j'aimais beaucoup, ville-ideale.fr, qui recensait toutes les langues de pute qui prenaient un malin plaisir à descendre leur commune – sans doute dans l'espoir qu'une prochaine équipe municipale s'en empare pour régler un certain nombre de problèmes liés aux crottes de chien ou à l'insécurité. Saint-Quentin avait obtenu une moyenne peu honorable de 4,32/10 – mais je connaissais nombre de communes du 93 et d'ailleurs dont la note était bien inférieure encore. De façon plus précise, les internautes avaient attribué un score de 4,91 pour les transports, 4,02 pour la sécurité ou encore 4,98 pour l'enseignement, avec un chiffre lamentable de 3,57/10 pour la « qualité de la vie ». Après avoir parcouru la ville à pied pendant une vingtaine de minutes, je pouvais confirmer ce diagnostic brutal. C'était effectivement immonde.

Pour ajouter à la découverte, il n'y avait évidemment aucun Uber disponible dans la région – rien que d'atroces taxis qui voulaient me faire raquer trente euros pour un trajet de dix minutes en voiture. Je décidai donc de prendre la ligne 2 que m'indiquait Google Maps, qui permettait de rejoindre le centre commercial d'Harly en neuf arrêts seulement – en théorie.

Après avoir attendu vingt minutes dans un froid glacial, la saloperie de bus arriva enfin. « Excusez-nous du retard, on a eu du verglas au départ du dépôt. » Je grimpai la marche et m'assis au fond du machin qui faisait un bruit d'enfer.

La zone n'était en fait pas si horrible. Au fur et à mesure que nous nous rapprochions de ma destination, le paysage devenait plus hospitalier, même si les bâtiments en briques et les gueules de cas sociaux que l'on croisait sur les trottoirs ne donnaient pas franchement envie de s'arrêter. La route était propre, bien entretenue, et les façades des maisons montraient que certains habitants faisaient des efforts : en mettant des jardinières de fleurs aux fenêtres, en accrochant des rideaux ou en installant de pas trop laids paillassons avec des têtes de chat. Il y avait pire, bien pire, pourtant se dégageait de cet environnement une odeur d'échec et d'isolement, comme si toute l'effervescence des grandes villes et l'excitation qu'elles portaient en elles avaient définitivement quitté les lieux – à supposer qu'elles y aient jamais mis les pieds.

En toute honnêteté, on trouvait à peu près la même chose que partout ailleurs dans ce bled : des coiffeurs, des agences immobilières, des kebabs *cheap*, des supérettes aux enseignes à moitié noircies et des bars sans fioritures. Là où l'on percevait le marasme et le déclin, c'était dans les matériaux utilisés : du bas de gamme, et exclusivement du bas de gamme. Des portes en PVC, des fenêtres en PVC, des volets en PVC, des toits en plastique, quand ils n'étaient pas recouverts de mousse, des crépis orange dégueulasses, des panneaux publicitaires plus grands que les baraques pour des marques qui n'étaient même pas foutues de travailler leur logo, des bagnoles de merde, pas forcément vieilles, mais de qualité toujours médiocre, des fissures dans les murs, des jardinets minables avec des balançoires achetées cinquante balles chez Leclerc, des ensembles de pavillons aussi laids que des camps de concentration, des entrepôts sordides avec des vitres cassées et des écriteaux aux noms à peine lisibles, tant la crasse et le temps les avaient réduits à l'état de déchets.

Pourtant, des gens vivaient là-dedans. Pas étonnant que l'on vote Le Pen dans des régions pareilles. À leur place, j'aurais sans doute fait de même.

« Bonne journée ! » me lança le chauffeur, alors que je descendais à Harly. Un immense Leclerc trônait devant moi, comme le maître des lieux. Dans des bourgades de ce genre, c'est effectivement un centre névralgique, le superou hyper- ou gigamarché. J'imaginais qu'on pouvait tout y faire, dans ce machin aussi grand que trente stades de foot : ses courses, bien sûr, mais aussi sa manucure, son sport, ses achats culturels, sa pause café, son baby-foot entre collègues, sa réservation de vacances pour la Tunisie, son choix de contrat d'obsèques. Tout était prévu. Après ça, il y avait le cimetière, situé juste derrière. Une vie bien remplie.

Le génocide psychique était à l'œuvre, et tout le monde s'en foutait éperdument.

En contemplant la fadeur de ce paysage, qui aurait donné envie de se pendre à un gagnant de l'EuroMillions, je pensai à revenir à la gare, puis chez ma mère, puis à Paris, puis à Sciences po, pour retrouver un peu d'épanouissement cérébral. Mais ce connard continuait à me hanter, et le fait de savoir qu'il pouvait se trouver là, juste derrière ces murs, au rayon disques ou jeux vidéo, suffisait à me convaincre de rester. Je n'avais pas rien à foutre dans ce bled merdique, j'avais au contraire tout à construire.

« Bonjour, madame, je suis à la recherche d'un Lassaux, je sais qu'ils sont de la région. Est-ce que par hasard vous pourriez m'orienter ?

– Ah, monsieur, je ne pense pas que nous vendons des lassos dans le magasin, essayez peut-être au rayon jardinage, mais je ne pense pas que nous ayons ça, c'est pour un spectacle de cow-boys ?

– Pardon ?

– Vous me parlez de lasso, vous avez peut-être une kermesse ou quelque chose comme ça ?

– Ah non, pas du tout, je voulais dire Lassaux, le nom de famille, L.A.S.S.A.U.X.

– Ah, un Lassaux ! Écoutez, je ne sais pas, vous êtes à l'accueil du Leclerc, mais je vais demander à… »

La fille partit un instant et alla voir une de ses collègues, une femme d'un certain âge, qui avait l'air de connaître la maison.

« Bonjour, jeune homme, vous avez perdu quelqu'un de votre famille, peut-être ? Si vous avez un numéro de portable, je peux éventuellement…

– Non non, pas du tout, j'ai perdu personne, enfin… d'une certaine façon si mais…

– Dépêchez-vous, monsieur, avec la période des fêtes nous sommes surchargés, si je peux vous aider, dites-moi précisément ce dont vous avez besoin pour que je puisse vous orienter.

– Oui, en même temps comment vous dire… je suis un ami de la famille Lassaux, hein, et j'ai complètement oublié de noter leur adresse, je suis censé les rejoindre, je sais que c'est à Harly, normalement, mais…

– Lassaux ? Comment vous écrivez ça ?

– L.A.S.S.A.U.X.

– Ça me dit quelque chose, c'est pas la boulangère qui s'appelle comme ça, Virginie ? dit-elle en s'adressant à sa collègue.

– Ah, je ne sais pas du tout, depuis que je me suis mise au sans-gluten, je n'achète plus de pain, alors tu sais…

– Écoutez, jeune homme, je ne vois pas du tout, Lassaux est un nom assez répandu par ici, essayez peut-être la boulangerie, mais sinon, vraiment… »

Harry ne m'avait jamais parlé de boulangerie ou de quoi que ce soit de ce genre, je doutais donc fortement de l'indication. Son père était ouvrier, sa mère femme de ménage, et son frère, prof d'espagnol.

Je décidai malgré tout de me rendre à la boulangerie qui, d'après mon téléphone, se trouvait à quelques centaines de mètres seulement du Leclerc. Malgré l'accumulation de mes échecs, je commençais à y prendre goût, à cette vie de Sherlock Holmes – même si chaque jour qui passait, je perdais une chance de réussir mes examens à Sciences po. Je recevais sans arrêt des mails aux libellés anxiogènes du type : « Dernière absence tolérée aux TD d'économie » ou « Avertissement : le responsable du cours souhaite vous convoquer ». Cela coulait sur moi comme l'eau sur les ailes d'un albatros.

Il était seulement 16 heures lorsque j'arrivai à la boulangerie, qui était déjà fermée – ou pas encore ouverte, selon le point de vue. En regardant la sonnette sur la porte à côté, je découvris qu'il y avait bien le nom « lassaux » écrit en lettres minuscules. C'était trop tentant.

Sans stratégie aucune, mais le cœur agité, je toquai à la fenêtre, dont le rideau dissimulait l'intérieur. Compte tenu de la configuration du bâtiment, je supposais que le logement du boulanger se trouvait sans doute juste là et devait communiquer directement avec le commerce. La plupart des boutiques étaient configurées ainsi dans les villages bretons que j'avais fréquentés durant toute mon enfance.

Je toquai une nouvelle fois, en frappant plus fort. J'entendis une fenêtre s'ouvrir au-dessus de ma tête. « Qu'est-ce que c'est ? » Je reculai de quelques pas. Une femme aux cheveux frisés me regardait d'un sale œil.

« Pardon de vous déranger, je cherche…

– Vous savez pas lire ? Y a un écriteau sur la porte, qui dit « OUVERTURE À 17 HEURES », c'est quand même pas compliqué !

– J'suis vraiment confus, madame, mais je ne veux pas de pain, en fait, je suis à la recherche des Lassaux.

– Comment ça, des Lassaux ?

– Oui, je suis un ami d'un Lassaux et nous avons rendez-vous aujourd'hui, dans cette ville, mais j'ai complètement oublié de noter l'adresse, je viens de province et…

– De province ? Bah vous y êtes, en province !

– Oui, mais je viens d'une autre province, je ne connais pas bien…

– Vous venez d'où ?

– Euh… de Bretagne.

– Où ça, en Bretagne ?

– Des Côtes-d'Armor.

– Ah oui ? Où ça, dans les Côtes-d'Armor ?

– Euh… ça ne vous dira rien.

– Dites toujours, et je vous dirai si ça ne me dit rien.

– Lanvollon, mais la ville connue d'à côté c'est Guingamp, je ne sais pas si vous connaissez.

– Guingamp ? Vous venez de Guingamp ? J'ai une sœur, à Guingamp, qui tient un magasin de vêtements, Victoria Lassaux, ça ne vous dit rien ?

– Euh… non, je ne crois pas, désolé…

– Bon, mais vous leur voulez quoi, aux Lassaux ?

– Ah, mais rien du tout ! Je suis venu voir quelqu'un de leur famille. Et comme je vous disais, j'ai perdu l'adresse, alors…

– Oui, j'ai compris, ça fait dix fois que vous me le

dites, mais vous allez voir qui ? Y en a des dizaines, des Lassaux, dans le coin.

– Kevin Lassaux, un jeune homme d'environ vingt-cinq ans.

– Kevin, le prof d'espagnol ?

– Oui, c'est ça, c'est ça.

– Effectivement, vous n'étiez pas loin. Écoutez, vous prenez la première rue à gauche, là, vous continuez tout droit pendant, quoi, deux minutes, et vous tournez à droite. C'est au 23. Et dites-lui bonjour de ma part, ça fait longtemps que je l'ai pas vu à la boulangerie. »

25

Je trouvai facilement le numéro mais personne ne répondit à la sonnette. Et le nom sur la boîte aux lettres ne correspondait pas. La boulangère avait dû me jouer un tour, ou peut-être avait-elle mal compris ce que je lui avais dit.

La nuit commençait à tomber et, vu le froid qu'il faisait, j'envisageai de retourner à la gare de Saint-Quentin. Je n'avais plus une thune sur mon compte pour me payer un hôtel et le dernier train pour Paris partait une heure trente plus tard. C'était, encore une fois, un échec total.

Je sonnai une dernière fois au 23, espérant qu'une personne daigne se manifester, mais tout semblait mort dans cette rue. Les volets de chacune des petites maisons étaient fermés, la zone donnait l'impression d'avoir été touchée par une attaque chimique. Il n'y avait pas de feuilles aux arbres, ni d'oiseaux sur les fils électriques, ni d'aboiements de chien, rien. C'était la désolation intégrale, qui n'autorisait aucune rêverie.

Je prenais appui sur le trottoir pour me redresser avant de repartir quand une ombre s'avança vers moi. Effrayé, je laissai échapper un « C'est quoi ? ». Une silhouette masculine s'approcha jusqu'à atteindre la porte du numéro 23. J'étais pétrifié de peur.

« Nicolas ? lança une voix rassurante.

– Comment vous connaissez mon nom ?

– C'était sûr que t'allais venir. »

Le centre Leclerc était encore très animé à cette heure de sortie du boulot, les habitants du quartier faisaient leurs emplettes pour Noël. Nous nous étions assis dans une sorte de Starbucks plutôt accueillant et j'avais commandé un grand chocolat chaud.

« C'est marrant, j'aurais parié que tu serais venu plus tôt.

– Pourquoi, il vous a parlé tant que ça de moi ?

– Ah ! Tu vas arrêter de me vouvoyer comme ça ? On doit avoir trois ou quatre ans d'écart et tu me parles comme si j'étais ton père. Relax ! T'es pas en territoire ennemi.

– C'est gentil… Même si je t'avoue que je me demandais ce que je foutais là, c'est un peu hostile, tout de même, avec le froid, enfin je veux pas critiquer la région mais…

– Non non, tu as complètement raison, c'est un trou, faut l'dire ! Harry et moi, on a toujours détesté, c'est pour ça que dès qu'on est devenus majeurs, on a commencé à bouger sur Paris très souvent, et lui, comme tu sais, il a exigé de se casser dès ses dix-huit ans. Il supportait plus cette ambiance consanguine. Mais dis-moi pourquoi t'es là, tu t'es pas fait chier à faire tout ce chemin et à sécher tes cours à Sciences po juste pour venir faire coucou !

– Ah, il t'a dit que je faisais Sciences po ?

– Je crois qu'il m'a dit plus de trucs sur toi que sur tous les potes qu'il a eus durant les cinq dernières années ! Il est en love, ça lui prend pas souvent, tu sais. »

Les larmes me montaient aux yeux.

« Mais… Kevin… il t'a rien dit du coup sur…

– Sur votre engueulade ? Oh si, il m'a appelé en pleurs et il m'a raconté que vous aviez eu une violente dispute chez lui, et qu'il t'avait frappé. Il s'en voulait comme c'est pas possible, mais tu le connais, il a tellement d'orgueil… T'as pas eu de nouvelles, depuis ?

– Aucune ! Absolument aucune ! J'ai ratissé tous les ronds-points des Yvelines, j'suis allé voir ses potes militants, j'ai tout fait, il répond plus à mes messages et il m'a bloqué de partout, je sais plus quoi faire…

– Ah, celui-là, il changera jamais… Faut toujours qu'il dramatise tout, il doit aimer ça, quelque part… Moi, après, je veux pas m'immiscer dans vos histoires, mais t'inquiète pas, il va bien. Je l'ai eu au tél pas plus tard que ce matin. Il revient après-demain, si tu veux aller le chercher à l'aéroport. »

Kevin m'expliqua qu'après notre dispute, Harry était parti en Roumanie dans une sorte de camp destiné aux Français nationalistes. À l'occasion d'un rassemblement des Gilets jaunes, il avait rencontré un proche du militant Daniel Conversano, qui lui avait parlé du concept. Harry avait d'abord refusé de manière catégorique, voyant dans l'opération un certain nombre de risques, notamment vis-à-vis des services de renseignements, mais il s'était senti si ébranlé par notre engueulade qu'il avait voulu prendre le large. « Je crois que tu réalises pas à quel point il t'a dans la peau », me confia Kevin en buvant une gorgée de thé à la menthe.

Nous discutâmes pendant près d'une heure et je compris que la famille d'Harry n'était en rien d'extrême droite. Les deux parents connaissaient l'homosexualité de leur fils depuis longtemps et n'y avaient rien trouvé à redire, tandis que Kevin, qui venait de réussir l'agrégation d'espagnol, cochait toutes les cases du bon progressiste : pro-PMA, pro-GPA, pro-immigration. Je me demandai même un instant s'il n'était pas en train de se foutre de moi, vu qu'il semblait aussi tolérer les comportements de son natio de frère, mais je me fourvoyais.

« Tu sais, Nicolas, ses histoires de Rassemblement national et d'extrême droite, j'y crois pas trop. Et à la maison, c'est pareil. Pour nous, c'est une passade, c'est encore un gamin et on a tous besoin de radicalité, à dix-huit ans, c'est même bon signe ! Regarde sur Google, il était avec moi dans le comité de soutien de la section PCF y a encore pas si longtemps, alors son virage droitiste, honnêtement, ça m'inquiète pas des masses.

– Mais le camp, quand même, qu'est-ce que c'est que ce truc ?

– Oh, il t'expliquera mieux que moi, je pense. J'étais comme toi, ça m'a fait flipper quand il m'a dit ça sur le moment, mais j'ai regardé sur Internet, les Conversano et compagnie, et ça n'a pas l'air bien méchant. Sur le papier, on se dit houlà, qu'est-ce qu'il est allé branler en

Roumanie ! Mais si tu veux mon avis, c'est du vent tout ça. Il doit y avoir quoi, dans le bazar, dix mecs en train de se monter le bourrichon sur l'islam et les immigrés ? Je lui donne pas trois mois pour revenir à la raison. C'est mon frère, je le connais mieux que personne, c'est pas un facho. Il n'a pas été élevé comme ça, il n'a aucune raison de le devenir. C'est pas crédible. »

Kevin me raccompagna à la gare de Saint-Quentin et je pris le dernier train pour Paris. Il m'assura qu'il essaierait de contacter son frère pour lui parler de moi et tenter d'« apaiser les tensions ».

Sur le chemin du retour, je me sentais partagé entre mon immense joie de savoir qu'il allait bien et qu'il avait semble-t-il toujours des sentiments pour moi, et ma crainte concernant ses douteuses entreprises. Kevin le connaissait sans doute mieux que moi, mais son indulgence confinait à la naïveté et je persistais à penser que la participation à un tel camp, dont je commençais à découvrir les détails en fouillant sur Internet, lui faisait franchir un nouveau palier. Certes, on pouvait mettre l'excès de radicalité sur le compte de sa jeunesse et de son tempérament vindicatif, mais il était majeur et, à ce titre, certaines choses ne pourraient pas être effacées des dossiers – ceux que l'administration tenait au sujet des radicalisés de toutes sortes. Depuis les attentats de 2015, un individu a priori hors de tout soupçon pouvait vite éveiller l'attention des services de renseignements, qui se foutaient bien de savoir si telle ou telle personne était ou non en train de parachever sa crise d'adolescence. Et une fois qu'on était dans le collimateur de ces gens, c'était difficile d'en sortir – c'est en tout cas ce que j'avais retenu d'un séminaire de Sciences po qu'un ancien responsable de la DGSI nous avait dispensé. Harry n'était pas parti au Club Med.

Il était près de 22 h 30 lorsque j'arrivai à l'appartement. J'avais pris quelques minutes pour rappeler ma mère, qui avait contacté Sciences po pour savoir si j'allais en cours. Furieuse, elle m'avait laissé plusieurs messages vocaux et se demandait toujours ce que cette « Julie » pouvait avoir de si spécial pour que je lui consacre tant de temps. J'eus beaucoup de mal à la rassurer, mes mensonges devenaient de plus en plus fragiles. Elle était loin d'être sotte, ma mère.

J'étais en train de me brosser les dents dans la salle de bains quand j'entendis le vibreur de mon téléphone. La bouche pleine de dentifrice, je me rinçai avant d'aller voir qui m'avait appelé. C'était un numéro étranger qui commençait par +40. J'étais en train de regarder sur Google à quel pays était associé l'indicatif lorsque le téléphone sonna de nouveau. Je répondis.

Plusieurs semaines avaient eu beau s'être écoulées depuis notre mémorable engueulade, Harry était toujours aussi furieux contre moi. Mais plus tout à fait pour les mêmes raisons.

« Non, mais t'es pas malade d'aller fouiller chez moi ? Jamais j'me serais permis d'aller voir ta famille comme ça ! T'imagines si t'étais tombé sur ma mère ? Mon reuf était au courant d'où j'étais, mais pas eux ! T'as failli foutre un bordel de dingue, tu t'rends pas compte ! Si mon père avait su que j'avais disparu de la circulation comme ça, il aurait été capable d'appeler les flics ! Et ma mère, laisse tomber, tu lui dis que son Harry ne va plus en cours, elle te fait un AVC direct ! J'avais tout prévu pour que ce soit discret et t'as failli tout foutre en l'air ! Ah putain, si je t'aimais pas autant, Nico, j'te jure que j'te descendrais ! »

26

Après m'avoir hurlé dessus pendant une bonne vingtaine de minutes, Harry me raconta qu'il était parti à Bucarest pour participer à un improbable « camp paramilitaire » dans la province roumaine. Pour se « purger » de notre dispute et, accessoirement, franchir une nouvelle étape dans ce qu'il appelait sa « prise de conscience politique ».

L'objectif du camp semblait double : il fallait d'un côté apprendre la survie à une jeunesse le plus souvent citadine et peu au fait des travaux manuels, et de l'autre encourager la communautarisation en tissant des liens de « solidarité blanche » entre les participants. De l'aveu même des organisateurs, cette démarche assez déroutante constituait une alternative à la politique politicienne : pour les Daniel Conversano et affiliés, rien ne pouvait arrêter le remplacement ethnique, il fallait donc quitter les partis et s'engager autrement dans la cité. Le premier devoir d'un natio n'était donc pas, comme on aurait pu s'y attendre, de soutenir le RN dans son accession au pouvoir, ou une mouvance plus radicale encore, mais d'encourager chacun à bâtir une sorte de refuge social constitué uniquement de « sang blanc ». Cette communautarisation devait se concrétiser, dès l'âge de vingt-cinq ou trente ans, par le fait de trouver un partenaire et, le plus rapidement possible, de se reproduire – pour empêcher que la « race » ne s'éteigne.

Le projet des identitaires ultra pouvait paraître inoffensif sur le plan politique, puisque l'action concrète était reléguée au second plan. De ce que j'en comprenais, le camp ne militait à aucun moment pour une stratégie d'attaque mais au contraire pour un repli grégaire sur la cellule de base, la famille. La proximité avec la philosophie catholique apparaissait nettement, et ce que j'apprenais sur le camp me faisait penser aux pratiques de certaines communautés intégristes bien connues, même si les leaders natio n'affichaient aucune croyance religieuse et assumaient plutôt un franc paganisme. Il n'y avait rien de bien nouveau dans l'idéologie radicale de ces « frères blancs », dont les idées racistes constituaient le prolongement de la peur de l'autre et de l'étranger. Ce qui était révolutionnaire, c'était la forme de leur engagement.

Harry m'expliqua que chacun était encouragé à acquérir une maison, si possible à la campagne, non seulement pour pouvoir se protéger efficacement en cas d'agression extérieure, mais aussi pour se fabriquer une autonomie complète : jardin potager, création de sa propre électricité, installation d'un puits, etc. Entre deux conférences sur « la puissance de la race européenne », les participants étaient invités à découvrir les différentes espèces de plantes, les types d'engrais à utiliser et à manier les outils idoines que tout natio devait avoir dans son garage.

Outre l'initiation verte, il y avait des séances de tir au pigeon et autres joyeusetés virilistes destinées à « maîtriser les bases de la défense». Mais, là encore, l'objectif n'était pas tant d'encourager les participants à s'armer dans le but de s'en prendre à autrui que de leur apprendre à s'équiper du nécessaire pour « répliquer » en cas d'attaque. Un étonnant pacifisme semblait enrober ce qui faisait malgré tout penser à la constitution d'une armée. Lorsque j'émettais des réserves sur les finalités véritables de ces activités, Harry me disait : « T'inquiète pas, c'est comme un camp de vacances ! »

Certains messages que je lisais sur le groupe Facebook du camp montraient toutefois une réalité bien plus inquiétante : des participants y faisaient l'éloge d'Adolf Hitler, sans second degré ; d'autres citaient le meurtrier Anders Breivik en l'érigeant en modèle ; d'autres encore se réjouissaient de la mort de « connes gauchistes » qui s'étaient fait assassiner par des migrants et qui, du fait de leurs opinions politiques, l'avaient « bien mérité ». Je savais qu'Harry n'aurait jamais été capable de soutenir de telles insanités, mais il fréquentait ceux qui les proféraient.

Nous avions prévu de nous appeler le lendemain pour discuter. J'espérais que la nuit aurait calmé son ressentiment à mon égard.

« Alors, ça se passe comment ? T'es encore vivant ?

– Mdr, évidemment que… attends, Skype c'est de la merde, je mets FaceTime, j'ai envie de bien voir ta tête… C'est bon, tu me vois, là ? demanda Harry, tandis que je remarquais qu'il avait laissé pousser un petit duvet de moustache sur son visage de poupon.

– Alors tu veux être barbu, maintenant ?

– Mais non, t'es con, c'est juste quelques poils ! On est

tellement dans l'ambiance retour aux sources ici, qu'on se préoccupe plus de ce genre de trucs !

– Ah ouais ? Et donc, comment ça se passe ? Les gens sont sympas ?

– Mais tellement, t'imagines pas ! Pas seulement Conversano, tout le staff en fait ! Et les participants, bien sûr.

– Et vous logez où, exactement ?

– J'ai pas le droit de dire le lieu précis, comme tu peux l'imaginer, mais on est dans une sorte de forêt, à quelques heures de Bucarest, c'est très basique, mais avec l'équipe qu'on a, j'peux te dire qu'on s'ennuie pas !

– J'imagine… et y a que des Français ? ou c'est un truc international ?

– Ouais, c'est essentiellement des francophones, t'as vu, de France, Belgique et Suisse, je crois… On doit être une centaine, je dirais, c'est un peu spartiate mais on est en mode barbeuk toute la journée, c'est mortel !

– Ah ouais ? Eh bien, tant mieux…

– Et y a aussi des conférences sur des thèmes en lien avec la mouvance, style hier, un gars qu'expliquait son expérience de permaculture, à Saint-Denis d'ailleurs, et il recrute des gens dans le camp. C'est vraiment l'idée, de se communautariser, de faire des projets, j'suis sûr que ça te plairait !

– Pas certain de tout partager, je t'avoue !

– Allez, pas de mauvais esprit ! Ça me fait plaisir de voir ta trogne, en tout cas ! Et toi, comment tu vas ? Tout se passe bien à l'appart, sinon ?

– Ouais ouais, moi perso ça va… Ben là, avec les vacances, je vais retourner chez ma mère, mais oui, pas de souci, j'bosse un peu les cours et…

– Attends… j'vais devoir te laisser, mon chou, on a le cours de tir qui va commencer, j'te rappelle bientôt ! Et arrête de t'inquiéter, hein. Je t'aime. »

Quelques minutes plus tard, Harry m'envoya sur WhatsApp une photo de lui avec ce qui ressemblait à un AK-47. Il tenait fièrement l'arme sur son épaule et avait entouré la partie basse de son visage d'une sorte de keffieh, comme ceux que portent les activistes arabes. On aurait aisément pu le confondre avec un islamiste converti. J'ignorais s'il s'agissait d'une blague ou d'une véritable volonté d'apparaître aussi agressif que ce qu'il appelait souvent « la pire pourriture djihadiste », mais le procédé me scandalisait.

« Encore un p'tit effort et tu ressembleras comme deux gouttes d'eau à ceux que tu prétends combattre ! lui envoyai-je par message.

– Mais c'est du second degré, Nico ! Ça n'a rien à voir. On veut délivrer la race blanche de l'emprise immigrée ! On veut défendre notre patrie et notre culture supérieure ! Faut bien qu'on soit capable de se protéger. On va pas pouvoir lutter par les urnes, c'est trop tard, ça ! Faut se préparer à la guerre civile raciale. »

En observant sa radicalisation, je me demandais à quel point on pouvait déjouer les règles d'un paradigme solidement installé. Une société ultrabrutale qui assassinait des innocents sur les plages et dans les salles de concerts devait-elle nécessairement accoucher d'individus sur le même modèle, ou gardait-on une certaine marge de manœuvre en son sein ? Certes, l'histoire fourmillait de dissidents et de grands résistants qui avaient, dans des périodes particulièrement troubles, réussi à détourner la haine de sa trajectoire mortifère. Mais avaient-ils pour autant réussi à la supprimer totalement, ou seulement à l'orienter ailleurs ? J'avais spontanément tendance à considérer que la violence, au même titre que le ressentiment, était avant tout une énergie qui, par nature, ne pouvait être entièrement stoppée. J'avais beau prendre le problème dans tous les sens et trouver tous les défauts possibles à Harry, je continuais à voir en lui une certaine sincérité, radicale et dévoyée, mais en partie explicable. Il exagérait allègrement la réalité, parfois même en la travestissant, mais il n'inventait rien ex nihilo. Les attentats contre *Charlie Hebdo* avaient bien eu lieu, de même que la tragédie du Bataclan, celles de Nice, de Saint-Étienne-du-Rouvray, de Manchester, de Barcelone, de Trèbes… À l'évidence, une grande partie des victimes étant elles-mêmes de confession musulmane, il était absurde et criminel de vouloir condamner toute une religion en lui imputant l'horreur terroriste. Mais comment pouvait-on imaginer qu'un tel déchaînement de violence contre des personnes innocentes ne générerait pas, à un certain moment, une forme de contre-violence, même si celle-ci était tout aussi sotte que la première ? L'amalgame n'avait, à l'évidence, aucune justification. Mais il avait une origine. Et même avec les meilleurs raisonnements du monde, celle-ci ne pouvait être effacée des esprits.

La partition était loin d'être inéluctable, mais elle était probable.

Je passai le reste de la semaine à tenter de mieux comprendre la trajectoire idéologique d'Harry, nourri des messages et autres vidéos qu'il m'envoyait plusieurs fois par jour sur WhatsApp. J'étais si heureux de l'avoir retrouvé, au moins dans l'URL. Progressivement, je commençais à capter les motivations de ces jeunes types et même de ces filles, qui s'étaient assis sur une semaine de glande à Rome ou Marrakech pour aller apprendre les techniques de combat dans la campagne roumaine. Contrairement à ce que d'aucuns pensent généralement lorsqu'il s'agit d'envisager les mouvements extrêmes – quels qu'ils soient –, je ne voyais pas de désespoir, ou de gens véritablement « perdus ». Il y avait surtout une quête de sens qui devait être satisfaite, une envie fondamentalement antimatérialiste de partir à l'aventure pour affronter l'adversité – celle-ci était d'ordre politique, mais elle se mêlait aussi aux aspirations écologistes plus courantes, dont l'élan, depuis quelques mois, était mondial.

Je ne serais pas allé jusqu'à mettre sur le même plan les diatribes de Greta Thunberg contre la civilisation industrielle et la révolte de ces crypto-fascistes 2019, mais il y avait un point commun : la volonté d'accomplir un grand dessein, partagé par le plus grand nombre. Ma culture marxiste et mon attrait pour les théories de l'émancipation me poussaient vers la première option, mais je partageais avec Harry son souci de l'oubli de soi dans l'accomplissement d'une œuvre supérieure à nos modestes intérêts individuels. C'étaient effectivement deux jeunesses, avec deux trajectoires propres, mais un même terreau : le dégoût de l'individualisme et de la culture marchande. D'ailleurs, le métis que j'avais croisé quelques jours auparavant à l'antenne facho de Versailles faisait la même analyse.

Au fur et à mesure que je visionnais les vidéos fleuves de Conversano, de Soral et de tous les idéologues « dissidents », je réalisais à quel point leur succès s'expliquait bien autrement que par la seule haine de l'autre – le juif, le musulman, l'étranger, etc. Non, les vues que ces personnages accumulaient sur YouTube n'étaient pas (seulement) le fait d'une odieuse pulsion antisémite et raciste, non, le public de ces types n'était pas constitué que d'ignorants et de malades, non, la France ne comptait pas deux, trois ou cinq millions de fachos ! Et c'était heureux ! Harry n'appartenait pas à une foule de haineux, il appartenait à une génération post-matérialiste, éprise de liberté et d'un certain exotisme. Il y avait des errements, des folies et des pensées abjectes, mais tout n'était pas à jeter. D'un certain point de vue, une partie de la jeunesse islamiste présentait elle aussi des points communs avec cette droite identitaire : une même volonté de revenir à la terre, aux traditions, aux grands mythes… Ces groupes donnaient l'impression de s'opposer absolument, et bien souvent s'affrontaient concrètement, mais ils venaient en fait du même bain.

C'est dire si les incapables théoriciens de la sociale-démocratie qui prêchaient sans cesse l'intensification de la mondialisation et le développement des start-up comme remèdes au marasme n'avaient rien compris. En croyant éteindre le feu et en prétendant apaiser les tensions identitaires, ils les intensifiaient, par défaut total de compréhension. On ne pouvait pas demander aux jeunes révoltés, y compris les plus égarés, de renoncer à leurs aspirations, leurs envies et leurs rêves. Dans la jeunesse radicalisée, et ce quel que soit le bord, on ne voulait pas devenir milliardaire, ni même star de foot, on désirait une vie incandescente. Les gourous de la sphère digitale, qu'ils soient imams radicaux ou fascistes décomplexés, savaient instrumentaliser cette faille.

J'avais prévu d'aller chercher Harry à l'aéroport Charles-de-Gaulle. Par souci de discrétion, les organisateurs du camp avaient dispatché les participants dans plusieurs vols pour ne pas éveiller les soupçons des autorités, même si les Conversano et consorts savaient que les flics réussissaient souvent à infiltrer ce type d'événements. Au vu du nombre important d'échanges que j'entretenais au quotidien avec Harry depuis qu'il m'avait recontacté, je risquais moi-même d'être sous surveillance. « T'inquiète, Nico, t'es à Sciences po et t'as toujours voté à gauche, t'auras jamais d'emmerdes ! » me répétait-il naïvement.

Je ne redoutais pas nos retrouvailles, dans la mesure où j'avais désormais l'impression de mieux comprendre les réelles motivations de mon droitard de minet, d'autant que les derniers clichés qu'il m'avait envoyés durant son séjour me rappelaient les camps de scouts de mon adolescence. C'est en tout cas ce que je me forçais à croire. Et je savais que son frère Kevin, avec qui il échangeait quotidiennement, veillait sur lui.

Harry arriva dans le hall du Terminal. Je lui fis un bref geste de la main ; il courut immédiatement dans ma direction et me sauta au cou, manquant me faire basculer en arrière. « Tu m'as manqué, mon Nico ! » me dit-il, avant de me rouler une grosse pelle, au vu et au su de tous les voyageurs.

Alors qu'il venait de poser ses mains sur mes fesses, un éclat de voix se fit entendre, à quelques mètres de nous : « Ah, regardez-moi ces fiottes, là, wesh ça me dégoûte ! Bande de sous-chiens de babtous ! »

Avec l'aide d'une jeune femme, je dus retenir Harry pour l'empêcher de se précipiter sur le type. Nous y réussîmes in extremis. J'en avais des palpitations.

Nous rentrâmes ensuite à Versailles sans échanger un mot durant tout le trajet. J'étais ulcéré.

Harry, lui, était enragé.

27

Alors que nous quittions l'aéroport en direction de la banlieue ouest, Harry m'avait proposé de venir m'installer chez lui. « De toute façon, t'as déjà les clés, c'est qu'une petite étape à franchir, pour nous », m'avait-il précisé en me fixant sans cligner des yeux. J'avais accepté sans réfléchir un instant. Malgré ses airs d'adulte indépendant, il n'aimait pas la solitude, et moi, je ne pouvais plus me passer de lui.

Quelques jours plus tard, Harry m'avait officiellement présenté à ses amis natio, dont la plupart lui ressemblaient étrangement : jeunes, même très jeunes, d'origine modeste, et souvent homosexuels – j'en avais déjà croisé quelques-uns à l'occasion de la réunion de section, au local du Chesnay. Je compris assez vite qu'ils constituaient une sorte de sous-groupe d'un ensemble plus vaste, une espèce de frange gay de la droite néoréac de Versailles. Leurs « pairs », c'est-à-dire les gens plus âgés qui les chapeautaient, semblaient être parfaitement au courant de leurs pratiques sexuelles – mais ils faisaient tout pour éviter que ça se sache. L'organisation hétéroclite était à l'intersection de deux mondes qui, encore quelques années auparavant, n'auraient jamais eu l'idée de s'associer : les souverainistes ultra-conservateurs et les gays de droite. Seuls leurs chefs, le plus souvent des anciens cadres du FN période Jean-Marie Le Pen, comprenaient l'intérêt de faire se rencontrer les intérêts des nationalistes blancs et ceux des homos islamophobes.

Chacun était à sa place, et Harry se sentait clairement à des années-lumière du mode de vie des cathos ultra-réacs. Il était malgré tout persuadé que le sens de l'histoire « validait » cette sombre alliance, dans la mesure où l'islam constituait, selon lui, l'ennemi commun « objectif » des deux groupes : les intégristes en voulaient aux chrétiens qui, fut un temps, les avaient colonisés ; quant aux homosexuels, ils représentaient l'essence même du péché coranique. L'analyse m'apparaissait simplificatrice à souhait, elle semblait toutefois fonctionner chez la « dissidence », à en juger par le nombre de ses adeptes qui, selon Harry, était en train d'exploser dans toute la région parisienne. « Oublie deux secondes tes manières de penser, me disait-il. Si tu ne sors pas de tes schémas conformistes à la Sciences po, tu comprendras jamais ce qui se prépare. Le politiquement correct est en train de s'écrouler. Et ses prêcheurs vont être bientôt marginalisés. Enfin de l'air ! »

Le soir venu, après les cours à Sciences po, je retrouvais Harry au bar de droitards, où il se rendait de plus en plus souvent. Selon la population qui y était installée, j'avais plus ou moins le droit d'extérioriser mes envies. « Tu peux mettre ta main sur ma cuisse, si tu veux, on n'est qu'entre gays, ce soir », me disait-il parfois. « Recule-toi, Nico, faut surtout pas qu'ils croient qu'on est ensemble », prévenait-il à d'autres moments. Cette schizophrénie avait quelque chose d'insupportable, d'autant qu'en obéissant à ses recommandations, j'avais l'impression de cautionner implicitement son analyse de la situation.

Un jour, alors que j'avais dû ronger mon frein toute la soirée en écoutant les propos fétides d'un de ses « camarades de lutte » qui avait repris et agravé une blague de Jean-Marie Le Pen, j'avais menacé Harry de le quitter. Mais après qu'il m'eut taillé une pipe à quelques mètres à peine du QG de son groupuscule, je m'étais promptement ravisé. Lorsque ma queue était dans sa bouche, mon esprit ne m'appartenait plus. Mon corps non plus.

Ma mère s'inquiétait de me voir déserter la maison et m'envoyait fréquemment des textos du style : « Tu as tes examens de fin de semestre bientôt, ne gâche pas ta chance d'avoir intégré Sciences po ! » Elle ignorait toujours mon homosexualité et, partant, continuait de m'interroger sur Julie. « Tu dois vraiment être amoureux pour aller la rejoindre sans arrêt ! Toi qui détestes la promiscuité ! » disait-elle parfois.

Au quotidien, nous vivions avec Harry comme un vieux couple dans son dix-huit mètres carrés, entrée comprise. La gentille routine ne durait que depuis une dizaine de jours mais elle nous apportait à l'un comme à l'autre un vrai soulagement. Pour Harry, celui de ne plus se sentir seul, pour moi, celui de ne plus subir de manque affectif. Nos besoins étaient différents, nos sentiments aussi, mais chacun remplissait sa mission pour l'autre. C'était une bonne transaction.

Le soir, lorsque toutes les tâches d'intendance étaient

exécutées, nous nous allongions sur son lit, le plus souvent devant un film, et nous nous faisions des papouilles durant des heures. Le plus souvent, il n'y avait pas pénétration. Nous réservions le véritable « acte » aux moments plus solennels : le week-end et lors des retours de soirée. En dehors de ça, il y avait des fellations. Beaucoup de fellations.

Parfois, nous évoquions notre avenir ensemble. À moyen terme, Harry se voyait bien devenir député ou dirigeant de parti, pour « faire avancer ses idées ». Mon projet professionnel était plus flou, mais depuis que le gouvernement avait évoqué la suppression de l'ENA, qui constituait le débouché naturel après des études à Sciences po, le sujet ne m'angoissait plus autant qu'auparavant. Car si j'étais indiscutablement paumé, mes camarades de cours, dont le seul projet avait toujours été de devenir technocrates à Bercy, l'étaient bien davantage encore.

Au fil de nos conversations et des infinis live YouTube que nous regardions ensemble, Harry me faisait part de sa déception concernant les Gilets jaunes. « On est arrivés au bout du processus », disait-il d'un air désabusé. Pour lui, le mouvement stagnait car il restait englué dans les problématiques purement sociales sans faire de lien direct avec « l'enjeu identitaire ». Le ton très politiquement incorrect du mouvement avait été remplacé, selon Harry, par un discours assez conformiste qui évacuait soigneusement « les questions les plus dures ». Il reconnaissait pourtant que certains « gauchistes » étaient devenus, de facto, des partenaires de lutte contre le gouvernement macronien, mais l'alliance restait bancale. « On hiérarchise pas les problèmes de la même façon, m'expliquait Harry. Pour nous, la menace numéro un, c'est l'immigration, alors que pour beaucoup de Gilets jaunes gauchistes, c'est Macron. Mais on s'en fout de Macron ! Lui ou un autre, ce sera pareil ! Ce qui compte, c'est le modèle français, social et culturel. C'est vrai que le gouvernement actuel nique les services publics, et ça, c'est inacceptable, mais ce qui l'est tout autant, c'est qu'il fasse rien contre la submersion migratoire ! »

Pour moi, le relatif échec des Gilets jaunes s'expliquait avant tout par leur incapacité à formuler une alternative idéologique globale au libéralisme. C'était facile de critiquer le désinvestissement dans les services publics, la médecine à deux vitesses et le creusement des inégalités, car la chose paraissait évidente pour tout un chacun, mais comment fallait-il organiser l'État dans un contexte de montée des pays émergents et de mise en concurrence généralisée ? Comment pouvait-on arbitrer entre les différents risques sociaux, économiques et écologiques en même temps ? Comment était-il possible de satisfaire des objectifs parfois très contradictoires ? Il y avait beaucoup de simplisme chez Harry, surtout depuis son retour du camp. En l'écoutant bien, il fallait comprendre que la faute, à la fin des fins, c'était « les Rothschild », « l'Empire américain », ou encore « la Banque », autant de termes vagues et génériques qui signifiaient tout et n'importe quoi. Quelle était la solution proposée ? La nationalisation intégrale du pays ? La hausse infinie des impôts pour accentuer encore la redistribution ? L'expropriation des « riches » qui, dès lors, quitteraient tous le pays en un quinquennat ? Il n'y avait pas de solution miracle, et cela, Harry avait du mal à le reconnaître.

Il travaillait sans cesse à me faire changer d'avis sur à peu près tous les sujets : « Tu ne vois pas les réseaux de pouvoir qui sont partout dans les institutions ? Les liens entre la Banque centrale américaine, les grandes institutions financières et les plans d'austérité menés en Europe ? »

Je reconnaissais que les politiques européennes des dix dernières années avaient été désastreuses, et que des conflits d'intérêts massifs avaient pu émailler tel et tel gouvernement, mais il n'y avait pas de complot. Harry voyait dans la dégradation sociale du monde occidental un geste voulu et même prémédité, comme si les élites économiques et politiques avaient eu foncièrement intérêt à saboter leur propre barque. Il avait trop évolué dans les eaux d'Alain Soral, le fanatique néonazi qui attribuait les malheurs de la terre entière au « satanisme » des puissants et, comme toujours, aux juifs. Ce n'était pas sérieux.

Harry supportait de moins en moins la contradiction. Quant à moi, je supportais de moins en moins d'être éloigné de lui.

28

« C'est encore loin ? me demanda Harry dans le creux de l'oreille.

– Encore huit stations et on y est.

– Putain, quel enfer ! Plus jamais on fait l'heure de pointe sur cette ligne de merde. »

Il était 19 heures et nous avions emprunté la 13 pour nous rendre chez une de mes copines, qui organisait chez elle la soirée du réveillon. J'étais déjà allé à Saint-Denis par le passé et la foule de gens dans la rame ne me surprenait pas, en ce 31 décembre. Même en dehors des heures de pointe, la seule ligne qui traversait tout Paris du nord au sud était bondée.

Ce n'était pas la première fois qu'Harry se trouvait confronté à une zone où la densité de personnes d'origine immigrée était forte, mais l'environnement bourgeois de Versailles l'avait quelque peu déconnecté de cette réalité sociologique fondamentale, surtout depuis qu'il était revenu de Roumanie. La chose ne me gênait guère et, si je reconnaissais qu'il y avait un monde entre les quartiers pavillonnaires des Yvelines et ce qui constituait malgré tout l'une des villes les plus dangereuses de France, je n'en faisais pas un drame. D'autant que les agressions que j'avais subies durant mes premières années d'études avaient toutes eu lieu en plein Paris, et non en banlieue – jamais en banlieue.

Les conditions de transport n'en étaient pas moins immondes, et après avoir attendu près de douze minutes le métro à Place-de-Clichy, nous devions affronter une rame vétuste et mal éclairée au sein de laquelle personne ne pouvait se sentir à l'aise. La concentration de voyageurs au mètre carré était telle à tout moment de la journée qu'on pouvait sans se tromper deviner le parfum de la nana qui nous mettait son aisselle dans la gueule, ou la marque de déo que le type poilu comme un singe qui se frottait à nous utilisait – c'était déjà une chance qu'il en utilise. Je m'étonnais d'ailleurs que le nombre d'altercations soit aussi bas dans ce qui était une véritable machine à ensauvagement. Peu de personnes peuvent rester calmes en pareil contexte. Et pourtant, des centaines de milliers de voyageurs la supportaient, cette inhumaine ligne 13, et à chaque fois que je la prenais, je leur rendais hommage dans ma tête. On ne remercie jamais ceux qui ont le plus de mérite.

Harry n'arrivait pas à cacher son effroi. Il faut dire que ce trajet était une épreuve pour quelqu'un qui, même dans l'horriblement homogène ville de Versailles, ne tolérait plus la présence du moindre voile islamique et de la moindre djellaba. Il circulait dans son pire cauchemar symbolique. « T'inquiète pas, plus que quelques stations », lui répétais-je toutes les deux minutes, pour tenter de lui faire reprendre des couleurs. Il ne prononçait pas un mot, mais en me regardant, je savais qu'il voulait me dire : « Tu vois ce spectacle ? T'es content du résultat de ce putain de multiculturalisme ? » Sauf qu'emprunter la ligne 13 avec des Blancs aurait été une expérience tout aussi atroce et déprimante.

À la station Mairie-de-Saint-Ouen, je me précipitai vers l'arrière du wagon pour trouver une place assise. « Viens ! Y en a une deuxième », dis-je en marchant d'un bon pas vers deux sièges vacants. Je m'assis sur l'un et mis ma main sur celui d'à côté pour le réserver. Mais un grand type de plus d'un mètre quatre-vingt-dix fit mine de l'ignorer et posa son cul dessus avant qu'Harry ait eu le temps de me rejoindre. « Merde, bah viens, prends ma place, je peux rester debout ! dis-je en me levant devant le siège.

– C'est bon, laisse tomber. »

Le voleur de siège était un jeune homme d'à peine vingt-cinq ans, et semblait être un migrant. Il portait des vêtements à la griffe inconnue et parlait à un autre type du même âge que lui dans une langue étrangère, probablement africaine. Harry observait la scène d'un air écœuré. Il avait manifestement eu envie d'ouvrir sa gueule et il était devenu rouge sang. Mais son inconscience, d'habitude appuyée, ne l'autorisait tout de même pas à aller jusqu'à provoquer un bonhomme qui lui mettait facilement deux têtes. Quant à moi, je ne réagissais jamais aux incivilités, surtout dans les transports. Je faisais comme tout le monde.

Cette lâcheté me donnait cependant un sentiment de culpabilité le plus souvent, et en regardant ce type à côté de moi qui jouait l'indifférent, je repensais à toutes les incivilités que je subissais, comme tout un chacun, de manière quasi quotidienne. Je me rappelais notamment un

Black habillé classe qui faisait la manche dans le RER A et qui traitait tous ceux qui ne lui donnaient pas d'argent de « fils de pute » ou de « salope » ; il y avait aussi ce Français de souche qui brandissait des photos de ce qui était censé être sa fille en lâchant des « Bande de fumiers » lorsqu'il ne récoltait pas assez de pièces et de tickets resto ; et puis je me souvenais de ce jour, dans la tranquille ville de Chatou, où deux ados du quartier avaient failli me planter, car je n'avais pas été capable de leur filer des clopes.

Harry se tenait toujours debout à quelques mètres de moi et ne quittait pas des yeux les supposés migrants. Il serrait les dents. À chaque éclat de rire de l'un des types, je sentais la haine monter en lui, une haine qui avait trouvé son fondement dans une incivilité mais qui était, je l'imaginais aisément, « validée » par son paradigme racialo-identitaire. Sur le moment, j'aurais voulu lui expliquer que les vieilles connasses des Yvelines, avec leur serre-tête et leurs airs supérieurs, étaient capables des mêmes types de comportement ; j'aurais souhaité lui dire qu'il y avait des enculés partout, et que le manque d'éducation n'avait aucun rapport avec la race ; j'aurais vraiment aimé lui faire comprendre que ces mecs n'étaient peut-être même pas des migrants, et qu'en tout état de cause cela ne permettait pas de condamner tout un peuple ; j'aurais adoré lui rappeler le nombre invraisemblable de gens dépourvus de la moindre courtoisie que je croisais partout, y compris au sein de Sciences po, y compris dans le corps enseignant ; j'aurais pu lui dire, à l'issue de ce satané voyage sur la ligne 13, que le phénomène n'avait rien de nouveau et que ma mère subissait déjà ça dans les années 80, avec du harcèlement de rue et des pervers bien blancs qui exhibaient leur queue en pleine rue ; j'aurais voulu avoir l'opportunité de lui passer des vidéos montrant des incivilités pires que celle-là, dans des quartiers préservés où seuls des autochtones habitent ; mais cela n'aurait servi à rien. Depuis qu'il était revenu du camp, tout s'était figé dans son esprit.

Nous sortîmes enfin à la station Basilique-de-Saint-Denis et nous dirigeâmes vers les escalators, que la RATP venait de refaire. « Tu vois, c'est pas si horrible, la station est toute propre ! »

Harry passa devant moi sans m'adresser un regard.

Je dus accélérer le pas pour le rejoindre. « Bah marche pas comme ça, tu sais même pas où on va ! dis-je en arrivant à sa hauteur.

– Qu'est-ce que tu tires comme conclusion de ce qu'il vient de se passer ? »

Harry m'expliqua que l'épisode du siège volé démontrait « une réalité statistique incontestable », celle de « l'explosion des agressions » due à « l'invasion migratoire ignoble » qui touchait « les banlieues populaires ». Il avait lu Laurent Obertone et connaissait sa leçon sur le bout des doigts. « Et, pour l'amour du ciel, me casse pas les couilles avec tes pasdamalgame, alors qu'il y a un anus au milieu de ta figure et que tu fais mine de pas le voir ! Tu piges pas qu'il y a une légère corrélation entre la hausse des agressions et de tes putains d'incivilités et l'augmentation du nombre de migrants d'Érythrée ou de je ne sais quel pays de merde ? Putain, mais il te faut quoi, que ta mère se fasse violer par dix Maghrébins sous ton nez pour que t'arrêtes de te voiler la face ? »

Nous continuions à marcher vers le lieu de notre soirée. Je ne parvenais pas à ouvrir la bouche.

« Mais sérieux, Nico, t'es intelligent ! T'as fait une prépa, des études, toutes ces conneries de bouquins sur les méthodes de la dissertation, tu connais, et mieux que moi. Alors, pourquoi tu n'ouvres pas tes putains d'yeux ! Tu risques quoi ? Personne va venir t'assassiner, hein, et puis faut avoir un peu d'honneur, merde, je sais pas, tu détestes quand même pas ton pays au point de fermer ta gueule, alors qu'il devient un trou rempli de vomi ! On t'a déjà mis la tête dans des chiottes ? Non ? Moi oui, des chiottes publiques, dans lesquelles des gens avaient chié juste avant, et qui, à ton avis ? Hein ? Qui ? Regarde-moi au lieu de faire le fier ! Qui ? Pas Mme Michu ! Non non non ! Pas M. Dupont, libraire à la retraite à Menton, ni Mlle Laporte, étudiante en bio à Nantes ! Des bougnoules ! Voilà ! C'étaient des putains de crouilles qui m'ont fait ça ! Toujours la même saloperie à qui tu trouves toutes les excuses du monde parce que t'en as peur ! Mais moi j'en ai plus peur, tu vois. J'en ai plus peur. Ils m'ont suffisamment tabassé, humilié, harcelé, violé pour que j'aie plus rien à craindre. Tu saisis ou faut te faire un dessin ? Je supporte pas tes airs de circonstance, sur le mode "Oh, mince, un gentil migrant n'a pas bien compris la leçon numéro 23 de Nadine de Rothschild de mes couilles !". Même avec un master en civilité, ces types-là se comporteraient toujours comme les sauvages qu'ils sont, jusqu'aux atomes de leurs os ! Tu changes pas la génétique, gros, tu changes pas l'ADN des peuples inférieurs !

– C'est bon, t'as fini ou tu veux que j'te laisse là pour le reste de la soirée ?

– Oh ! Monsieur ouvre enfin la bouche quand j'arrive sur un terrain glissant ! Aïe, ça pique. Désolé, mais si c'est la seule manière de te réveiller, j'vais le faire plus souvent !

– Arrête ça tout de suite, t'es complètement malade, mon pauvre.

– Mais tu t'es regardé ! C'est qui le plus dingue, entre celui qui se fait marcher dessus sans rien dire et celui qui gueule un peu trop fort, hein ? C'est qui ? Faut vraiment que tu lâches tous ces putains de cours qui te grillent le cerveau à vue d'œil, ma parole, qu'est-ce que vous fabriquez à Sciences po, à part théoriser un nouveau négationnisme ?

– Détrompe-toi, on aborde les sujets qui fâchent là-bas ! Quand on veut !

– Vraiment ? Bah alors vous devriez avoir déjà rédigé des traités de réémigration pour dégager toutes ces saloperies de chez nous, vu que c'est pas exactement avec c'te merde qu'on va augmenter le PIB, j'préfère te le dire tout de suite. Mais peut-être que ça vous fait marrer, au fond, de creuser le trou de la Sécu chaque année pour payer des médicaments à des mecs arrivés y a deux semaines dans le pays ? Vous vous dites que c'est le prix de la lâcheté, quoi. Faudrait pas prendre le risque de dire la vérité une fois dans l'année, bah non, c'est trop dur, ça chamboule trop vos petites têtes progressistes de mes couilles, vos p'tits schémas intégrationnistes du boulevard Saint-Germain, toutes vos théories fumeuses sur le vivre-ensemble et le melting pot ! Tiens tiens. Vous êtes tous un tas de collabos, Dieu sait ce que des connards comme vous auraient fait sous l'Occupation. C'est par milliers que vous auriez envoyé tes potes à Birkenau ! Par milliers ! Tellement vous ne croyez en rien. Si t'étais pas mon mec, j'te cracherais dessus. »

À l'issue de la soirée du réveillon qui se termina sur le coup de 6 heures du matin, nous n'en niquâmes pas moins comme des bêtes – à trois reprises. Tout était effacé.

29

Les fêtes de fin d'année venaient de se terminer et j'habitais toujours dans le studio d'Harry, qui m'avait fait une petite place dans ses placards afin que j'y range quelques affaires. Je rentrais chez ma mère tous les week-ends mais je n'envisageais pas une seconde de retourner m'y installer. Je plaçais ma relation « amoureuse » au-dessus de tout et je m'étais progressivement attaché aux rituels que nous avions instaurés avec Harry. Ils me redonnaient la foi en ce que je faisais et l'énergie qui, les mois précédents, m'avait tant manqué. L'équilibre tient souvent à peu de chose, à l'âge des décisions importantes.

Je voyais de moins en moins mes amis, lesquels me demandaient régulièrement ce que je pouvais bien foutre « dans cette ville de fachos ». Ils ne croyaient pas si bien dire. J'entretenais toujours des échanges réguliers avec Simon, dont l'ouverture d'esprit n'avait pas de frontières arrêtées, mais ce n'était plus comme avant. Je passais toutes mes soirées avec Harry et l'idée de ne pas rentrer dormir chez lui ne me serait pas venue un instant à l'esprit. Je ne craignais pas ses réactions, j'avais simplement envie de sa présence, de son corps qui devenait de plus en plus beau et musclé depuis qu'il avait, sur le conseil d'un de ses amis natio, fait l'acquisition d'une machine de musculation. Nous manquions pourtant de place dans l'appartement, mais je n'étais pas le maître de maison.

Sur le plan politique, les dernières semaines avaient été riches en rebondissements : un grand nombre de cadres du parti Les Républicains s'étaient ralliés au Rassemblement national et Marine Le Pen avait recruté de nouvelles têtes parmi les intellectuels réacs de la place de Paris, qui étaient passés sans transition des bistrots de Saint-Germain-des-Prés aux salles des fêtes des mairies droitardes. Dans l'opinion publique, le discours nationaliste ne cessait de se normaliser et la gauche, tant celle du PS que la branche Mélenchon, avait presque disparu du paysage politique. Sur le plan médiatique, Hamon et d'autres personnalités subalternes tentaient bien de sauver la baraque en mettant en avant l'importance des « valeurs » et des « droits de l'homme », mais plus personne ne les écoutait. Même les francs-maçons ne dénonçaient plus avec autant de conviction le populisme et le discours identitaire qui se développaient dans les esprits. L'analyse « universaliste » et « progressiste » ne faisait plus recette, sauf chez certaines élites culturelles qui, de toute façon, n'étaient plus écoutées par personne – et ce depuis bien longtemps. Elles avaient lourdement échoué, et un bon nombre d'entre elles avaient déjà prévu une solution de repli à l'étranger, en cas d'insurrection violente.

Harry voyait cette évolution du paysage idéologique français d'un bon œil, même si, selon lui, Marine Le Pen avait trop « adouci » son discours pour le rendre compatible avec la droite traditionnelle. « C'est positif ce qu'il se passe, et quand Jean-Marie sera enfin crevé, on arrêtera de nous diaboliser dans l'opinion publique. Mais attention à ne pas trop se centriser ! » prévenait-il souvent lors des vives discussions qu'il avait avec ses « camarades » et auxquelles j'évitais le plus possible de participer. Lorsqu'on me posait des questions directement, je répondais toujours, avec une veulerie coupable : « Je ne m'occupe pas de politique. » C'était la seule méthode que j'avais trouvée pour préserver ma relation avec Harry, sans pour autant encourager les discours agressifs que j'entendais. Je faisais le service minimum.

Dans l'inconscient collectif, l'extrême droite avait muté pour devenir un phénomène d'une grande perversité. Autrefois ouvertement antisémite et homophobe, elle avait policé son discours et accueilli en son sein un certain nombre de personnalités qui, quelques années auparavant, n'auraient jamais pu y être acceptées. Florian Philippot avait ouvert le bal, d'autres avaient suivi, à tel point qu'on parlait même de « lobby gay » pour évoquer l'entourage immédiat de Marine Le Pen. De fait, plusieurs potes d'Harry se vantaient régulièrement d'avoir couché avec tel ou tel mec du Rassemblement national. La chose était entendue, et jamais démentie.

Depuis quelques mois, un nouveau thème souvent associé à la gauche avait été pillé par la rhétorique nationaliste : l'écologie. J'ignorais si cette évolution était durable ou non, mais son influence se ressentait fortement dans la petite clique de gays natio qui associaient le retour aux racines à une sorte de révolution métaphysique d'ordre identitaire, dont le jardin d'Éden apparaissait comme l'horizon à redécouvrir. Mais autre chose se cachait derrière ce discours pseudo-environnementaliste : le survivalisme, avec un éloge du corps qui s'inscrivait dans une stratégie de résistance aux attaques éventuelles. « S'il y a une guerre civile, nous devons être prêts », entendais-je régulièrement. Le propos était d'autant plus surprenant qu'il émanait le plus souvent de minets imberbes d'à peine cinquante kilos qui auraient sans peine pu faire partie d'un boys band type One Direction.

Le discours écologiste porté par l'extrême droite empiétait aussi avec efficacité sur le terrain de certains gauchistes, en mettant en avant la nécessité « absolue » de limiter la progression démographique, notamment africaine. La seule différence, c'est que les droitards ne le faisaient pas pour les mêmes raisons. Malgré tout, l'illusion fonctionnait à merveille, et Aymeric Caron était, à son corps défendant, régulièrement cité par les natio comme un authentique inspirateur de lutte. La vie des idées était tumultueuse dans la France post-attentats.

La question antisémite restait beaucoup plus ambiguë, les partis nationalistes continuant d'héberger en leur sein un nombre important de personnages sulfureux, mais, là encore, c'est l'islamophobie qui avait joué le rôle de facilitateur : certains juifs considéraient que les islamistes étaient effectivement leurs pires ennemis, et ils avaient franchi le Rubicon en se rapprochant de ceux qui étaient, dans le paysage politique, les plus « anti-Arabes ». Tous n'espéraient qu'une chose : la mort de Jean-Marie Le Pen, qui aboutirait au couronnement tant attendu de sa fille. Marine avait déjà dépassé les cinquante ans, elle n'avait plus de temps à perdre.

La théorie politique de Carl Schmitt fonctionnait à plein régime : les personnes le plus objectivement antagonistes formaient une alliance de circonstance contre un « ennemi » commun qu'elles essentialisaient, avec, il faut l'avouer, une certaine délectation. Pour ces pompiers pyromanes, l'islam était devenu une barbarie en soi contre laquelle il fallait lutter partout et dans tous les registres, y compris les plus absurdes. Tout était bon pour attaquer le musulman : l'incendie de Notre-Dame de Paris, l'échec de la France à l'Eurovision, la dette de la Sécurité sociale, le réchauffement climatique… À en croire le discours qui devenait culturellement dominant, il n'y avait plus aucun Blanc sur le Vieux Continent, rien que des Arabo-musulmans prêts à en découdre pour venger je ne sais quel prophète dont on connaissait à peine le nom. On ne faisait pas dans la dentelle, à l'ère de la droitisation culturelle. Je voyais le phénomène comme un retour de bâton après des décennies de mépris symbolique des classes populaires qui, depuis l'apparition des Gilets jaunes, ne se laissaient plus faire. L'homme humilié finit toujours par se venger.

Harry n'allait pas aussi loin dans ses propres discours, car il savait que j'étais moins crédule que ses collègues natio, mais rien ne le choquait. « C'est vrai que l'islamophobie monte, Nico, mais c'est la moindre des choses, putain de sa race ! Après tous les attentats qu'on s'est pris dans la gueule ces dernières années, ils ont la monnaie de leur pièce, ces enculés », déclarait-il sans sourciller, bien assis sur sa machine de musculation. J'essayais régulièrement de lui faire comprendre que le mouvement en cours faisait tout de même écho à certains aspects des années 30, mais il me répondait : « Commence pas avec le coup des heures sombres de notre histoire, pitié ! Hitler est mort ! Et y a plus de nazis. Regarde Marine Le Pen, sérieux, on dirait Dalida ! La meuf va pas te mettre dans une chambre à gaz, détends-toi. »

Après la trêve hivernale, j'avais repris les cours à Sciences po, et Harry m'accompagnait souvent pour assister à des conférences, qui étaient le plus souvent données en début de soirée. Il appréciait en particulier celles organisées par un groupe étudiant appelé « Critique de la raison européenne », qui faisait régulièrement intervenir des intellectuels « dissidents », dont certains, comme Jacques Sapir, développaient un discours ouvertement favorable au RN. La pensée nationaliste restait encore largement minoritaire dans l'institution feutrée de la rue Saint-Guillaume, mais certains détails ne trompaient pas, comme la création, au sein de l'école, d'une association identitaire à la ligne radicalement anti-islam. Ce qui surprenait le plus, c'est qu'elle avait engrangé un grand nombre de soutiens, y compris de la part de certains enseignants. Depuis le rapprochement entre des ténors historiques de l'ex-UMP et le RN, il était socialement acceptable de soutenir Marine Le Pen. Pour certains, c'était même devenu cool.

Sur le plan international, l'Américain Steve Bannon, qui avait conseillé Trump à la Maison-Blanche, avait opéré une vaste opération de séduction des élites françaises de droite. Régulièrement reçu dans les médias, le politicien développait un discours populiste favorable au retour des frontières et au reflux de l'immigration qui rencontrait un écho considérable sur les réseaux sociaux. Les porte-parole et autres soutiens plus ou moins assumés du RN avaient fait tomber la barrière de la langue en traduisant et en diffusant systématiquement tous les propos de Bannon, que certains voyaient comme un « Zemmour américain ». Il faut dire que l'analyse de l'homme politique, très ancrée dans les questions sociales et les problématiques de dumping international, avait de quoi séduire les populations européennes, dont la plupart connaissaient un chômage de masse depuis plus de quatre décennies. D'autant que le discours, pourtant très manichéen, semblait fournir une véritable potion magique : en réaffirmant une nation forte, il serait possible de retrouver non seulement la croissance, mais également la justice sociale et le plein emploi. Il oubliait de dire que toute la richesse accumulée par les pays occidentaux depuis la Seconde Guerre mondiale avait précisément reposé sur le développement intense de la mondialisation et, dans une certaine mesure, sur l'exploitation des pays dits du Sud. L'approche de Bannon n'était pas à proprement parler fausse, elle était hémiplégique et, par conséquent, brutalement malhonnête.

Le camp libéral, ou social-démocrate, avait grand peine à défendre ses idées qui, sur maints aspects, n'avaient pas su résoudre les grands défis de l'époque : crise écologique, mouvements migratoires, inégalités sociales. Dans l'ensemble du monde occidental, c'est toute l'approche traditionnellement favorable à l'ouverture des frontières et au développement des échanges qui n'était plus audible. Certains, à l'instar des écologistes et de quelques vieux partis « socialistes », tentaient de renouveler leur discours en mettant en avant les questions sociétales comme le féminisme ou l'antiracisme, mais ça ne prenait plus du tout. En France, le mouvement des Gilets jaunes, qui s'était durablement installé dans la société au travers de plusieurs clans et groupuscules, avait remis la question sociale au centre des débats, et ceux qui tentaient de s'en éloigner étaient vite rappelés à l'ordre.

En contemplant ce phénomène, je me rendais compte de l'immense responsabilité de personnalités comme François Hollande qui, en voulant mettre en œuvre une politique de gauche dite « modérée », c'est-à-dire de droite, avaient tout bonnement tué leur propre famille politique – en dégoûtant les Français de la chose répugnante qui osait encore s'appeler « Parti socialiste ». L'Histoire était sur le point de les juger.

« T'as fait un test de QI pour entrer à Sciences po ? me demanda Harry, alors qu'il était en train de me sucer.

– Quoi ?

– Bah ouais, un examen sur le quotient intellectuel, tu sais bien. J'ai lu vachement de trucs là-dessus récemment. Je suis Laurent Alexandre sur Twitter.

– Mais j'en sais rien, c'est quoi ces questions, ça t'obsède vraiment tout le temps ces histoires, c'est dingue !

– T'inquiète, j'ai pas perdu la main pour autant, allonge-toi en arrière, je vais la prendre jusqu'au fond. »

Harry avait beau m'exaspérer avec ses obsessions racialo-identitaires, chaque baise avec lui était un moment d'extase. Il suçait comme on savoure un Mister Freeze et avait toujours l'anus bien épilé lorsque je l'enculais – c'était un détail important, compte tenu du fait que nous ne mettions plus de capote depuis quelque temps. Et même si je ne cautionnais pas du tout son prisme d'analyse, nos idéologies tendaient souvent à cohabiter sur certains sujets. Je n'arrivais pas à savoir si c'était un mouvement réciproque ou s'il n'y avait que moi qui me rapprochais de ses idées. C'était un amour visqueux.

Alors qu'Harry venait de se laver le cul – il aimait depuis un certain temps que je lui gicle dedans intégralement –, je remarquai la page Wikipédia affichée sur son écran d'ordinateur, avec le titre « Le quotient intellectuel et la richesse des nations ». En survolant l'article, je compris qu'il s'agissait d'un essai de Richard Lynn, un vague psychologue britannique apparemment connu pour ses thèses racialistes et suprémacistes.

« Ah, t'as vu ça ? C'est hyper intéressant, tu trouves pas ! » s'exclama Harry en enfilant un caleçon aux couleurs bariolées.

Je découvris assez vite que la thèse du bonhomme était très en vogue dans les mouvances d'extrême droite, dans la mesure où elle confortait l'idée que les peuples du Sud, notamment du continent africain, avaient en moyenne un QI inférieur aux pays occidentaux – ce qui expliquait les différences de richesse entre les nations. Le caractère scientifique du propos était sujet à caution, comme l'indiquait d'ailleurs l'article Wikipédia. Mais la carte du monde, qui représentait synthétiquement la théorie, frappait par son absence d'équivocité.

« Je sais, tu vas me dire que la méthodologie du gars est critiquée, je sais, j'ai lu aussi, précisa Harry en s'asseyant près de moi. Mais même en se trompant à la marge, je veux dire, les différences sont tellement énormes, notamment entre l'Europe et l'Afrique, que tu peux pas faire comme si on était tous égaux. C'est juste faux. »

Tandis qu'Harry préparait à bouffer dans le coin cuisine, je décidai d'en avoir le cœur net et naviguai sur Google pour trouver plus d'infos au sujet de la fameuse carte. Un article de *Libération* mentionnait effectivement le travail du psychologue en rappelant que celui-ci s'inscrivait dans un courant plus large : le « réalisme racial ». Sous cette expression scabreuse, il ne fallait pas comprendre que les inégalités entre les races étaient établies scientifiquement, mais plutôt qu'il existait des analyses insistant sur telles et telles différences empiriquement constatables. Sauf que la génétique était loin d'être la cause la plus probable pour expliquer ces variations, notamment les variations de QI, il y avait aussi des critères environnementaux et, surtout, des facteurs socioculturels comme l'accès à l'éducation. Il était aisé de comprendre que plus les populations allaient à l'école, plus elles avaient de chances de bien « performer » au niveau intellectuel et, in fine, sur le plan économique. L'origine génétique des inégalités observées semblait être une théorie assez fumeuse.

Mais Harry, qui venait de me servir une omelette fondante dans mon assiette, ne s'avouait pas vaincu facilement : « Comme d'habitude, t'as lu que ce que t'as bien voulu lire ! Regarde bien, on t'explique aussi qu'il y a une héritabilité du quotient intellectuel, et ça, personne le contredit vraiment. À part une connasse de gauchiste qui te dit que c'est pas “solidement démontré”. Bah oui c'est sûr, vu que ça fait s'effondrer toute sa raison d'être, à la meuf, elle va pas contredire vingt ans de son taf de merde au CNRS à cause d'une putain de carte ! C'est toujours cruel, de se prendre la réalité en pleine gueule. »

Je mangeai mon omelette en exprimant à Harry ma lassitude. Il prenait ça comme un signe de soumission. Mais il ne voulait pas gagner par forfait, il lui fallait remporter la discussion à la loyale, pour rejeter ensuite toute contestation de ma part. Il avait la propagande dans le sang, depuis ses pérégrinations roumaines.

« Nan mais tu vois, Nico, regarde, même toi avec ton Israël, l'autre fois j'écoutais un machin de Guy Millière, un type libertarien, je crois, eh bah sans le dire, il confirme toutes ces thèses à la Laurent Alexandre sur les QI. Il dit qu'en se baladant là-bas, dès que tu passes en territoire palestinien, au-delà des check-points et des conneries religieuses dont j'me bats les couilles, bah tu vois direct le décrochage économique. Pourtant c'est la même terre, tu vas pas me raconter que les pauvres Arabes ont pas les mêmes ressources que les feujs, c'est le même foutu pays plein de sable ! Mais d'un côté, t'as les juifs qui savent se bouger le cul et développer le business, et de l'autre les tocards d'Arabes qui sont juste médiocres !

– Tu veux pas qu'on aille se coucher, j'suis crevé, honnêtement. Il est tard pour se lancer dans un débat sur le Proche-Orient, je t'assure.

– Nico, t'es la preuve vivante de ce que je dis. Y a pas que la culture et l'éducation, toute façon, ces cons, ils captent rien de ce qu'on leur apprend, y a qu'à voir les ZEP et toutes ces merdes. C'est juste un peuple de blaireaux ! Et le drame, c'est qu'y en a des milliards qui vont nous submerger. C'est ça, l'angoisse ultime. »

En l'écoutant débiter ses punchlines, je repensais à une copine de lycée, Maïmouna, dont les deux parents étaient originaires du Nigeria. Elle avait majoré le concours d'entrée à Polytechnique quelques mois auparavant. Harry l'avait rencontrée et ne contestait aucunement son talent. C'était pour lui l'exception qui confirmait la règle.

Nous avions pris l'habitude de regarder une série sur le PC avant de dormir. On avait beau se chamailler toute la journée sur la politique et les enjeux idéologiques du moment, nos modes de vie restaient peu éloignés l'un de l'autre. Nous adorions la série Netflix *Stranger Things*, l'univers Marvel et par-dessus tout *Game of Thrones*. Harry aimait tout ce qui relevait du médiéval « historique », tandis que moi, j'étais passionné par la magie et les créatures fantastiques tels les nains et les dragons. L'ambiance me rappelait mon enfance, en particulier mes nombreuses vacances dans les Côtes-d'Armor, où je lisais souvent des ouvrages sur la mythologie bretonne et les divinités celtiques. J'ignorais pourquoi, mais ces thèmes passionnaient aussi Harry. Cela participait sans doute d'une sorte de retour aux sources et à tout ce qui avait pu, d'une manière ou d'une autre, constituer l'héritage européen qu'il vénérait tant – surtout depuis qu'il était revenu de son camp. « On est un peuple génial », répétait-il sans cesse, comme s'il s'attribuait le mérite de toutes ces créations dont l'origine était, d'ailleurs, incertaine.

Harry vénérait aussi un de ses frères de prénom, l'inévitable Harry Potter, dont il collectionnait les livres et les films depuis qu'il était môme. Là encore, c'étaient les dragons et les ponts-levis qui nourrissaient sa fascination, un mélange d'histoire médiévale, de techniques ancestrales plus ou moins bien retranscrites et de divertissement à l'américaine. Car malgré ses airs anticapitalistes, Harry ne voyait rien à redire aux grandes franchises des studios hollywoodiens, tant qu'elles ne mettaient pas en scène ses barbares à lui : les Noirs. Il m'avait dit avoir « paniqué » lors du film *Black Panther*, qui constituait selon lui « une propagande insupportable et pathétique pour héroïser des anti-héros ».

Harry n'avait jamais mis les pieds à Disneyland et m'avait fait comprendre qu'il y avait là une idée de cadeau pour son prochain anniversaire. Je redoutais néanmoins que le long voyage en RER vers Marne-la-Vallée ne se passe mal, car s'il y avait bien un lieu touristique « multiculturaliste » en région parisienne, c'était Disneyland. D'autant que les femmes voilées et consorts étaient les bienvenus dans l'univers sympatoche de feu Walt. Comme chez McDo, on pouvait y aller « comme on était », tant qu'on avait une bonne Carte Bleue avec soi. Le capitalisme cultureux était si ouvert et tolérant.

« Au fait, t'as eu les résultats des tests ?

– Quoi ? Les tests de QI ? s'exclama Harry en éteignant la lumière de la table de chevet.

– Mais non, t'es con, j'veux parler des tests du das.

– Pourquoi tu dis pas sida, comme tout le monde ? T'as peur du mot ?

– Oui, du sida, si tu veux, joue pas sur les mots, t'as fait les tests, donc ?

– Ouais, enfin non, pas encore, mais ça sert à rien toute façon.

– Bah si, mec, j'te tape dedans tous les soirs sans capote, je t'assure que faudrait le faire ! C'est pas que j'aie pas confiance !

– C'est quoi la raison, alors ?

– Mais t'es con, j'viens de te le dire. Les MST, allô !

– C'est inutile.

– Ah bon ?!

– Ouais, ça s'attrape pas dans nos milieux. Et encore moins entre Blancs. »

30

« Ça va, pas trop stressé ? demandai-je à Harry, alors que nous étions dans le RER A direction La Défense.

– Non, ça peut aller, mais elle est sympa, tu m'as dit ?

– Ah oui, ma mère est une femme très gentille, c'est pas le souci.

– Alors c'est quoi le souci, du coup ?

– Elle est pas d'extrême droite et elle ne sait toujours pas que je suis pédé…

– Oui… ça je suis au courant, mais en dehors de ça ?

– Pour le reste, rien de particulier à signaler… Si t'es en galère, elle adore Jean-Pierre Bacri, pour info !

– Super, avec ça, on est sauvés… »

Nous arrivâmes devant la petite maison de ville, à quelques mètres de la voie ferrée, où habitait ma mère. Elle aurait préféré un pavillon au calme avec jardin, mais lorsqu'elle s'était séparée de son ancien conjoint, elle s'était retrouvée avec une somme d'argent limitée dans un contexte de flambée des valeurs immobilières. Et il fallait au moins trois chambres, pour elle et ses enfants. Alors elle avait opté pour le train, afin d'économiser

20 pour cent sur le prix. Entre ça et retourner habiter dans le 93, il n'y avait pas photo, de son point de vue.

« Bonjour madame, je suis Harry ! Ravi de faire votre connaissance.

– Euh... oui, bonjour ! Ta copine n'est pas venue, Nicolas ? me demanda ma mère.

– Si si, mais elle est prise dans les embouteillages, elle devrait arriver d'ici une heure, alors j'ai pensé à inviter Harry, c'est l'un de ses amis d'enfance, en fait, expliquai-je d'un ton faussement assuré. Il voulait aussi faire ta connaissance.

– Ah d'accord... tu as bien fait, de toute façon, j'ai préparé assez de blanquette de veau pour tout le monde, donc personne ne sera en reste ! Rentrez vite, il fait froid dehors. »

Harry et ma mère s'entendaient comme deux bonnes copines, et je n'étais pas étonné.

« J'aime beaucoup votre coiffure, madame Costes, ça vous donne un air très jeune et moderne !

– Oh, merci Harry ! Ça me fait plaisir, ce que tu me dis ! Mais tu peux m'appeler Julia ! On va quand même pas faire de chichis entre nous ! »

Jusqu'à présent, on avait évité les gaffes. Harry ne m'avait pas lancé de « C'est sympa comme ville, Croissy, y a pas trop d'Arabes, on dirait ! ». Le seul hic, bien entendu, c'était que ma prétendue copine tardait à arriver.

Après une heure passée à se goinfrer d'amuse-gueules, j'avais convaincu ma mère que nous pouvions commencer à déjeuner. Commencer, et même au-delà.

« Je lui ferai réchauffer au micro-ondes quand ta copine arrivera », avait précisé ma mère en apportant sur la table l'énorme cocotte en fonte qui contenait plusieurs kilos de blanquette.

J'essayais de ne pas le montrer, mais j'en voulais beaucoup à Harry. Le matin même, nous avions eu une violente engueulade, après que j'avais découvert une photo de lui sur son PC en train d'exécuter le salut nazi avec Daniel Conversano, le YouTubeur *trash*. Pour se faire pardonner, il m'avait sucé pendant trois quarts d'heure contre le lavabo de la salle de bains, jusqu'à en avoir la nausée. Mais je n'avais pas réussi à jouir.

Sa volonté de tout résoudre par le sexe avait quelque chose d'insidieusement pervers et nous empêchait d'aborder le fond de certaines discussions. J'essayais tant bien que mal de mettre à distance ses camarades les plus timbrés mais en restant avec lui, j'approuvais nécessairement sa trajectoire d'ensemble. J'avais honte, car on ne peut pas être en même temps à l'intérieur et à l'extérieur. J'aimais un type odieux.

« Tu n'as toujours pas de nouvelles de Julie ? me demanda ma mère, alors qu'elle venait d'apporter une imposante tarte tatin sur la table, avec un bol de crème fraîche.

– Non…, dis-je avec hésitation, apparemment elle est toujours coincée dans les embouteillages, ça roule très mal.

– Elle était en week-end à Cabourg, tu m'as dit, c'est ça ?

– Oui, ses parents ont un appartement vers le centre, en fait.

– Et toi Harry, tu es originaire du coin ?

– Non, à vrai dire je suis du Nord, c'est là que j'ai

grandi, pas loin de Saint-Quentin, je ne sais pas si vous connaissez.

– Ah d'accord, et donc tu as rencontré la copine de Nico là-bas ?

– Non, pourquoi ?

– Eh bien, ce n'est pas ta copine d'enfance ?

– Bon, y en a marre maintenant ! » s'écria Harry. Ma mère se figea. « Je suis vraiment désolé, madame Costes, surtout que vous avez l'air d'être une femme adorable, mais Nicolas n'a pas de copine, navré de vous l'apprendre. Julie n'existe pas. Il a un copain, et ce copain, c'est moi ! On couche ensemble, on adore ça, d'ailleurs, et on vit tous les deux dans un studio, à Versailles ! Et moi, je suis gay à 100 pour cent, et je soutiens Le Pen à 100 pour cent ! Et je sais pas qui c'est, Jean-Pierre Bacri ! Merde ! »

Harry s'était brusquement levé de table et avait quitté la maison en un éclair. Ma mère était restée stoïque quelques secondes, la pelle à tarte dans la main, puis m'avait dit : « Mais je le trouve très bien, ce garçon. Qu'est-ce que tu fais encore ici ? Si tu l'aimes, va le chercher, bon sang ! »

J'embrassai ma mère sur le front, puis je me précipitai dans la rue. Harry était en train de marcher vers la gare d'un pas décidé. Je courus vers lui pour le rattraper.

« Mais pourquoi t'as fait ça ? lui dis-je, alors que j'arrivais à sa hauteur.

– Fallait bien que je le fasse, puisque t'as pas de couilles ! me lança-t-il sans ralentir sa marche. T'es bien un mec de gauche !

– Mais bordel, c'est pas facile ! Tu comprends pas ça ?

– Si t'étais capable de t'affirmer un peu, on aurait pas tous ces problèmes.

– Quoi ? Mais de quels problèmes tu parles, chéri ?

– De tout. Et m'appelle pas chéri, ça m'agace au plus haut point. Retourne chez ta mère, puisque c'est là qu'est ta place ! Je sors pas avec des lâches qui savent pas ce qu'ils veulent.

– Mais Harry, putain ! Arrête de courir comme ça !

– CASSE-TOI ! »

Harry était reparti chez lui et, sur le coup de 23 heures, il m'avait appelé pour s'excuser : « Ma réaction était débile, Nico, je savais que c'était une annonce difficile à faire pour toi… j'ai réagi de façon égoïste, je suis désolé. »

Et bien sûr, j'étais reparti illico chez lui, avec les encouragements de ma mère qui, selon ses dires, ne voulait que mon bonheur. Elle avait eu beau s'être voilé la face sur ma sexualité pendant de nombreuses années, sa réaction fut des plus admirables. Et je sentais qu'elle ne se forçait pas un instant. Ma mère était redevenue ma mère.

Je retrouvai Harry vers minuit et nous décidâmes d'aller prendre un pot à notre bar habituel, qui ne fermait jamais avant 1 heure du matin. Pour se faire pardonner, il m'avait acheté des Granola à la supérette du coin – j'en raffolais. Ce n'était pas un geste anodin, pour quelqu'un qui ne savait pas dire pardon.

Nous passâmes le début de la nuit à évoquer la droitisation en marche des intellectuels français, qu'Harry jugeait avec une grande sévérité : « Ces fils de putes n'ont jamais eu de convictions. Quand le marxisme était à la mode, ils étaient marxistes, quand Mitterrand était au pouvoir, ils étaient mitterrandistes, et maintenant que Marine va accéder à l'Élysée, ils deviennent maristes ! Je n'ai aucune confiance en ces crapules. Ils arrivent toujours après la bataille, pour ramasser les cadavres. Mais aucun d'eux n'aurait le courage de se sortir deux secondes les doigts du cul pour aller sur le terrain défendre les putains de valeurs républicaines dont ils se gargarisent toute la journée ! »

Faire la guerre à l'étranger était en effet plus facile que sur son propre territoire.

Au vu de la situation politique, je m'attendais à ce que d'autres spécimens du monde médiatico-intellectuel sortent du bois – en particulier ceux qui avaient toujours eu des convictions d'extrême droite mais qui savaient, à raison, qu'il n'était pas commercialement rentable de les afficher. Sauf que la donne avait changé, et même si un grand nombre de médias restaient, grâce au ciel, encore vaguement à gauche, ils n'étaient plus soutenus par grand monde. Il y avait donc, pour certains opportunistes, un coup à jouer. Je pensais en particulier à plusieurs philosophes médiatiques, dont le discours correspondait point par point à tout ce que disait le Front national depuis une décennie. Ils se tenaient prêts.

Mais l'enjeu premier, c'était la masse du peuple de droite, ainsi qu'une partie de la gauche dite souverainiste, qui allaient pouvoir, désormais sans gêne, rejoindre les rangs de la *so cool* Marine. En additionnant les lecteurs de Zemmour, de Houellebecq, certains adeptes de Mélenchon et les électeurs historiques de l'extrême droite, le Rassemblement national était assuré de remporter l'élection présidentielle de 2022. Certains des camarades d'Harry, qui venaient de nous rejoindre au bar, imaginaient même que Le Pen puisse être élue dès le premier tour…

Le chef du groupuscule versaillais auquel appartenait Harry nous rejoignit sur le coup d'une heure et demie du matin. C'était un homme gras, aux cheveux gras et au rire gras, qui adorait manifestement la compagnie des minets.

« T'as pas envie qu'on se casse ? proposai-je discrètement à Harry.

– Si, j'avoue… mais attends juste cinq-dix minutes, sinon ça va faire bizarre. »

Le type se faisait appeler Anselme mais je savais qu'il s'agissait d'un pseudonyme. Harry m'avait expliqué qu'il avait un certain nombre de casseroles derrière lui, toutes liées à des engagements de jeunesse dans des mouvances cryptofascistes peu reluisantes. Il se disait qu'il avait été proche du négationniste Faurisson et qu'il entretenait toujours des liens étroits avec le « national-socialiste » Alain Soral. C'était une sorte de rabatteur, dont la mission était de sensibiliser la « jeunesse de droite » aux « idées nationales ». Et en échange de maigres responsabilités au sein de groupes identitaires, il exigeait des faveurs sexuelles auprès de paumés en manque de reconnaissance qui n'étaient parfois pas majeurs. Harry n'en avait jamais clairement parlé, mais la matrice n'était pas difficile à décrypter.

« J'ai payé nos consos, on y va maintenant ? » dis-je à Harry en boutonnant mon manteau Celio.

Alors que nous étions sur le point de partir, ce porc d'Anselme nous expliqua qu'il avait une annonce à faire concernant les prochaines échéances électorales : « Vous savez, les garçons, tout le monde pense à la présidentielle en haut lieu. On a toutes les cartes en main désormais, et la patronne veut de la chair fraîche. Jordan Bardella n'a que vingt-trois ans, et regardez déjà son parcours ! Vous ne devez pas vous dire que vous êtes trop jeunes. C'est au contraire le moment idéal pour vous faire une place et entrer dans l'Histoire. Il y a bientôt les européennes, puis les municipales, qui seront pour nous un test important. Si on performe bien sur Versailles, c'est vous qu'on propulsera aux législatives de 2022. Harry est le plus avancé d'entre vous, il est structuré intellectuellement et présente bien. Il rassure les électeurs plus frileux. Je ne veux plus jouer le chef papa qui vous dit ce que vous devez faire ! Vous devez vous émanciper, y compris de moi. Je serai toujours en lien avec vous pour vous assister, bien entendu, ainsi qu'avec la centrale, mais dès aujourd'hui, je veux que ce soit Harry qui dirige la section. Vous serez donc désormais soumis à son autorité, et plus à moi. Vous ferez forcément des erreurs, on en a tous fait… mais c'est comme ça que vous apprendrez et que demain vous serez des vrais leaders blancs. »

« J'espère que tu vas pas accepter sa proposition ! lançai-je à Harry, alors que nous étions en train de repartir chez lui sous une pluie battante.

– Je sais pas, je t'avoue que j'ai été pris de court, là… Ce n'était pas dans mes plans… Je savais qu'il comptait sur moi pour les aider à structurer les jeunes sur Versailles, mais pas au point de me présenter aux législatives…

– Honnêtement, j'comprends que tu veuilles t'engager. Mais si tu fais ça, tu seras grillé à vie.

– C'est toi qui vois ça comme ça... À un moment, faut arrêter de privilégier sa petite carrière ! Faut aller au combat ! Il faudrait peut-être que tu décides un jour de ton propre niveau d'engagement, au lieu de faire la leçon aux autres ! Tu crois pas ? Y en a marre de tes remarques !

– Quoi ! Mais de quel engagement ? Je suis avec toi, c'est tout. J'ai jamais adhéré à quoi que ce soit. J'pense que j'ai déjà beaucoup évolué et accepté de trucs à ton contact. C'est quand même pas une obligation d'être un natio !

– Ouais, et c'est peut-être ça le problème ! J'me demande parfois si on est vraiment faits pour être ensemble. Tu veux continuer à soutenir le régime néolibéral qui détruit les peuples et fait fermer une à une toutes les usines du pays ? Tu veux que les Chinois rachètent tous les domaines viticoles et tout le savoir-faire français sans réagir ? Tu veux continuer à te faire envahir par des migrants qui vont t'appliquer la charia et imposer un jour à ta mère de porter le voile ? Tu veux que d'autres enfants juifs se fassent assassiner à bout touchant par des racailles d'islamistes ? Combien faudra-t-il de Bataclan pour que tu sortes enfin la tête de ta merde ? »

31

Harry passait de plus en plus de temps enfermé dans l'appart, à potasser des livres qui ne se trouvaient même pas sur Amazon. Souvent, il partait je ne sais où et revenait en fin de journée avec des sacs remplis de bouquins et de prospectus sur d'improbables conférences données dans des lieux bizarres. Je laissais faire, et parfois même je l'accompagnais.

Le cul se passait moins bien qu'avant et se faisait surtout plus rare. Nous avions toujours du désir l'un pour l'autre, nos érections se déclenchaient sans difficulté, mais les actes duraient moins longtemps, et nous avions souvent des prétextes pour les écourter : « On se finit ? Je me lève tôt demain » ; « C'est bon, tu vas jouir ? J'suis plus trop dilaté »… C'était devenu du sexe ordinaire la plupart du temps, et je n'appréciais pas qu'Harry se laisse un peu aller en ne s'épilant plus l'anus ni le torse. Le minet devenait un vrai homme, et je n'y étais pas habitué.

Nous regardions moins Netflix qu'auparavant, le soir, et Harry déplorait désormais « la pauvreté des dialogues » et « l'omniprésence du discours vivrensembliste » qui contaminaient les nouvelles séries. Il avait souvent raison, à ceci près que c'étaient exactement les mêmes programmes que ceux qu'on regardait ensemble depuis plusieurs mois. Ce n'était pas la ligne des studios de production qui avait changé, c'était celle d'Harry. En même temps que la mienne.

Je m'étais livré à ma mère au sujet de l'évolution, somme toute radicale, du comportement d'Harry. Il me fallait parler de tout ça à quelqu'un, et elle restait la seule personne en qui j'avais une confiance totale. Je ne faisais pas dans la délation.

« Ce que tu me racontes ne me réjouit pas, je ne vais pas soutenir le contraire. Fais gaffe. Et j'aimerais que tu reviennes plus souvent à la maison. Mais il est très jeune, ton Harry, il a le droit aussi de faire ses erreurs… Et sa famille a l'air stable, d'après ce que tu m'as dit. Tu sais, quand j'ai rencontré ton père, tout n'était pas rose non plus », m'avait-elle confié pour me rassurer.

Il faut dire qu'elle avait vécu une autre époque, celle de la fin des années 70 et surtout des années 80, qui avaient diffusé un formidable vent de liberté dans toute la société française, avec la légalisation de l'avortement, la hausse du niveau de vie et le plein emploi généralisé. Durant sa jeunesse, mon père avait voyagé en Inde, s'était lancé dans la photographie, et les émissions de télévision d'alors laissaient encore s'exprimer toutes les opinions, même les plus sulfureuses. C'était l'ère de la tolérance et de l'esprit libertaire, alors que ma génération était née avec le chômage de masse et les attentats du 11-Septembre. Notre prisme d'analyse ne pouvait être le même. Ma mère avait toujours voté à droite, mais pour Chirac ou Sarkozy, jamais pour Le Pen. Les opinions violentes ne naissent que dans un contexte lui-même violent. Harry était un jeune de son époque.

J'avais cessé de donner des cours particuliers, et je n'allais plus très souvent à Sciences po, car le trajet depuis Versailles était compliqué – c'était en tout cas l'excuse que je m'étais trouvée. En fait, les contenus ne m'intéressaient plus. J'avais soupé des enseignements sur les institutions européennes et l'État de droit, et j'apprenais plus de choses sur les chaînes YouTube. À l'heure d'Internet, le savoir encyclopédique n'avait plus besoin d'être ingurgité, il se trouvait librement en ligne ; on avait en revanche beaucoup à apprendre dans les podcasts et autres vidéos des leaders d'opinion. Ma génération ne supportait plus les intermédiaires.

Les vacances de printemps approchaient et le corps d'Harry ressemblait de plus en plus à celui d'un athlète de haut niveau. Sauf que la discipline dans laquelle il excellait, le survivalisme identitaire, n'était pas répertoriée aux Jeux olympiques.

Notre petit studio, dont les murs n'étaient pourtant pas extensibles, s'était progressivement transformé en une miniforteresse version *Panic Room*. Harry avait dégagé de l'unique pièce tout ce qui venait « parasiter » l'atmosphère de lutte qui devait continûment se faire ressentir. J'ignorais s'il avait lu *L'Idéologie allemande* de Marx et Engels, mais la dimension psychologique de son combat ne lui avait pas échappé. « Si t'es natio, faut que tout le monde le remarque direct », disait-il souvent, revêtu de ses habits de circonstance : pantalon treillis, chaussures noires, et parfois même un T-shirt moulant sur lequel était inscrit en énorme « alt-right » – T-shirt qu'il portait fièrement, y compris lorsqu'il m'accompagnait à Saint-Denis, chez la copine avec qui nous avions passé le réveillon du 31. Il n'avait plus peur de rien.

Elle était loin, l'époque où nous nous étions fait virer d'un bar homophobe en plein Paris, quelques mois auparavant. Si un tel événement s'était reproduit, Harry aurait été capable de se jeter à la gorge de son agresseur. Quel qu'en soit le prix. Il mettait la préservation de son honneur et la poursuite de sa cause avant toute autre considération. Le sursaut identitaire, tel était le seul objectif qui l'animait désormais. Face à ce roc, ma prose pseudocritique n'avait plus aucune portée.

Je connaissais désormais assez la galaxie patriote-nationaliste-identitaire pour en comprendre les réels tenants et aboutissants. Et ça me passionnait. Sur la Toile, je constatai que les YouTubeurs droitards ne se limitaient pas à l'univers d'Alain Soral, le plus célèbre et sans doute aussi le plus dangereux d'entre tous. Il y avait aussi Teddyboy RSA, une sorte de hipster sympathique qui parlait comme un mec de cité et qui, malgré ses idées franchement xénophobes, nous précisait que la plupart de ses amis étaient « métissés » ; Tepa, un bonhomme un peu plus vieux, ancien rappeur, qui recevait dans une sorte de sous-sol reconverti en studio télé divers représentants de l'autoproclamée dissidence – par « dissidence », il fallait comprendre « critique du pouvoir en place », et bien évidemment du sionisme, l'ennemi numéro un. On trouvait également Papacito, un trentenaire aux faux airs de djihadiste qui balançait des punchlines inoffensives tout en célébrant de façon plus déroutante les vertus comiques de Bashar al-Assad ou de Saddam Hussein, avec le soutien des éditions Ring, et les plus oisifs pouvaient regarder les vidéos du Raptor, dont le succès s'était néanmoins effrité depuis que ses followers avaient découvert que leur mentor n'était pas blanc. On ne rigolait pas avec la race et le sang.

Mais la figure montante de la mouvance identitaire, tant de l'URL que de l'IRL, était incontestablement Daniel Conversano, dont les premières vidéos remontaient aux années 2010, lorsque l'intéressé n'avait encore qu'une vingtaine d'années. À cette époque, le trublion travaillait pour Dieudonné et, comme tout vrai nationaliste, avait pour modèle Alain Soral. L'idylle avait toutefois viré au drame fratricide à la fin de l'année 2016, lorsque, sur le plateau de l'émission *Niveau zéro*, Conversano avait osé insulter le fondateur du site Égalité et Réconciliation en lui reprochant sa connivence avec les « Arabes » et les « musulmans », accusés de faire tourner sa boutique – notamment le label Kontre Kulture. Si personne n'avait accès aux statistiques de l'empire soralien, il était effectivement de notoriété publique qu'une part substantielle de l'audience de l'idéologue était constituée de personnes d'origine immigrée.

L'opposition entre les deux hommes, qui présentait un caractère ridicule – en témoignait la fin de leur altercation qui se solda par une baston dûment enregistrée par les caméras de Dieudonné –, portait en elle une véritable transformation idéologique de la mouvance. Jusqu'au début des années 2010, c'est Soral et son discours antisémite qui avaient triomphé au sein de la dissidence, mais depuis le schisme de 2016, une nouvelle ligne plus spécifiquement identitaire avait émergé. Chez Conversano, l'ennemi ultime n'était plus le juif ni même le sionisme, c'était d'abord et surtout le musulman – et, par extension, l'homme de couleur. Selon le prêcheur 2.0., le danger immédiat était le « grand remplacement » théorisé par Renaud Camus et d'autres auteurs fascisants comme Guillaume Faye. Le discours dissident avait ainsi progressivement évolué, la chaîne YouTube de Conversano devenant l'une des plus suivies et des plus commentées du milieu suprémaciste. Harry en était un fan absolu, surtout depuis qu'il l'avait côtoyé « en vrai » dans le camp roumain.

Sur le modèle de ce qu'avait construit Soral avec E & R, plusieurs dispositifs avaient été mis en place pour accompagner la propagande idéologique : une Web-émission intitulée *Vive l'Europe*, qui faisait intervenir sur un mode sage et quasi documentaire des acteurs natio de la société civile ; un site d'information à la ligne sans équivoque, qui portait le mystérieux nom de « Suavelos », et bien sûr, pour financer l'ensemble, des cagnottes avaient été mises en place via la plateforme Tipeee pour soutenir les diverses opérations de « résistance ». Il ne s'agissait pas encore d'un écosystème solide, mais il grossissait à une vitesse soutenue et entraînait dans son sillage un nombre croissant de chaînes YouTube et de pages Facebook qui relayaient, d'une manière ou d'une autre, la parole de Conversano.

Grâce aux renseignements accumulés sur le système Soral, le dispositif digital était en voie d'être répliqué par la nouvelle garde et comprenait depuis peu une maison d'édition, dont le titre *Guerre civile raciale*, écrit par Guillaume Faye, s'était vendu à plusieurs milliers d'exemplaires. La dissidence conversanienne appliquait par ailleurs à la lettre les préceptes du commerce le plus brutal : sensationnalisme, marketing viral et tutti quanti. En la matière, les jeunes ne faisaient guère mieux que leurs vieux maîtres.

Harry suivait de près les aventures de son mentor anti-migrants qui était également l'initiateur des camps d'entraînement paramilitaires de Roumanie. Le choix du lieu m'avait à l'époque surpris, mais en errant sur une page Facebook nationaliste, j'avais compris que se cachait là une tendance de fond. En effet, pour certains identitaires, le « remplacement ethnique » était devenu si insupportable que l'urgence n'était même plus de se battre pour réaffirmer une forme de « culture blanche » sur le sol français, il fallait au contraire quitter le pays pour aller se réfugier dans un « *white paradise* » d'Europe de l'Est, là où la population autochtone restait encore fortement majoritaire. C'est ainsi que l'illustre Conversano avait pris ses cliques et ses claques et, un beau jour de l'année 2017, était parti s'installer à Bucarest avec sa femme. La « base » du nationalisme français le plus chauvin ne se situait donc pas, comme on aurait pu s'y attendre, dans un terroir breton aux mœurs millénaires, mais dans une ex-démocratie populaire. Tel un de Gaulle, Conversano pensait pouvoir mieux résister aux « envahisseurs » à partir de l'extérieur – à ceci près que personne ne l'aurait mis en prison s'il était resté en France. La lâcheté du personnage, incapable de pratiquer ses propres recommandations de « lutte », m'inspirait un certain mépris. Mais pour Harry, c'était devenu un gourou, qui passait avant ses cours à la fac – auxquels il assistait de moins en moins – et souvent même avant moi. Alors je ne le critiquais pas à haute voix.

J'avais rejoint Harry dans le parc du château de Versailles, dont l'entrée se situait à dix minutes à peine de son appartement. Il avait l'habitude de s'installer tout au bout du bassin, loin des touristes, où l'on se sentait comme à la campagne. Depuis qu'il avait entamé sa transformation physique, Harry n'était plus le métrosexuel de naguère, accroché toute la journée à Netflix et à son téléphone ; il cultivait au contraire un retour aux sources, aux racines, à ce qui selon lui constituait l'essence de la vie proprement humaine. Il ne condamnait pas pour autant le progrès, mais il le mettait soigneusement à distance, pour n'en prélever que ce dont il avait besoin, en rejetant le frivole, l'inutile, le superflu.

« Tu vas vraiment finir par tomber amoureux de ce type ! lui lançai-je en m'asseyant à côté de lui, alors qu'il était en train de lire *Désolé Jean-Pierre* de l'omniprésent Daniel Conversano.

– T'as tort de te foutre de moi, il est dingue, ce bouquin !

– Oh, ça va, je plaisante… Dingue dans quel sens ?

– C'est tellement lol… En fait, le héros pète un câble et se dit que pour apprendre à commettre des actes horribles, il faut d'abord commencer petit, en essayant de tuer un chien !

– Quoi ! Faut que t'arrêtes, chéri, j'suis sérieux ! Ça va mal finir, ces conneries ! À la rigueur, je reconnais que les gars du RN sont sympas, mais Conversano, ça va loin quand même…

– Mais c'est bon, c'est du second degré, c'est juste histoire de te mettre dans la tête d'un mec qui agit vraiment, et qui se contente pas de mater des vidéos YouTube ou de bavasser sans arrêt.

– Tu dis ça pour moi ?

– Nan, faut pas te sentir visé à chaque fois que j'dis un truc, mais c'est vrai que, t'as vu, j'prends des distances par rapport à toute la propagande d'Internet.

– Tu vas encore dessus, pourtant… non ?

– Beaucoup moins qu'avant. En vrai, Daniel a pas mal changé de ligne depuis quelque temps, il veut qu'on agisse dans le concret. C'est pour ça que je fréquente un peu moins la section en ce moment. J'ai l'impression que l'avenir est ailleurs. Dans la réappropriation de l'espace urbain, dans la lutte contre les incivilités, ces trucs-là. Parce que la politique, c'est essentiel, mais la vie quotidienne, avec tous ces rats qui pourrissent notre environnement, c'est encore plus important. Les gens n'en peuvent plus. Ça va forcément péter. Marine arrive trop tard. »

Harry m'expliqua qu'il avait finalement refusé la proposition d'Anselme, mais il restait toujours un membre actif du groupuscule, sans titre particulier. « J'les suis à fond pour tout ce qui est rapprochement avec le RN, mais j'veux garder ma liberté d'agir, d'organiser des projets. Déjà que j'suis fiché S…

– Quoi !

– C'est bon, Nico ! T'enflamme pas ! Tu sais, c'est que dalle, en vrai…

– Euh… faut le dire vite ! C'est juste le point commun de tous les salopards d'islamistes, tes pires ennemis, en théorie, mais si tu le dis !

– Ouais, mais pas seulement, toi qui fais Sciences po, tu sais bien que c'est un gros merdier, ce fichier, t'as des communistes, des *muslims*, des anars… ça veut pas dire pour autant que j'suis sur écoute, t'en fais pas… Je gère. »

Il n'avait encore que dix-huit ans, et il était sur le point de gâcher sa vie.

J'ignorais comment Harry s'était fait ficher, et encore plus comment il avait su qu'il l'était, mais cela confirmait mes craintes. Je le soupçonnais d'avoir eu, et d'avoir toujours, une forme de vie parallèle, car je n'expliquais pas un grand nombre de ses déplacements depuis que nous habitions ensemble. « Je dois passer voir quelqu'un », « J'ai un coup de fil perso à donner », « Faut que j'installe Telegram sur mon iPhone pour être plus tranquille », autant de signes qui m'avaient progressivement fait penser qu'il ne se contentait pas d'avaler la soupe Conversano et de fréquenter des identitaires plus ou moins associés au RN. Il y avait pire, et je n'osais imaginer les contours du trou noir dans lequel mon ex-minet s'était embarqué. On était loin, très loin des Gilets jaunes et même du RN, dont les actions ne semblaient plus vraiment l'intéresser.

Sur le coup de 18 heures, alors que nous étions en train de nous diriger vers la sortie du château, j'hésitai un instant à lui rentrer dans le lard et à menacer clairement de le quitter. Mais l'idée disparut de mon esprit aussi vite qu'elle était venue.

C'était trop tard.

32

Par curiosité, j'avais installé l'application Telegram sur mon iPhone pour pouvoir échanger avec certains leaders natio. La plupart d'entre eux avaient été progressivement bannis des réseaux sociaux traditionnels et les plateformes alternatives avaient pris le relais, en toute discrétion. La propagande empruntait de nouveaux canaux.

J'avais envie d'en savoir plus sur cet univers que je commençais à maîtriser et qui avait lentement converti Harry au nationalisme ultra. Car s'il avait toujours eu, depuis que je le connaissais, des idées franchement à droite, son spectre idéologique était passé en quelques mois du RN à la mouvance suprémaciste la plus dure. Il devait bien y avoir une explication, une cause à cet engrenage.

Moi-même, j'avais beaucoup évolué à son contact, en excluant progressivement tous ceux de mes amis qui n'étaient pas sur la bonne ligne – celle d'un rejet clair de l'islam et de l'immigration. Au départ, j'avais simplement « défriendé » des potes vaguement gauchistes sous la pression d'Harry : « Tu vas me faire le plaisir de dégager ce connard de négationniste de ton réseau, y a quand même des limites. » Et puis j'avais poursuivi l'opération de mon propre chef au fil des semaines, traquant ici un soutien à telle manif contre l'islamophobie, là un tweet qui déplorait le naufrage d'un bateau de migrants au large de l'Italie. Souvent, Harry était derrière mon dos et ne me laissait pas vraiment le choix, mais parfois j'agissais seul, et à chaque censure que je pratiquais, à chaque profil que je bloquais, j'avais l'impression de faire du bien à celui que j'aimais. Alors je me sentais mieux.

En dehors de Simon et surtout de ma mère – qui constituait toujours une sorte de tutelle et même de rempart contre les idées les plus extrêmes –, j'avais fait le vide autour de moi. Et la sensation était des plus agréables. La myriade de théories et de flux YouTube m'enveloppait désormais comme une chaude couverture qui me protégeait contre les attaques extérieures. Dans ce cadre, il n'y avait plus de débats, plus de contradicteurs auxquels répondre, plus de justifications à émettre sans cesse, plus de becs à clouer. Il y avait une lecture du monde, cohérente et close, qui pouvait absolument tout expliquer.

Le doute n'existait plus, car il était impensable de mécroire. Et c'était précisément ça qui fonctionnait. Comme sous l'effet d'une drogue douce, on se sentait protégé, cajolé. Moi qui avais toujours été quelqu'un d'anxieux, j'étais enfin apaisé.

Sans qu'Harry le sache, j'entretenais des échanges réguliers avec plusieurs membres actifs du site Suavelos, qui fonctionnait sur le même mode que l'association d'Alain Soral, Égalité et Réconciliation, en proposant des articles d'analyse de l'actualité. La ligne éditoriale ethnonationaliste ne laissait aucune place à la discussion, et c'était précisément ce que j'aimais. Je commençais vraiment à comprendre pourquoi Harry avait à ce point évolué : ces gens étaient tous particulièrement sympas.

J'échangeais notamment avec un certain Nino, qui avait co-organisé le camp de Roumanie. Il avait vingt-trois ans et faisait des études de médecine à Paris-5. En discutant avec lui, je remarquai que nous avions sans doute des amis communs, période lycée. Il avait grandi au Pecq et me parlait fréquemment de spots qu'il fréquentait dans la banlieue ouest de Paris, où j'étais moi-même souvent allé. Il n'y avait rien de *fake*, ni même d'excessif, chez ce type, qui me rappelait d'ailleurs le métis que j'avais croisé au local du Chesnay quelques mois plus tôt. Un mec jeune, normal, et qui parlait vrai.

C'était aussi un ancien gauchiste, qui avait milité à l'Unef pendant quelque temps, avant que le drame du Bataclan ne vienne chambouler sa vie. Sa sœur et une de ses copines avaient été tuées lors du tragique concert, et depuis, Nino avait tout remis en question, en abandonnant sa prépa HEC pour se lancer dans des études de médecine, et surtout en s'engageant politiquement. Il avait ainsi participé au développement de Suavelos qui, au-delà des enjeux idéologiques que la mini-structure médiatique véhiculait, lui servait de défouloir. En postant quotidiennement des articles sur telle menace islamiste ou tel comportement intégriste relevé dans la presse, il avait l'impression de défendre la mémoire de sa sœur assassinée. On pouvait facilement le comprendre.

Je n'arrivais pas, comme le disait l'expression, à « me mettre à sa place », mais j'essayais, et au fil des jours, je commençais à m'attacher à ce Nino. À lui, et aussi à Paul, avec qui je discutais fréquemment, dont le collègue avait été descendu à une terrasse du 11e arrondissement, le 13 novembre 2015 ; à Sylvie, qui avait perdu plusieurs personnes de son entourage lors de l'attentat de Nice, en 2016 ; à Myriam, dont la mère avait été fauchée le même jour. Ils venaient d'horizons différents, et certains n'avaient pas été touchés aussi directement par les tragédies de l'intégrisme, mais tous partageaient un même ressentiment, un même dégoût pour les islamistes et, par amalgame, pour les étrangers en général. À ces blessés de la vie, dont certains suivaient un traitement psychiatrique, c'était difficile de porter la contradiction. On ne pouvait rien faire contre les sentiments, à part compatir.

Je fus encore davantage troublé par un échange que j'avais eu sur Telegram avec un musulman. Le mec se faisait appeler Miams et entrenait aussi certains liens avec la troupe Suavelos. Sur le terrain des idées, il partageait l'essentiel des théories que je commençais à connaître par cœur au sujet du « remplacisme » et de l'invasion migratoire, et, chose plus étonnante, il était férocement pro-sioniste. J'avais déjà remarqué qu'une partie de la mouvance dissidente avait atténué sa traditionnelle rhétorique antisémite, mais cela restait assez mal vu d'assumer sa judéité dans ces milieux – surtout lorsqu'il y avait, de surcroît, un pro-Palestinien dans le lot.

J'appris que la galaxie identitaire était bien plus complexe que ce que je pensais. Depuis le schisme entre Soral et Conversano, ce dernier avait développé une ligne plutôt prosioniste, que de moins en moins de personnes mettaient en question au sein de la dissidence. Certains natio tels Aldo Sterone ou celui qui se faisait appeler Hassen Occident – tous deux de culture musulmane – avaient ainsi adopté un discours non critique par rapport à Israël, voire parfois favorable. C'était le cas de ce Miams qui, avant même que j'évoque avec lui mes origines, s'était lancé dans une défense radicale du peuple juif qui constituait, selon lui, « un modèle à suivre » en matière de résistance identitaire. Et en visionnant les nombreuses vidéos de tel et tel qu'il m'envoyait à ce sujet, où d'anciens musulmans s'insurgeaient contre l'islamisation de la France tout en faisant l'éloge du peuple élu, je me dévoilais peu à peu à lui.

Les identitaires avaient ceci de commun qu'ils savaient manier les émotions, même celles que l'on croyait profondément ancrées en soi. Tous étaient des blessés de la vie, et la sincérité avec laquelle ces filles et ces mecs se livraient avait quelque chose de bouleversant. Il y avait bien sûr la strate des idées, qui pouvait parfois faire plier un raisonnement que l'on pensait pourtant solide, mais c'était surtout avec les sentiments qu'on était alpagué. J'avais du mal à le croire, et ça me coûtait de le reconnaître, mais ces gens fonctionnaient comme une famille, avec leur logiciel communautaire. Ils étaient radicaux – et donc violents – avec leurs ennemis, mais terriblement doux avec leurs amis et ceux qui montraient, comme moi, des signes de ralliement.

La solidarité s'exprimait entre eux non seulement sur le plan du combat politique, mais également au niveau matériel : Conversano disait lui-même que Suavelos et les diverses plateformes de la mouvance constituaient une sorte de Bon Coin alternatif, où les sympathisants se rendaient des services entre eux. Ici en faisant des ristournes sur un loyer pour un « camarade patriote », là en proposant une offre d'emploi réservée aux « braves » – nom de code des nationalistes. Une fois dans le club, on avait droit à de multiples avantages, qui ne pesaient sans doute pas bien lourd pour un jeune diplômé de grande école, mais qui pouvaient faire toute la différence chez les autres, lesquels restaient largement majoritaires dans le pays. « Si vous avez vingt ou vingt-cinq ans, que vous n'avez pas de meuf, pas de diplôme et pas de taf, venez ! On vous trouvera tout ce qu'il faut, et vous partirez peut-être à Prague ou Budapest pour fonder votre foyer. À moins que vous ne préfériez rester dans votre quartier pourri à vous tirer sur la nouille avec votre minable RSA, avant de choper un cancer à cinquante ans… », clamaient les leaders.

Des millions de jeunes Français pouvaient se reconnaître dans un tel discours. Harry et moi étions, finalement, deux atomes ordinaires.

33

Ma mère nous avait réinvités à déjeuner, et après d'infinies négociations avec Harry, je l'avais convaincu d'accepter. Non qu'il ne veuille pas la revoir, mais il se sentait toujours piteux vis-à-vis d'elle, vu l'esclandre qu'il avait fait quelques semaines auparavant. Sa honte d'homme orgueilleux était encore palpable.

C'était dimanche et nous étions arrivés sur le coup de midi avec une tarte Tatin. Ma mère avait préparé des quenelles de brochet avec une sauce armoricaine orange vif. Et en guise d'entrée, nous avions eu droit à une douzaine d'escargots par personne. Un vrai repas de fête, qui montrait sans qu'il soit besoin de paroles que ma mère avait non seulement accepté ma relation avec Harry, mais aussi ma sexualité. C'était une personne transparente qui n'avait jamais de double discours.

Harry se montra reconnaissant et, comme la fois précédente – avant son brutal coup d'éclat –, il s'entendit particulièrement bien avec son hôtesse. Il s'intéressa notamment aux goûts de ma mère qui, malgré ses moyens qui avaient toujours été limités, savait apprécier les bonnes choses. Elle expliqua à Harry qu'elle privilégiait la qualité sur la quantité en ce qui concernait la nourriture et les produits cosmétiques, et qu'elle préférait acheter des vêtements de marque dans les friperies de Saint-Germain-en-Laye que des « merdes » chez Zara ou H&M. De fait, sa garde-robe était peu garnie mais contenait des pièces des meilleures griffes : Burberry, Chloé, Gérard Darel... Et comme elle prenait grand soin de ses cheveux, elle paraissait bien plus jeune que son âge. L'ensemble était des plus réussis.

« Moi, on m'habillait chez Kiabi, et quand on allait dans le quartier des grands magasins avec ma mère, on restait dehors, devant les vitrines, elle voulait pas qu'on entre aux Galeries Lafayette. Elle voulait pas être tentée », avait confié Harry, envieux non pas de mon milieu, mais plutôt de l'éducation que j'avais reçue. Ma mère le regardait avec empathie, et si elle n'intellectualisait pas tout autant que moi, elle comprenait bien quel type d'univers il avait fréquenté. Elle savait ce que c'était, la pauvreté, elle qui avait vécu à sept dans un deux-pièces lorsqu'elle était môme. C'était encore gravé dans sa peau.

Ma mère avait mis des bougies sur la tarte Tatin pour célébrer mon anniversaire, dont la date exacte tombait quelques jours plus tard. Harry avait chanté de bon cœur avant de me dire, avec son coriace cheveu sur la langue : « Vas-y, souffle ! » Le tableau était parfait et, contrairement à d'habitude, celui que j'avais encore du mal à considérer comme mon « copain » paraissait détendu, et profondément apaisé.

Je me disais que son trajet personnel aurait sans doute été différent s'il avait côtoyé un milieu un peu plus chaleureux lors de son enfance. Un milieu pas simplement plus aisé sur le plan financier, mais plus riche culturellement. Lorsque Harry avait vu la taille de la bibliothèque de ma mère, il était soudain devenu mélancolique.

Nous évoquâmes les événements en cours dans le pays et, contrairement à ce que je craignais, Harry et ma mère avaient des analyses communes. La colère des Gilets jaunes, l'absurdité du projet politique macronien, le scandale des paradis fiscaux, autant de sujets sur lesquels mes deux compères se rejoignaient sincèrement – au moins en apparence. Quant à la question plus glissante de l'immigration, qu'Harry avait introduite avec prudence, elle n'avait pas fait l'objet de polémique. Ma mère déplorait que le RN instrumentalise sans cesse l'enjeu des migrants mais reconnaissait qu'on ne pouvait pas « accueillir toute la misère du monde » et qu'on avait « déjà fait largement notre part ». À un tel aveu, Harry ne pouvait qu'acquiescer. Tout au plus, je sentis une fébrilité sur la question de la liberté de culte, lorsque ma mère déclara qu'il ne fallait pas « faire de surenchère sur le terrorisme » en encourageant l'islamophobie, qui était un vrai problème – même si elle récusait le mot, qui lui semblait confondre le droit au blasphème, lequel devait absolument être défendu, et le racisme. C'était un discours mesuré, mais suffisamment « lucide » aux yeux d'Harry pour qu'il ne quitte pas la table une nouvelle fois. Je pouvais baisser la garde.

Ma mère et lui trouvèrent même un improbable terrain d'entente sur la question de la « communautarisation », qu'Harry voyait comme une solution pour les Blancs, afin de résister aux pressions des intégristes. Il avait en tête l'expérience de ses leaders d'opinion qui étaient partis en Europe de l'Est pour fuir le « multiculturalisme » et fonder un « foyer blanc » – le père Conversano venait d'ailleurs de lancer un étonnant site de coaching, batirunfoyer.com, qui proposait aux nationalistes en mal de filles de partir s'installer en Roumanie ou ailleurs pour y fonder une famille. Ma mère ignorait cette nouvelle tendance mais plusieurs de ses copines avaient fait leur alyah à la suite des attentats de 2015, notamment ceux contre l'Hyper Cacher, et vivaient désormais à Tel-Aviv. Elle savait donc que la fuite était une option sérieusement envisagée par certaines catégories de personnes.

Je m'étonnais que ma mère, qui avait toujours été plutôt centriste, ne réagisse pas davantage à ce que disait Harry. Sans doute ne souhaitait-elle pas créer le trouble, elle qui connaissait désormais le tempérament explosif de l'intéressé.

En les regardant discuter, je réalisai à quel point la France avait été fracturée par des décennies d'immobilisme pour en arriver là. Plus personne ne tolérait personne, et c'était devenu progressivement naturel dans les conversations. « Moi, j'ai vécu jusqu'à vingt ans dans le 93 mais jamais je me verrais y retourner, j'aurais trop peur », disait ma mère entre deux gorgées de rosé. « Moi, tous mes amis étaient rebeus lorsque j'étais au collège, mais après ce que leur communauté m'a fait subir ensuite, je peux plus voir leur gueule, à ces mecs, dans les transports », ajoutait Harry, sous le regard néanmoins perplexe de ma mère. « Mais c'est vrai qu'il y a un problème de l'islam en France, certaines pressions religieuses sont complètement inacceptables » ; « Vous voyez, madame, je suis prêt à reconnaître qu'il y a des immigrés méritants et même brillants, mais ils sont tellement minoritaires ! » ; « Je ne suis pas raciste, néanmoins c'est évident que les Italiens et les Portugais se sont beaucoup mieux intégrés, car il y avait un fonds commun entre nous, sur le plan culturel » ; « Je ne sais pas si Nicolas vous a dit, mais je me suis beaucoup fait agresser par des Arabes quand j'étais ado, mais comme l'école ne voulait pas être accusée de racisme, elle laissait faire » ; « Il faut dire que les juifs ne se sentent plus en sécurité dans certains quartiers, c'est terrible à dire mais c'est la vérité ! » ; « Le Pen n'est sans doute pas la solution, mais elle pointe du doigt les vrais problèmes » ; « Y en a marre aussi du politiquement correct et de tous ces discours culpabilisateurs sur la France ! » ; « Regardez la proportion d'immigrés dans les prisons françaises, les chiffres sont là ! » ; « Et pourtant, j'ai beaucoup d'amies musulmanes à la salle de sport que je fréquente, mais elles-mêmes se plaignent de la pression des intégristes » ; « Il faudrait renvoyer les migrants dans leur… »…

Ainsi allait la France. Et moi, je ne savais plus quelle attitude adopter.

Nous repartîmes sur le coup de 18 heures, après d'interminables au revoir avec ma mère. Harry et elle s'étaient entendus comme larrons en foire, ils avaient même échangé leurs numéros de portable.

« C'est vraiment une femme formidable, j'arrive pas à croire qu'elle ait réussi à se cultiver autant vu le milieu dans lequel elle est née. Moi, mes parents sont tolérants et tout, mais ça regarde *Danse avec les stars* et Nagui toute la journée, tu deviens fou là-dedans… T'as plus ton père, mais n'oublie jamais la chance que t'as d'avoir une mère comme ça ! Et, cerise sur le gâteau, elle est plutôt plus lucide que la moyenne sur les vraies questions ! Putain, que ça fait du bien à entendre ! »

Dans le RER du retour, je me demandai pour la première fois ce que pensait réellement ma mère au sujet de tout ça – pas seulement en ce qui concernait Harry. Avait-elle aussi viré sa cuti ? Jusqu'à cet après-midi, je n'avais jamais entendu de discours virulent de sa part sur le sujet de l'insécurité, de l'islam ou de l'immigration. Elle était bien sûr terrorisée devant son poste de télé à chaque attaque islamiste, comme tout le monde d'ailleurs, et elle s'était plus qu'émue du massacre des journalistes de *Charlie Hebdo* et du drame de l'Hyper Cacher, mais elle savait que le discours du RN ne pouvait apporter qu'un surcroît de chaos – tout du moins, c'est ce que je croyais. La multiplication des tensions communautaires avait doucement fait bouger les lignes idéologiques, y compris chez les centristes et ceux qui se qualifiaient de « progressistes ». Ma mère n'échappait pas au mouvement.

Elle avait dû observer que certaines journalistes féministes dénonçaient les intégrismes musulmans avec beaucoup de hargne, et que les philosophes médiatiques n'y allaient pas non plus avec le dos de la cuillère, lorsqu'il s'agissait de critiquer les instances associatives de « lutte contre l'islamophobie », lesquelles s'amusaient aussi à remettre de l'huile sur le feu en traquant la moindre inégalité de traitement entre les différentes communautés au sein du pays. Cette ambiance anxiogène poussait les gens à se cliver, en les forçant à sortir de leur position de confort – y compris des personnes comme ma mère qui, pourtant, avaient toujours été peu politisées. Chacun était ainsi invité, quand ce n'était pas contraint, à dire le fond de sa pensée, comme s'il était nécessaire d'avoir un avis sur tout : le port du voile ou de la kippa, l'autorisation ou non du retour en France des djihadistes repentis, la construction de mosquées, l'éducation des imams, l'interdiction du halal… C'était la population entière qui devait en permanence se justifier sur des sujets que, bien souvent, elle ne maîtrisait pas.

Moi-même, je ne cessais de m'écharper sur les réseaux sociaux avec d'illustres inconnus qui me sommaient d'avouer ce que je pensais « vraiment » sur tel ou tel dossier. Je n'étais pas un expert, pas plus qu'eux d'ailleurs, mais ce n'était plus admis de rester dans l'indécision. « Il y a un million de musulmans enfermés dans des camps en Chine, ça ne te révolte pas ? » ; « T'es pas indigné par ces deux Scandinaves qui se sont fait assassiner au Maroc par des barbares de Daesh, en décembre dernier ? » ; « Et le sort des Rohingyas, tu t'en bats les couilles ? » ; « Comment ça, tu veux pas me dire pour qui tu votes, et pourquoi ça ? T'as honte ? »…

La France, tout comme une grande partie du monde occidental, était devenue un pays de flics. Chacun étant renvoyé vers sa communauté et ses spécificités identitaires, on se sentait rasséréné en s'affirmant « juif », « catho », « musulman », « gay »… Et c'était un combat de tous les jours pour savoir qui était le plus à plaindre. De fait, tous y allaient de leurs tribunes, publiées dans la complaisante presse généraliste, pour dénoncer tantôt telle injustice, tantôt telle persécution, tantôt telle discrimination. Ce concours infâme que personne n'avait le courage de stopper renforçait chacun dans sa position victimaire, sans qu'à aucun moment le discours universaliste classique reprenne le dessus. Le Parlement entérinait régulièrement des lois pour reconnaître telle souffrance, tel génocide, tel malheur…, sans qu'aucune limite puisse s'y opposer.

Sauf qu'à force d'insister à longueur de journaux télévisés et de débats d'éditorialistes sur ce qui divisait les Français, plus personne n'avait ne serait-ce que l'idée de défendre ce qui pouvait, au-delà de tout, les unir. Tout le monde avait de bonnes raisons de haïr l'autre.

Alors chacun suivait le mouvement et devenait, à sa façon, raciste.

Je ne faisais pas exception.

34

Harry venait de se disputer avec son frère au téléphone. « Putain ! Connard de fonctionnaire de merde ! s'était-il écrié en lançant son téléphone sur le lit.

– Qu'est-ce qu'il y a ? Embrouille de famille ?

– Mais c'est un con, t'as pas compris ! Il vient de m'faire la leçon pendant dix minutes sur le vote FN, enfin RN, et toutes les conneries sur la montée du fascisme, avec les élections européennes. Nan mais allô, quoi ! Quelle angoisse.

– Ah ouais, j'vois le genre, mais il m'avait semblé plutôt modéré là-dessus, quand j'étais allé le voir, non ? J'veux dire, moins caricatural que la moyenne.

– Bah ouais, modéré, c'est le mot, c'est un tocard de centriste, la pire espèce ! En plus, fonctionnaire, il coche toutes les cases…

– J'vois… Ma sœur est un peu dans ce style, j'ai envie de lui donner des beignes, parfois. Un jour, elle nous a fait à table une leçon sur les migrants en prenant exemple sur Jude Law, tu sais, il avait été se faire photographier dans la jungle de Calais y a quelques années. Je lui avais sorti : "Ça te semble pas un poil indécent de prendre 20 millions de dollars par film puis d'aller jouer les bons Samaritains là-bas ?" Mais elle avait insisté, cette conne, et elle avait tapé le scandale en menaçant de se barrer...

– Faudrait lui faire rencontrer mon frère !

– Tellement... »

Nous partîmes au centre commercial Les Quatre Temps sur le coup de 15 heures. Je devais acheter un cadeau pour l'anniversaire de ma mère et je manquais d'idées. « Je vais t'accompagner, ça me sortira, m'avait dit Harry. C'est pas que j'aie une envie pressante de revoir tous ces bougnoules acheter leurs merdes chez Foot Locker, mais le forum Suavelos est en maintenance tout le week-end, toute manière... »

Depuis l'épisode de la ligne 13, je redoutais toujours les trajets en transports avec Harry, et à chaque mec qui se mettait à gueuler sans raison dans la rame, mon cœur palpitait. J'ignorais jusqu'où il était capable d'aller, mais ses convictions s'affirmaient toujours plus chaque jour, autant d'ailleurs que les miennes. Sauf que moi, je savais encore me contrôler, il y avait une sorte de surmoi qui continuait à limiter certains de mes actes, ce n'était pas grand-chose mais c'était suffisant pour m'éviter des dérapages.

Harry était plein d'allégresse et observait son monde avec une jubilation non dissimulée. Il parlait à haute voix, sans gêne aucune, alors que la rame du RER était bondée en ce samedi après-midi : « Ah putain, t'as vu dans *Le Parisien*, Marine est au plus haut dans les sondages ! Si elle pouvait tous les écraser, ces salopards de marcheurs et ces socialistes de mes couilles, ça nous ferait quand même du bien !

– Parle pas si fort, quand même...

– Y a pas de petite victoire ! T'imagines, quand même, Dalida au pouvoir ? »

Personne ne disait rien, mais un gars avec un sweat à capuche me fixait, à l'autre bout du wagon.

« Nan mais honnêtement, Nico, t'imagines ? Bon, là c'est un scrutin de merde, mais si elle donne tout ce qu'elle a, cette idiote à deux neurones est capable d'accéder à l'Élysée !

– Pas faux…

– Oh putain, le pied de nez à tous ces gens, quand même ! J'imagine déjà la gueule de tous ces journaleux avec leurs babines pleines de haine, qui t'expliqueront que c'est le retour du nazisme ! Cette bande d'enculés.

– Tiens, c'est là, faut qu'on descende. »

Nous étions passés chez Zara, puis chez Sephora, et j'avais acheté une eau de parfum Christian Dior pour ma mère – j'avais failli choisir le flacon le plus petit, qui coûtait déjà une blinde, mais Harry avait insisté pour participer. Alors nous avions opté pour le modèle au-dessus. « Faut que tu prennes soin de ta mère, c'est vraiment une brave femme, et elle la ramène pas sans arrêt sur Israël, j'trouve. C'est pas le cas de tous les feujs, faut avouer. »

Les larges couloirs du centre commercial étaient bondés et je n'avais pas envie de m'éterniser. « On rentre ? En plus, y a un nouvel épisode de *Stranger Things* qui sort ce soir, on…

– Attends, j'aurais bien damé un p'tit truc avant de partir, j'ai presque rien bouffé, à midi. »

Je commençais à avoir chaud, et nos déplacements devenaient de plus en plus malaisés, dans ce Quatre

Temps plus consumériste que jamais. Cela avait beau être une période d'élections, la pulsion frénétique de l'acte d'achat n'avait pas diminué d'une fraction. Lorsqu'on ouvrait Google ou Twitter, on était aspergé d'infinis débats sur la « menace » de l'extrême droite et la « tentation obscurantiste », mais dans ce centre commercial au sein duquel toutes les catégories sociales se croisaient pour faire leurs emplettes, tout était pareil qu'avant. Il y avait les mêmes banderoles qui annonçaient les promotions du moment, les mêmes vendeurs qui vous embobinaient pour que vous leur achetiez leurs machins, les mêmes musiques débiles dans les haut-parleurs, la même bouffe à la con dans les sandwicheries et autres restos franchisés. Toute la merde produite par le génie de la civilisation occidentale s'affichait sous nos yeux, et j'avais la sensation que rien n'aurait pu l'ébranler. Sauf, peut-être, un nouvel attentat. À supposer toutefois que celui-ci touche réellement tous ces connards dans leur chair, car lorsque l'événement se déroulait à plus de trois kilomètres de chez eux, les Français continuaient à mener leur petite vie tranquille. Les morts étaient vite dégagés des esprits, et dès que s'ouvrait une nouvelle période de soldes, hop !, ils étaient carrément oubliés.

« J'vais prendre le sandwich poulet-crudités, s'il vous plaît, demanda Harry au vendeur d'une échoppe. Vous n'avez pas au jambon, par hasard ?

– Ah non, malheureusement, je n'ai que poulet ou thon à vous proposer, répondit le gars, un moustachu à l'allure distinguée.

– Mais vous n'en avez plus, ou simplement jamais ? insistai-je en m'approchant du comptoir. »

Harry m'observait sans dire un mot.

« Comment ça ? rétorqua le vendeur.

– Pourtant, je parle français ! Du jambon, du porc quoi, vous n'en avez plus aujourd'hui parce que vous avez tout vendu, ou bien vous n'en vendez jamais ? C'est ça, ma question !

– Ah, pardon, je n'avais pas compris, non, on ne fait pas au jambon, j'suis désolé. Vous prenez thon ou poulet, du coup ?

– Mais pourquoi ? Répondez-moi, on est en France, pourquoi est-ce qu'on ne peut pas trouver un putain de sandwich au jambon ?

– Ne parlez pas si fort, monsieur. Si vous voulez, vous avez un collègue qui en fait, juste de l'autre côté de...

– Mais bordel, y en a marre de ces conneries ! C'est quoi, cette obligation du halal partout ! Est-ce que j'vous oblige à bouffer casher, non ? Bah alors, pourquoi vous nous faites chier avec vos codes à nous imposer partout jusque dans la bouffe ? Z'avez pas assez de quartiers à vous, hein ? Faut encore que vous veniez nous faire chier aux Quatre Temps ! »

Le gars ne savait pas quoi dire. Il n'avait pas précisé pourquoi il ne proposait pas de sandwichs au jambon, et aucun signe « halal » n'était indiqué sur ses pancartes de présentation. Rien n'était ostentatoire, tout était non visible, non évident. Il n'y avait de toute façon aucune obligation de vendre des casse-croûte avec du porc en France. Mais dans un pays où le jambon-beurre est le sandwich le plus populaire de tous, ne pas le proposer était, très vraisemblablement, un choix qui me paraissait insupportable.

Harry commanda finalement un sandwich au thon puis nous partîmes nous installer sur un banc, près d'un McDo. Il était mort de rire.

« J'aurais pas fait mieux ! Si ça continue, tu vas bientôt me dépasser en termes d'extrême-droitisme, ha ha. C'est le métier qui rentre, comme on dit ! Bah dis donc, si on m'avait dit y a six mois que j'aurais pu retourner un bobo de Sciences po, qui plus est un feuj, je l'aurais pas cru ! »

Moi non plus.

35

Les élections européennes firent triompher la liste du Rassemblement national et confirmèrent, en France et ailleurs, la montée des populismes. Les partis de gouvernement maintenaient encore des positions solides, mais ils perdaient du terrain à chaque échéance électorale, en particulier depuis la crise des réfugiés, qui attisait les passions identitaires, et avec le mouvement des Gilets jaunes qui entretenait une brûlante atmosphère de révolte. Ce n'était pas une droitisation généralisée, c'était une lente contamination des esprits, où les hystériques de tous bords s'insultaient sans maîtrise : « Salopes d'immigrationnistes ! » disaient certains. « Fumiers de mondialistes ! » répondaient d'autres. Et au milieu de tout ça, les indécis ne savaient quoi penser. Comme d'habitude, c'est ceux qui hurlaient le plus fort qui étaient entendus. C'est-à-dire les plus extrêmes.

Harry avait pris près de quinze kilos depuis le jour où je l'avais rencontré, quinze kilos de muscles et de radicalité. Depuis peu, nous avions inversé nos positions sexuelles : ce n'était plus moi qui le sodomisais, c'était lui qui m'enculait. Et j'y prenais plus de plaisir encore.

Les cours à Sciences po me gonflaient à un point indicible, sans doute était-ce la conséquence des longues discussions que j'avais avec Harry et qui m'avaient progressivement persuadé que les élites n'avaient pas la clé du problème français. Pire, elles en étaient sans doute la cause première.

J'adhérais progressivement à la plupart des thèses conspirationnistes que mon identitaire de copain m'infligeait sans cesse, à coups de vidéos YouTube et de rencontres dans de sordides sous-sols de banlieue, et à force de côtoyer ces radicaux, j'avais appris à les tolérer, à les accepter, et parfois même à les aimer. Dans ma tête, je n'étais pas en train de retourner ma veste, je faisais preuve d'ouverture d'esprit. La frontière entre le respect de l'opinion contraire et la réelle connivence intellectuelle me paraissait de moins en moins nette. Tout était question d'affect et de situation.

Il m'était devenu à présent presque naturel d'entendre des propos racistes, et même si je ne les cautionnais pas en totalité, je n'avais plus envie de les combattre. Au bout d'une ou même dix paroles anti-Arabes, ou anti-Noirs, on est toujours capable de convoquer Descartes et de rappeler ce qu'est une démonstration cohérente, mais au bout de trois cents diatribes islamophobes, on renonce. On devient lâche, et lentement, on se tait, on détourne le regard, et un jour, après trois coups dans le nez et autant de tapes dans le dos, on finit par collaborer. Je n'étais pas un être exceptionnel.

Le seul point sur lequel j'arrivais encore à conserver une vague autonomie intellectuelle, c'était la question juive. Harry ne venait pas trop me chercher sur ce terrain

– sauf lors des engueulades. Mais en dehors de ce sujet qui entrait en conflit avec ma propre chair, je ne disais plus rien. J'étais devenu comme lui.

Il nous arrivait de passer des après-midi entiers sur le lit de notre petit studio, à regarder d'infinis live YouTube donnés par des personnages sulfureux, qui entretenaient des liens tantôt avec la galaxie soralienne, tantôt avec Conversano ou ses sbires. Durant quatre, cinq, parfois six heures d'affilée, nous restions avachis, à écouter religieusement les observations de tel ou tel au sujet de la « beauté fabuleuse » de la culture française, de la « supériorité incontestable de la race blanche » et du « génie si singulier du mâle alpha ». Et comme l'ensemble était noyé dans des considérations tragiquement banales sur le film *Taxi Driver* ou sur la « fougue prodigieuse » de Napoléon – dont le malheur était d'avoir eu du sang arabe –, notre esprit s'endormait et se laissait bercer par le flot des playlists YouTube. À la fin de la journée, notre état d'apathie ne nous permettait plus de distinguer l'amour de la haine, la critique légitime de la propagande crasse. Il n'y avait que des paroles, des paroles et encore des paroles. Sans filtre aucun.

Le soir, nous prenions une douche, le plus souvent ensemble, et nous niquions, comme pour accentuer encore notre état comateux. C'était sale. C'était mal. C'était bon.

Nous sortions de l'appartement presque exclusivement le soir, pour aller faire les courses ou nous rendre chez un « camarade » identitaire. Depuis le camp, Harry était très favorable à la communautarisation, qu'il voyait comme la seule voie de résistance contre l'envahisseur immigré, mais en pratique, il se repliait sur lui-même et se contentait la plupart du temps d'échanger avec son réseau par messages interposés. « Désolé, on va pas sortir ce soir, les gars, mais une prochaine fois ! » s'excusait-il souvent, pour justifier une annulation de dernière minute. Je n'osais que rarement protester.

Harry utilisait la machine de musculation deux fois par jour, avec des sessions de cinquante minutes minimum. C'était beaucoup pour quelqu'un dont les bras faisaient désormais le double des miens.

Sa transformation physique avait fait de lui un homme de plus en plus désirable, mais s'était accompagnée de troubles, dont certains prenaient une allure inquiétante. Outre ses accès de colère à chaque petite contrariété, il avait depuis quelques semaines des TOC : il vérifiait dix fois de suite que la porte de l'appartement était bien fermée, se touchait obsessionnellement le nez comme s'il avait été en permanence enrhumé, restait parfois des heures durant enfermé dans la salle de bains, et régulièrement, au beau milieu d'une conversation, il s'arrêtait net de parler et émettait une sorte de grognement étrange. Dans ces moments-là, je me précipitais sur lui pour l'entourer de mes bras. La nuit, il se réveillait souvent aux alentours de 4 heures du matin, le dos en sueur, et se mettait à tousser. « J'ai l'impression qu'une bête s'est nichée dans ma gorge », se plaignait-il alors.

Malgré mes demandes répétées, il refusait d'aller voir un médecin. « Je suis plus une mauviette, je suis un mâle alpha, Nico, tu comprends ça ? J'ai pas besoin qu'on me bourre de médicaments. Si j'veux être un leader, j'peux pas me laisser terrasser par une putain d'angine à la con ! »

m'avait-il sorti un matin, alors qu'il avait passé une nuit blanche. Son teint était devenu cadavérique.

Inquiet de ne plus avoir de mes nouvelles, Simon m'avait proposé de venir à Versailles pour « prendre un café » et « faire le point. » C'était le seul ami avec qui je restais encore en contact. Harry ne l'avait jamais rencontré mais, à ce que je lui en avais dit, il ne l'appréciait pas. « Il m'a l'air encore plus atteint que toi en termes de boboïtude, ce tocard ! Même si je reconnais que t'as fait des progrès récemment. Sérieux, tu perds ton temps avec ce gars », m'avait-il lancé.

J'avais donc décidé d'inventer un mensonge pour aller voir Simon tranquillement : « Faut que je consulte l'ophtalmo pour renouveler mon ordonnance. » Puis j'avais quitté l'appartement en quatrième vitesse, en prenant soin d'emporter avec moi ma boîte de lentilles. Mieux valait ne pas éveiller les soupçons.

Je rejoignis Simon à l'autre bout de la ville, non loin de la station Versailles-Chantiers, au Super Wild Coffee.

« Pardon de t'avoir fait attendre, mon train a eu vingt minutes de retard, s'excusa Simon en s'asseyant en face de moi.

– T'inquiète pas, j'ai tout mon temps !

– Eh bien, t'as pas bonne mine, dis-moi. Tu sors jamais de ta tanière ou quoi ?

– Écoute… euh… comment te dire… C'est assez spécial avec Harry, je dois l'avouer, mais c'est vivable.

– Vivable ? Tu cherches une existence vivable ?

– C'est déjà pas mal, non ?

– Disons que je t'ai connu plus ambitieux… T'as choisi ta spécialité pour Sciences po l'année prochaine, au fait ?

– Nan, j'y vais plus trop. J'veux juste passer les exams de fin d'année.

– Quoi ? Ben pourquoi ?

– C'est pas toi qui vas me donner des leçons, t'as bien arrêté HEC !

– Euh, ouais…, mais c'était pour créer une start-up, y avait un projet derrière. Tu veux arrêter pour quoi, en vrai ?

– C'est de la merde, Sciences po… Voir tous ces gauchistes de la rue Saint-Guillaume, merci pour moi. J'ai assez soupé de ce milieu.

– Ah… je vois. Mais rassure-moi, t'es sûr que tout va bien ?

– J'ai jamais été aussi bien. Je me sens lucide sur le monde, maintenant. Beaucoup plus qu'avant. »

L'entrevue fut vite écourtée car je reçus un message d'Harry qui disait : « T'as oublié ta Carte Vitale à l'appart, je vais venir te l'apporter, il est où ton ophtalmo ? »

Paniqué, je m'étais levé d'un coup et j'avais quitté Simon sans même avoir pris le temps de régler l'addition.

« Rien de grave, Nico ? m'avait-il demandé, inquiet.

– Non, t'en fais pas, mais je dois y aller, on se voit bientôt ! J'étais content de te revoir, Simon ! »

J'étais sorti du café et j'avais couru comme un dératé en direction de l'appart.

Vingt minutes plus tard, j'arrivai enfin chez Harry, le souffle coupé.

« Bah t'es con, je t'avais proposé de venir t'apporter ta

Carte Vitale, t'as pas vu mon texto ? me demanda-t-il, alors que j'ouvrais la porte du studio.

– Ah non… j'ai pas vu, désolé… tu me l'as envoyé y a longtemps ? »

Me voyant haleter, il fronça les sourcils et ajouta : « T'as couru ? Pourquoi t'es tout suant comme ça ?

– C'est rien, j'ai juste eu chaud chez l'ophtalmo. Ces foutues pièces sans fenêtre, l'angoisse !

– T'as gardé la même correction, du coup ?

– Quelle correction ?

– Bah avec tes lentilles… T'es con ou quoi !

– Ah oui, pardon, désolé, j'y étais plus… J'ai un peu baissé de l'œil droit, je crois, sinon c'est stable. Pas d'inquiétude.

– Si tu le dis. »

Nous passâmes la fin de journée à regarder pour la énième fois le téléfilm *La Naissance du mal*, qui retrace la vie d'Adolf Hitler, de sa jeunesse d'artiste raté jusqu'à son élection en tant que chancelier en 1933, par la voie démocratique. Je savais qu'Harry n'était pas nazi, mais il nourrissait, comme nombre de ses collègues natio, une fascination tenace pour la Seconde Guerre mondiale.

« C'est pas son idéologie qui m'intéresse, c'est sa stratégie », me disait-il pour me rassurer. Sauf que la forme de la conquête nazie était déjà, en elle-même, gravement problématique. Mais pour Harry, il s'agissait de « faire la part des choses » pour « s'inspirer de toutes les expériences efficaces », et ce, « d'où qu'elles viennent ». À écouter ses analyses, même les terroristes islamistes pouvaient, de son point de vue, fournir des idées d'actions aux suprémacistes blancs. Rien n'était mauvais en soi, tant que les idées de la « cause nationale » progressaient dans le pays.

J'avais beau arguer que le monde qu'il fantasmait serait quand même le premier à rejeter des gens comme nous, il maintenait que la sexualité était une donnée secondaire chez les natio, et que l'essentiel résidait dans « la survie du peuple blanc », lequel était « menacé de toutes parts ». Il avait réponse à tout, et même lorsqu'il était mis face à ses contradictions les plus flagrantes, son discours ne fléchissait pas. C'était un logiciel de pensée automoteur et circulaire. Partant, rien ne pouvait l'enrayer, et surtout pas la logique. J'avais tendance à faire comme lui.

Les rares inflexions doctrinales avaient lieu dans nos moments d'étreinte postcoït, qui s'estompaient d'ailleurs de plus en plus, quand la violence qu'il avait stockée en lui redescendait un instant. « Peut-être que le bobo qui est toujours quelque part en toi a raison, au fond, et qu'on pourrait tous cohabiter sur cette terre », m'avait-il concédé un jour. Mais l'agressivité se régénérait vite, en même temps que ses testicules refabriquaient du sperme neuf.

La haine avait à voir avec les idées, mais surtout avec la biologie. La sienne – et chaque jour un peu plus, la mienne. Nous avions échangé tant de fluides que nos points communs revêtaient désormais une dimension quasi génétique.

Un soir, alors que je remontais le boulevard du Roi, les bras chargés de sacs de courses, j'aperçus une femme voilée qui marchait tranquillement vers moi. « Regardez-moi ça, la Belphégor ! » dis-je assez fort.

La fille était au téléphone et parlait en arabe.

À peine eut-elle le temps de me dépasser que je me retournai dans sa direction et m'exclamai : « Rentre chez toi, connasse ! Et fais au moins l'effort d'apprendre la langue du pays qui paye ta fac et tes frais de santé, grosse pute !

– Je vous demande pardon ? s'écria-t-elle, médusée.

– Ta gueule ! Casse-toi et que j'te recroise pas dans le quartier ! On est chez nous ici ! Va falloir nous passer sur le corps pour continuer de nous coloniser ! »

Ulcérée, la fille s'arrêta un instant pour me regarder ; je ne cessais de la fixer. Après quelques secondes, elle repartit sans demander son reste et tourna dans la première rue à droite.

Des passants avaient observé la scène.

« C'est comme ça qu'il faut les mater, ces gens ! hurlai-je de toutes mes forces. Y a que comme ça qu'ils comprennent. Exactement ce que ces bâtards nous font au quotidien. Œil pour œil, dent pour dent. Vous avez une autre solution ? »

Deux passants me dévisagèrent avec un regard pesant.

Je ne savais plus qui j'étais.

36

« C'est bizarre, ils me mettent "utilisateur inconnu" lorsque j'essaye de me connecter à Netflix, t'as changé le mot de passe ? demandai-je à Harry, qui était en train de faire son sport, dégoulinant de sueur.

– Ah non, c'est normal ! J'ai résilié.

– Bah pourquoi ? C'est con, j'avais pas terminé de regarder la nouvelle saison de *Stranger Things*, c'est que huit balles par mois, j'aurais pu les payer.

– Mais ça n'a rien à voir avec le prix, c'est d'la merde de propagande.

– Netflix ? Pas spécialement, je trouve, on regarde que des fictions, tu trouves vraiment ?

– T'as pas vu le nombre de documentaires sur les migrants et les réfugiés ? T'as qu'à googler. C'est insupportable. Et j'ai vu que ça continuait à en produire, c'est bon, je participe plus à ça, moi.

– J'avoue. T'as raison. Toute façon, j'pourrai toujours les *downloader* en torrent. »

Je m'étais vanté auprès d'Harry de l'épisode avec la femme voilée : « J'te dis pas comment je te l'ai bitchée, la meuf, elle a pas pipé ! Bon, les gens dans la rue me dévisageaient, c'était un peu bizarre, mais il fallait que ça sorte. » Je savais qu'il était fier de moi. Et de mon côté, je n'éprouvais pas le moindre regret. Pour la première fois de mon existence, j'avais la sensation d'être un *bad boy*, moi, le petit chouchou à sa maman, moi, le petit intello qui n'ouvrait jamais sa gueule, moi, le docile étudiant de la rive gauche. C'était galvanisant.

Je n'avais pas eu de nouvelles de Simon depuis notre entrevue, ce qui ne me surprit pas. Mon attitude lui avait sans doute fait peur et, de toute manière, nos points de vue étaient désormais trop éloignés l'un de l'autre pour pouvoir continuer à cohabiter. Je reconnaissais qu'il était bien plus ouvert d'esprit que mes autres amis, mais son parisianisme mondain, qu'il continuait à chérir sans se préoccuper des enjeux politiques du moment, avait quelque chose d'indécent. Je n'avais plus envie de me justifier d'aimer un natio, de partager ma vie avec lui et bien davantage encore. Harry avait sans doute raison au sujet de Simon : il avait toujours méprisé les Gilets jaunes et les mouvements sociaux en général, et même s'il se montrait lui-même critique de l'humanisme universaliste, il ne faisait rien pour le combattre. Tout au plus lisait-il des ouvrages d'intellectuels réacs qui lui donnaient une sorte de supplément d'âme. Son attitude typiquement bourgeoise était quelque chose que j'exécrais.

Je renonçai toutefois, contrairement à ce que j'avais fait pour mes autres amis, à le bloquer sur les réseaux. Je me sentais de plus en plus en phase avec Harry, c'était patent, mais j'avais toujours le besoin de garder un contact avec ma vie d'avant – c'est d'ailleurs pour cette même raison que j'avais prévu de passer les examens de fin de semestre à Sciences po, même si je n'allais presque plus en cours.

Depuis quelques jours, j'avais repris mes discussions sur Telegram et Nino, l'étudiant en médecine de Paris-5, m'avait donné des nouvelles. Il avait mis en place une minicellule natio avec des mecs de sa fac, en vue notamment du concours de l'internat. Je savais que c'était une étape cruciale dans la formation des futurs médecins, puisque c'était à ce moment-là que chacun pouvait, en fonction de son classement, choisir sa spécialité. Bien sûr, mieux on était classé, plus on avait de choix. Nino visait pour sa part la radiologie, car c'était moins chronophage que toutes les autres options, et les salaires étaient élevés. Mais la concurrence était féroce, surtout à Paris-5, qui jouissait d'une excellente réputation, avec, à la clé, les meilleurs postes dans les meilleurs hôpitaux de la capitale. L'enjeu était grand, pour lui et ses potes.

Nino avait donc voulu combiner son combat idéologique avec ses ambitions professionnelles, et avec le minigroupe qu'il avait constitué, il échangeait des tuyaux sur les meilleurs cours à suivre pour obtenir un bon classement au concours. « Tout le monde fait ça », me disait-il. J'étais effectivement bien placé pour savoir que dans les prépas, tous les coups étaient permis pour maximiser les chances de réussite. Le plus souvent, c'était un critère d'argent qui établissait la discrimination : il y avait ceux qui pouvaient se payer des prépas privées, en complément des cours à la fac, et les autres, qui devaient se démerder comme ils pouvaient. Une autre strate plus opaque était celle du capital social : si on avait des parents médecins, ou énarques – selon le concours que l'on visait –, c'était évidemment plus facile d'intégrer certaines formations. Pour quiconque avait préparé un concours sélectif une fois dans sa vie, ces ruptures d'égalité constituaient des secrets de Polichinelle.

Mais Nino visait autre chose. Lui et ses potes natio n'étaient pas friqués et n'avaient pas davantage de relations haut placées dans le secteur hospitalier, alors il avait trouvé une parade : diffuser auprès des autres étudiants de fausses informations pour leur mettre des bâtons dans les roues. Et ces « autres » n'étaient pas tout à fait n'importe qui : les concurrents d'origine immigrée étaient visés en priorité. Nino justifiait ça par un objectif qu'il qualifiait de métapolitique : « Si on laisse les muslims devenir cadres, avocats, médecins, un jour ils seront à la tête de toutes les administrations, par l'effet du nombre. C'est mécanique. Tant qu'ils sont dans les chiottes, à débarrasser nos poubelles ou à conduire nos Uber, ça n'a pas tant de conséquences que ça, mis à part pourrir nos quartiers et notre environnement. Mais une fois qu'ils seront là-haut, au Parlement, au gouvernement, dans les cabinets ministériels, ce sera fini. Ils te passeront discrétos des lois et des décrets pour diffuser leurs saloperies islamiques partout. Sans même qu'on puisse s'y opposer. On dit souvent qu'Hitler est arrivé au pouvoir par la voie démocratique, et c'est exactement ce qu'ils recherchent, ces fumiers. Ils veulent présenter des listes communautaires aux municipales, ils ont des médias à eux, des maisons d'édition complaisantes avec eux, et demain, ils auront un parti à eux. Et crois-moi, Nico, ce sera pas un truc anecdotique style Parti chrétien à la Christine Boutin, ce sera un parti de masse. Ils ont des millions d'électeurs qui attendent que ça. Faut se réveiller. Moi, j'aurai fait mon devoir. »

Mon éthique de bon élève me fit d'abord bondir à la lecture de ses messages. Mais, en les reprenant, je me disais que Nino n'avait peut-être pas tort, dans l'absolu. Certes, la méthode était déloyale, et j'avais tellement été bercé par l'idéal méritocratique républicain que sa tactique me choquait. Je savais néanmoins que tout n'était pas rose dans les combats politiques, surtout lorsque ceux qui les menaient étaient largement minoritaires. Après tout, les bolcheviks avaient pratiqué l'entrisme, fut un temps, et au milieu du XXe siècle, Sartre lui-même avait théorisé la doctrine dite conséquentialiste, selon laquelle « tous les moyens sont bons quand ils sont efficaces ». Pourquoi les natio auraient-ils dû s'imposer des contraintes morales supplémentaires ? Ils faisaient face à des menaces graves, qui supposaient d'employer des moyens exceptionnels. C'est en tout cas ce que je me disais.

J'avais laissé reposer la discussion et, quelques heures plus tard, j'avais repris les échanges, pendant qu'Harry était allé chercher de la viande au Monoprix pour le dîner du soir. Il aurait sans doute été enchanté de l'idée de Nino, mais je préférais éviter de lui parler d'autres mecs. Il était tellement jaloux.

Nino ne m'avait pas raconté tout ça par hasard, et au fil des messages qu'il continuait à m'envoyer, je comprenais qu'il était sur le point de me demander un service. « Tu m'avais dit que tu faisais Sciences po, et comme tu sais sans doute, c'est tout près de Paris-5, alors j'aimerais juste que tu me files un petit coup de main, à l'occasion. En gros, y a des polys qui tournent dans la promo, et souvent t'as des étudiants qui viennent en cours les distribuer, un peu comme ça, sans cadre formel, c'est parfois des feuillets sur un point spécifique du programme, parfois des choses plus générales. Bref, et donc l'idée, c'est de donner des polys trafiqués à un groupe de muslims qui se réunissent souvent pour bosser, je te filerai les informations précises le moment venu. Parce que le but évidemment, c'est pas de mettre des bâtons dans les roues aux autres, on veut juste cibler ces connards… Moi, je l'aurais bien fait, et les autres gars du groupe natio aussi, mais on est connus là-bas, et pas en bien, si tu vois ce que je veux dire… Donc il nous faut quelqu'un de neutre, qui soit jeune et surtout en qui on ait une confiance totale. Car t'imagines, si on se fait balancer, on pourrait se prendre de la taule. Donc j'ai pensé à toi. C'est l'histoire de deux ou trois coups, sur des points importants du programme. Je te communiquerai le moment précis où ils se réunissent. T'arrives, tu fais mine qu'y a un super poly sur un point, tu donnes les feuillets et tu te casses. Si tu joues bien la comédie, ça passera crème. Évidemment, on alternera en donnant des bons polys entre d'autres qu'on aura trafiqués, pour pas se faire griller. Toi, ils connaissent pas ta gueule, ni l'administration de la fac, donc y a aucun risque, de toute façon. Ce serait une super démarche pour notre cause. »

J'avais accepté.

Harry était revenu les bras chargés de sacs de courses. « J'ai pris le stock de viande, comme ça on fout tout au congélo et on aura plus besoin de ressortir aussi souvent. »

Ses TOC n'avaient pas diminué : alors qu'il rangeait toute la barbaque dans le frigo, il n'arrêtait pas de bouger le nez et de cligner des yeux. Son état m'inquiétait, mais il était toujours maladivement beau.

« T'as fait quoi, toi ? me demanda-t-il en frappant la glace du congélo avec un couteau à huître brutalement.

– Bah écoute, j'ai… j'ai regardé des vidéos, en fait.

– T'as vu pour Tepa ?

– Quoi ? Le YouTubeur ?

– Ouais, il est malade. Cancer du côlon, j'crois.

– Ah, c'est moche… Il est tellement attachant, ce type.

– C'est clair… Bon, t'as vu, c'est un métis, mais bizarrement ça m'a jamais dérangé, il est patriote et tout, et intransigeant sur la question de l'immigration, s'ils pouvaient tous être comme ça, putain. Pourvu qu'il claque pas. » Harry continuait à briser la glace avec des gestes violents, lâchant régulièrement des « Ah ! Saloperie de congélo ».

En l'observant s'acharner avec son couteau sur ces morceaux de givre qui s'étaient accumulés dans le compartiment congélation, je l'imaginais frapper dans de la chair humaine : des bras, des cuisses, des dos, des ventres. Bien sûr, je le savais incapable de ça, lui qui, du haut de ses dix-huit ans, n'aurait pas fait le poids face à des colosses de cité, malgré l'entraînement physique qu'il pratiquait sur sa machine. Mais chaque jour, il devenait plus confiant, plus déterminé, plus violent.

37

Nous vivions avec Harry dans un endroit si fermé et avec un mode de vie si répétitif que je ne savais plus où j'étais dès que je me trouvais à l'extérieur de l'appartement. C'était pourtant le début de la belle saison, et l'environnement versaillais était des plus attractifs, mais dehors, je me sentais perdu.

Tout me terrifiait, du simple vélo qui me passait devant à cinq kilomètres-heure au caniche tenu en laisse qui me semblait avoir les crocs d'un pitbull. Je devenais paranoïaque, et lorsque la boulangère avait le malheur de se tromper d'un centime sur la monnaie qu'elle devait me rendre, je me sentais atteint dans ma dignité. Parfois, sans raison véritable, je hurlais sur les gens.

À la maison, je ne buvais presque plus d'alcool, car Harry n'en voulait pas – il considérait que cela faisait partie des méfaits du monde occidental destinés à nous abrutir pour mieux nous soumettre au système. J'étais pourtant un grand amateur de vin et de liqueurs, mais j'y avais renoncé sans discuter. De toute façon, je me sentais déjà stone par la quantité astronomique de vidéos qu'on s'envoyait du soir au matin, et du matin au soir. Contrairement à la télé ou la radio, il n'y avait pas d'horaires sur YouTube, on pouvait donc se lancer dans une vidéo de deux heures en pleine nuit, ou à 6 heures du matin, puis se rendormir. Internet était dépourvu de toute structure temporelle ; partant, c'était un instrument de déstructuration cérébrale.

Les journées passaient comme l'eau dans une rivière, sans qu'il soit possible de déterminer le début, le milieu, l'heure du repas, du travail, de la douche. On était devenus sales avec Harry. Même lorsque nous sortions, nous utilisions du shampoing sec pour ne pas avoir à nous laver la tête. Nos bites étaient crades, le sperme des baises s'accumulait sur nos glands et nos anus. La gardienne de l'immeuble, qui nous avait vus un soir les vêtements dégueulasses et dégageant une odeur de mort, avait menacé d'appeler les services d'hygiène. Nous avions ri, et le soir même nous nous étions livrés à des expériences urophiliques, par curiosité et aussi par goût de la transgression.

Notre quotidien pouvait sembler bizarre aux yeux des gens normaux, mais je les avais toujours détestés, ces gens. Alors je prenais un malin plaisir à vivre l'expérience jusqu'au bout. Les fous, c'était les autres.

Nous ne supportions plus le silence, les playlists YouTube tournaient de plus en plus souvent la nuit, en bruit de fond, comme pour nous donner en permanence notre dose de « pensée radicale » et de « réinformation ». On se contentait d'entendre – même pas d'écouter, simplement d'entendre – le bruit de ce qu'Harry continuait d'appeler « la révolte ». Je me demandais parfois s'il ne s'agissait pas plutôt d'une sorte d'infinie plainte sur la condition de l'homme occidental, mais ça ne faisait de toute façon pas beaucoup de différence.

Je recouvrais parfois la conscience lorsque je me penchais sur mes révisions d'examens, les enseignements de jurisprudence administrative ayant la faculté de remettre l'esprit illico presto dans une sorte de canal bien banalisé, mais ça ne durait pas longtemps. Au bout de deux heures au maximum, Harry foutait mon classeur par terre et venait me sucer, quand il ne m'imposait pas une brutale sodomie.

C'était d'ailleurs devenu quelqu'un de peu aimable. Lorsqu'il n'aboyait pas au téléphone sur telle ou telle administration, il me mettait des beignes, parfois sans raison. Un soir, parce que j'avais oublié de lui acheter ses céréales, il avait pris un coup de sang et m'avait jeté au sol, avant de me donner des coups de pied et de genou.

Heureusement, il y avait des moments d'apaisement, lorsque son objet de fantasme Conversano apparaissait à l'écran, pour un live ou une vidéo *Vive l'Europe*, l'émission de célébration du génie occidental que produisait le suprémaciste. Harry redevenait alors un être presque sympathique, et moi, je sortais de ma soumission – pour quelques heures seulement.

« Ah ! T'as vu comme il est beau aujourd'hui ! Avec sa petite barbe et ses cheveux bouclés ! » Harry était subjugué dans ces moments-là et retrouvait presque goût à la vie. « On va partir en Roumanie, nous aussi ! Tu verras, on fera comme lui, on créera une communauté et on reconquerra les territoires perdus en rentrant en France. Ça va être tellement excitant, ma gueule ! »

Je n'y croyais pas vraiment, mais il avait besoin de ça pour tenir, pour garder l'énergie qui lui manquait, ça pour diminuer ses TOC, pour arrêter de me frapper sans arrêt, pour recommencer à se laver, pour réapprendre à être une personne normale et sociable, pour revoir ses parents, son frère, il avait besoin de ça pour ne pas pleurer et ne pas rester emmuré dans son putain d'appart dans lequel il m'avait jeté et enfermé, il avait besoin de ça tout le temps, tous les jours, pour pouvoir dormir quelques heures, comme le camé qu'il était, pour comprendre le monde, le « déchiffrer », comme il disait, et « ne pas se soumettre », il ne pouvait plus s'en passer, de ces vidéos, de ces types bargeots qui nous endoctrinaient en streaming, il ne pouvait plus s'en passer, et moi non plus, de ces playlists, de ces podcasts, de ces obsessions digitales, on ne pouvait plus vivre sans ces Conversano, ces Tepa, ces Teddyboy, ces Papacito et ces Soral, on ne pouvait plus avancer sans ces tarés, ces « dissidents », ces antisémites, ces racistes qui avaient l'air si sympas, on pouvait plus souffrir notre vie de merde sans ces mecs cool complètement perchés, mais pas davantage que nous, on allait crever, bordel, si on se tapait pas encore ces live, ces tweets, ces stories et ces snaps, on allait pas pouvoir tenir, si on n'avait plus de réserve du Raptor et de Dieudonné, de Mercado et de Jean Robin, on allait vraiment se décomposer, sans eux, sans nos sauveurs immondes qui m'auraient collé à Auschwitz et Harry au fond d'un lac, on était sur le point de disparaître, avec eux, sans eux, mais il nous en fallait plus encore.

Daniel Conversano avait donné rendez-vous à ses milliers de followers à 20 heures précises sur sa chaîne

YouTube, qui avait d'ailleurs été rebaptisée « Serge Didier » après une violation des règles d'utilisation du réseau. Ma semaine d'examens commençait le lendemain mais Harry ne m'avait pas vraiment laissé le choix de regarder ou pas : il était inconcevable de manquer le live de son mentor suprémaciste.

Le sulfureux YouTubeur avait déjà vingt minutes de retard, et j'espérais que le programme soit annulé pour une raison ou une autre. « Putain, prions pour qu'il ne lui soit rien arrivé ! » avait lancé Harry entre deux Pringles goût oignon. C'était son festival de Cannes à lui.

20 h 35, « Danny » arriva enfin à l'écran, avec comme décor ce qui ressemblait à une chambre d'hôtel premier prix. Le dispositif était sommaire mais, depuis que la cagnotte Tipeee du leader avait atteint près de mille euros mensuels – alimentée par sa puissante fanbase –, l'équipement avait gagné en professionnalisme. Un technicien était présent pour s'assurer du bon rendu image et son, et pour faire remonter les nombreuses questions que les internautes postaient en commentaire au fur et à mesure du déroulement du live.

Conversano commença par rappeler à quel point les suprémacistes étaient boycottés par les réseaux sociaux, sa propre page Facebook ayant été peu de temps auparavant supprimée ainsi que son profil Instagram. La « censure » concernait aussi l'activité de sa maison d'édition, puisque son compte Paypal avait également été suspendu dans la foulée. Un article paru dans *Le Monde* avait semble-t-il mis le feu aux poudres, en exposant au public le « système » du leader qui revêtait une dimension ouvertement raciste et, par conséquent, contraire au droit.

« T'as vu ces enculés de collabos ! Ils nous empêchent carrément de parler des migrants, maintenant ! On va tous être obligés de s'extasier devant ces Érythréens qui vont pourrir un peu plus nos banlieues ! » s'était écrié Harry, manquant de renverser sa canette de Coca sur mon jogging.

Danny avait cependant d'autres cordes à son arc, qu'il révélait d'ailleurs imprudemment devant la caméra : un compte Telegram, sur lequel il relayait ses réflexions, y compris les plus « pamphlétaires » ; une page BitChute – un équivalent bas de gamme de YouTube –, qui repostait chacune de ses vidéos, notamment celles qui avaient été censurées par les plateformes plus traditionnelles ; un profil VK – un réseau social russe controversé – ; et un site Internet librement accessible, sur lequel on pouvait se procurer directement ses livres et, le plus important, « faire des dons ».

La deuxième partie du live fut consacrée à une improbable et difficilement crédible agression dont le YouTubeur aurait été victime à Marseille, à l'issue d'une conférence. Deux Maghrébins se seraient rués sur Conversano alors qu'il sortait d'une voiture et l'auraient roué de coups en utilisant des pierres. L'attaque, qui était censée avoir eu lieu à peine quelques jours plus tôt, ne lui avait cependant laissé aucune trace visible sur le visage.

« Tu trouves pas ça bizarre quand même ? Le mec se fait tabasser par deux gars et il a seulement un petit œil au beurre noir ? m'étonnai-je.

– Bah et alors ? Peut-être qu'il a des marques partout sur le corps, on peut pas voir à l'écran, c'est tout. »

Selon Danny, l'attaque aurait été fomentée par son

ennemi juré, l'ignoble Alain Soral, qui apparemment n'avait pas apprécié d'être traité d'homosexuel par le jeune polémiste. L'un des Maghrébins aurait en effet dit à Conversano, après l'avoir menacé de mort : « Alors, c'est qui le pédé maintenant ? » Dans la dissidence, être qualifié d'homosexuel demeurait encore l'insulte suprême. Ça ne volait pas toujours très haut chez les théoriciens du grand remplacement. Après des dizaines de milliers d'euros récoltés, un camp d'entraînement paramilitaire et des centaines d'heures de conférences sur le sexe des anges européens, on en était encore à se demander qui était pédé et qui ne l'était pas. Il faut dire que, comme Harry me l'avait immédiatement rappelé, c'était « Soral qui avait commencé en traitant Daniel de proxénète ! ». Ce petit jeu puéril rappelait les enfantillages qu'il y avait régulièrement dans le milieu du rap, entre Booba et Kaaris, notamment. Cela leur faisait un point commun.

La dernière partie de la vidéo était plus amusante, Daniel racontant, cette fois-ci avec davantage de crédibilité, le contrôle douanier auquel il avait été soumis à la frontière autrichienne. Il se rendait à Paris en bus et, puisqu'il était fiché S, les autorités françaises avaient alerté la police locale pour un contrôle impromptu. Danny avait dû non seulement suivre les flics mais aussi se déshabiller intégralement devant eux, l'un des agents étant allé jusqu'à lui demander de soulever son pénis pour vérifier qu'il n'y avait rien de caché entre ses couilles, puis carrément de se décalotter. La description minutieuse du contrôle était surnaturelle : « Les passagers du bus me dévisageaient car le rideau du bureau n'avait volontairement pas été descendu, ils devaient me prendre pour un terroriste ! Tout le monde a vu ma bite et j'ai dû me mettre à quatre pattes ! » Quels que soient l'horreur du personnage de Conversano et son caractère assez malsain, l'opération paraissait totalement disproportionnée et dénotait une volonté d'humilier l'homme. Malgré tout ce que je pouvais reprocher à ce type, j'étais gêné. Quant à Harry, il ne tenait plus en place.

« T'imagines les moyens que ces fils de putes mettent en œuvre pour un gars aussi inoffensif que lui ! Putain de sa race, il est père de famille ! Comme s'il allait transporter avec lui des bazookas ! Et pendant ce temps les islamistes se baladent comme ils veulent à la préfecture de police ! »

Je n'avais rien à redire.

Au fil de la vidéo, qui durait déjà depuis quatre heures, je comprenais la nature du lien qui s'était établi entre Conversano et ses followers. En fournissant autant de détails personnels et intimes, le YouTubeur sortait de la pure propagande pour entrer dans le registre de la séduction amicale. Tout un chacun pouvait, à un moment donné, rejeter un discours ouvertement raciste en raison de son caractère irrationnel ou absurde, mais il était bien plus difficile de renier un sentiment, surtout lorsqu'il était évoqué avec sincérité. C'est parce que les live entretenaient une grande porosité entre l'idéologie et l'affect qu'ils fonctionnaient aussi bien. Contrairement aux vidéos professionnelles, qui étaient montées et étalonnées, ces formats ultraréalistes faisaient entrer les spectateurs dans l'immédiateté d'une parole. Dès lors, on était enclin à la croire, d'autant que, contrairement à une conversation dans l'IRL, il n'y avait pas de vrais contradicteurs – même si les internautes pouvaient commenter les propos en direct. Comment résister à un discours de ce genre ? La mise en scène était patente, d'autant que le live mentionnait sans cesse à quel point il était important de « faire des dons », « faire des dons », « faire des dons », mais elle était enrobée de telle manière qu'elle était acceptée par la masse. Il y avait bien des personnes dubitatives ici et là, qui critiquaient notamment le fait qu'elles devaient donner de l'argent pour que leur question soit mentionnée en direct, mais la plupart n'avaient rien à objecter. Pas même moi. « Merci à Alex, qui a donné 10 euros et qui voudrait savoir… » ; « Merci à Paul pour 15 euros et qui demande à Daniel si… »

C'était ça, un live YouTube de dissident.

L'émission enfin terminée, je pris quelques minutes pour relire des cours avant mes examens du lendemain. Harry était en train de se brosser les dents et n'avait aucun respect pour le travail que j'essayais de fournir : « Tu vas pas aller au bout de ces études, toute façon, alors arrête de te faire chier comme ça, tu m'fais de la peine. Qu'est-ce que tu feras avec ton beau diplôme, hein ? T'intégreras une cellule à la con pour réfléchir sur l'intégration de centaines de milliers d'Arabes à la société française ? Je vois bien le tableau. Rentre pas dans ces conneries, c'est une perte de temps. T'as déjà assez collaboré. »

Je n'avais pas de grands espoirs pour le lendemain. Depuis plusieurs jours, Harry avait tout fait pour m'empêcher de réviser et, surtout, pour me décourager. Ce n'était pas tant le fait que je mène des études qui l'ennuyait, c'était Sciences po, le problème. Il avait beau venir du Nord et fréquenter peu de gens issus des grandes écoles, il connaissait l'aura de cette institution et n'était pas sans savoir que la plupart de ceux qu'il appelait les « immigrationnistes » en venaient – de près ou de loin. Je percevais aussi une once de jalousie, que je retrouvais d'ailleurs chez la plupart des natio et autres dissidents que nous fréquentions. Beaucoup d'entre eux étaient avant tout des gens assez médiocres sur le plan scolaire, même s'ils l'admettaient rarement ; la réussite leur était étrangère. Partant, tout ce qui était associé au « succès » apparaissait comme suspect à leurs yeux : « c'est une pute du système », « un enculé de sioniste », « un traître de gaucho ». Mieux valait être un raté, chez les dissidents, pour ne pas susciter la suspicion.

Alors que j'étais sur le point d'éteindre la lumière pour enfin aller dormir, je reçus sur Twitter une notification concernant un incident qui s'était produit près d'une mosquée, dans le sud de la France, quelques heures auparavant. Un homme avait ouvert le feu sur des fidèles pour venger « les crimes des attentats » et avait fait plusieurs victimes. Il n'y avait toutefois aucun mort à déplorer. J'étais surpris par cette information, car à ma connaissance, il n'y avait jamais eu d'attaque armée contre des musulmans dans la période récente. Les actes islamophobes se multipliaient depuis plusieurs années mais se limitaient le plus souvent à des insultes ou des provocations à caractère raciste. Pour la première fois, ce que les identitaires qualifiaient déjà de « riposte », voire de « légitime défense », avait visé des personnes en raison de leur appartenance à l'islam. Le terrorisme n'était plus l'apanage des seuls djihadistes.

Il y avait pour le moment peu d'informations sur le profil de l'agresseur, mais ce n'était pas un déséquilibré.

Il semblait plutôt correspondre à l'archétype du suprémaciste blanc, ouvertement raciste et convaincu de la nature intrinsèquement diabolique de la religion d'Allah.

Harry, qui regardait mon fil Twitter par-dessus mon épaule, n'avait montré aucune émotion. Il m'écoutait commenter ce que je lisais et ne bougeait pas d'un cheveu, lui qui habituellement ne tenait pas en place.

« On y est, on va vers une partition, c'est flippant, dis-je d'un air terrifié.

– C'est tout ce que j'attends. »

38

Malgré ma nausée, la matinée d'examens s'était plutôt bien passée ; en culture générale, j'étais tombé sur un sujet lié à la notion de résistance à l'oppression, et en économie, il nous avait fallu commenter une citation de Marx à propos de la décroissance de la productivité du capital. L'après-midi s'annonçait plus corsé, avec deux matières que je n'avais pas du tout eu le temps de travailler : droit administratif et finances publiques. Je m'attendais au pire. Mais je n'étais pas mécontent de sortir quelques heures du huis clos dans lequel j'évoluais avec Harry depuis de longues semaines. J'avais l'impression agréable de retrouver une situation normale.

Pendant la pause déjeuner, j'étais parti m'installer dans un café proche du métro Porte-de-Charenton – pour des raisons de place, les épreuves n'avaient exceptionnellement pas lieu dans les locaux de Science Po mais dans un centre d'examens idoine. L'avantage, c'était que les prix des restos y étaient nettement plus abordables qu'à Saint-Germain-des-Prés. Cela faisait bien longtemps que le Quartier latin avait chassé de son périmètre les gens comme moi, étudiants de la classe moyenne. Mais à

Sciences po, c'était mal vu de le dire ; la mauvaise foi de ce microcosme n'avait pas changé, depuis que je m'en étais extrait.

Je n'avais pas eu de nouvelles d'Harry depuis le matin. D'habitude, lorsque je n'étais pas à la maison, il m'envoyait toujours des petits mots, un peu pour savoir comment j'allais, un peu pour me fliquer. Mais là, rien. Et il n'avait pas davantage répondu aux deux textos que je lui avais écrits, le premier vers 8 heures 15, et le second à 10 h 45. C'était franchement inhabituel.

Je profitai néanmoins de ma pause déjeuner pour réviser des fiches qu'une amie m'avait photocopiées afin que je limite la casse aux examens. J'avais un esprit vif, mais pas au point de pouvoir ingurgiter deux mois et demi de cours en l'espace de cinquante minutes. Pourtant, je ne m'inquiétais pas outre mesure ; je savais que les matières se compensaient entre elles et je n'ignorais pas que le redoublement restait autorisé à l'Institut d'études politiques – même s'il était exceptionnel et hautement déshonorant. Ma rencontre avec Harry avait déstructuré toute mon année académique.

L'épreuve suivante – droit administratif – fut un échec cuisant, l'improvisation s'avérant particulièrement hasardeuse en matière de « conditions d'appréciation d'un fait du Prince ». Mais, contre toute attente, j'avais plutôt bien réussi l'examen de finances publiques, grâce aux précieuses fiches du déjeuner.

« Jeunes gens, veuillez rester assis pendant que les surveillants ramassent vos copies, s'il vous plaît. Est-ce que tout le monde a rendu son travail ? Oui ? Levez la main ceux qui n'ont pas encore remis leurs feuilles. C'est bon ?

Oui ? Vous pouvez partir, bonne soirée à tous », lança l'appariteur, alors qu'un intense brouhaha commençait déjà à s'élever dans la salle.

Je profitai de la queue qui s'était formée devant les portes de sortie pour rallumer mon portable. Toujours aucune nouvelle d'Harry.

« Vous avez vu, y a encore eu un drame à... », entendis-je derrière moi de façon peu perceptible.

Je me retournai d'un coup et me mis à chercher qui venait de dire ça.

« Il s'est passé quoi ? hurlai-je.

– Y a eu une attaque au couteau dans les Yvelines, à Versailles, je crois.

– Laissez-moi passer ! Putain, poussez-vous ! Il faut que je passe ! » dis-je en bousculant tout le monde devant moi.

Je me fis insulter par certains, mais je m'obstinai à pousser, ignorant les réactions des uns et des autres ; il fallait seulement que je sorte. Urgemment.

Un surveillant me vit m'agiter dans la foule et me demanda de me calmer.

« Ferme ta gueule, toi ! Rends-toi utile et ouvre-moi un passage ! » lui répliquai-je.

Les insultes continuaient à fuser, au fur et à mesure que mon corps se tendait. Je n'allais bientôt plus pouvoir avancer, tant mes jambes ne me soutenaient plus.

Au bout de deux interminables minutes, je sortis enfin à l'air libre. J'avançai de quelques mètres sur le trottoir, mais à peine eus-je le temps de m'emparer de mon téléphone pour appeler Harry qu'un bras m'agrippa par le cou.

Je criai.

« Bah t'excite pas comme ça ! Ce n'est que moi ! » s'exclama une voix familière. C'était Harry.

« Putain !!! Mais tu m'as fait tellement peur, laisse tomber !

– Bah je vois ça ! Faut pas te mettre dans des états comme ça, hein ! plaisanta-t-il en m'embrassant sur le front.

– Non mais tu t'rends pas compte, j'ai grave flippé avec l'attaque au couteau qu'il y a eu à Versailles ! Mais qu'est-ce que tu fais là, d'ailleurs ? m'étonnai-je, alors que nous commencions à nous éloigner du centre d'examens.

– À ton avis ? J'voulais te faire la surprise ! J'ai quand même bien le droit d'aller voir mon copain !

– Mais comment tu savais que ça avait lieu là, mes exams ?

– J'ai juste vu traîner ta convocation, *don't panic* !

– Je suis tellement soulagé, t'imagines pas ! »

Nous descendîmes une petite rue calme, à l'opposé du flot des étudiants de Sciences po qui se dirigeaient vers la station Porte-de-Charenton. Harry me raconta qu'il voulait repartir dans un camp, l'été suivant, pour parfaire sa connaissance du milieu et se préparer à « la suite ». Il voulait même que j'y participe, mais je n'avais pas la tête à lui répondre après la journée d'examens que je venais de me taper. Et j'étais quelque peu lassé de tout ça. J'avais plutôt envie de passer un été normal, à faire des activités normales, avec des personnes normales. Au fond, je n'étais sans doute pas fait pour une vie militante que, d'ailleurs, je n'avais jamais choisi d'avoir.

Nous nous installâmes à la terrasse d'un charmant établissement situé à quelques dizaines de mètres de l'appartement de ma grand-mère maternelle. Le 12e était un arrondissement très agréable de Paris, encore assez populaire et au multiculturalisme réussi. « Tu vois, j'aime vraiment ce quartier, t'as une ambiance sympa, des cathos, des feujs, des tos, des rebeus, et ça cohabite très bien, dis-je, alors que la serveuse nous apportait deux cafés allongés.

– Ah ! Toi et ton foutu cosmopolitisme ! T'en es encore là ! Tu t'arrêteras donc jamais ! me lança Harry en esquissant un sourire moqueur.

– Il s'est passé quoi, du coup, à Versailles, sinon ? J'ai pas bien compris. Une attaque au couteau ?

– Ouais… encore une, ça devient tellement banal…

– C'est chaud, quand même… Et qui a fait ça, en fait ?

– À ton avis ? Est-ce que les Blancs font des attaques au couteau ? Non. Donc c'est pareil que d'habitude.

– Un terroriste, tu veux dire ?

– Appelle un chat un chat, chéri. Faut pas mettre la poussière sous le tapis : un islamiste ! Pas un vague mec déséquilibré qui sortait d'une dépression, un islamiste !

– Parle pas si fort…

– Oh, ça va, si on peut plus parler dans notre propre pays ! Déjà que les publications de tous mes potes natio se font sans arrêt censurer de YouTube, y en a marre aussi ! »

Harry m'expliqua que, l'après-midi, il avait vu sur Internet une vidéo de Richard Gere sur un bateau de migrants au large de l'Italie. L'acteur dénonçait les politiques européennes restrictives en matière d'immigration et voulait sensibiliser l'opinion publique sur le sujet, semble-t-il. Avec beaucoup de maladresse.

« Quand je vois des enculés comme ça, qui sont milliardaires et qui viennent à la télé donner des leçons aux pauvres gens déclassés en les insultant, pour leur expliquer qu'ils n'accueillent pas assez de migrants, j'ai des envies d'assassinat ! s'énerva Harry.

– Ouais, faut pas exagérer… même si je reconnais que la méthode est pas très maligne, c'est clair que ça braque les gens de faire ça.

– Surtout que le type est même pas européen ! Tu m'expliques quelle est la légitimité de ce connard en la matière ? En plus, on l'aurait vu quelques jours plus tard sur un yacht, en compagnie d'un groupe de jeunes nanas en maillot de bain, tu vois le genre !

– Ah bon ?

– Mais ouais ! Ces types-là n'ont aucune limite ! Ils donnent des leçons à des smicards pendant qu'ils sirotent du champagne à deux cents balles entourés de prostituées ! Ça me dégoûte tellement, t'imagines pas à quel point… Quand je pense que nous, lors des manifs des Gilets jaunes, on nous envoyait du gaz dans la gueule ! Avec certains qu'ont carrément perdu un œil alors qu'ils faisaient que défendre leur pouvoir d'achat ! Nique leur mère, à ces fils de putes, j'en peux plus de ce monde, en ce moment, j'te jure… »

Nous commandâmes deux autres cafés allongés ; j'avais l'impression qu'Harry avait besoin de parler. Et cela me semblait être une bonne chose. J'entendais beaucoup de paroles excessives, mais il valait mieux qu'elles sortent, plutôt qu'elles restent bloquées entre les quatre murs de l'appartement.

« Si tu veux, on va dîner chez ma mère ce soir, proposai-je. Ça nous sortira. En plus, ça fait longtemps qu'on n'est pas allés la voir. Elle qui t'adore !

– Pourquoi pas.

– Surtout que c'est direct pour aller chez elle, depuis gare de Lyon.

– Ok, dans ce cas… Mais au fait, Nico… pourquoi tu m'as dit que t'avais eu peur tout à l'heure, quand j'suis venu te chercher au centre d'examens ? C'est juste moi qui t'ai fait peur, parce que tu t'attendais pas à me voir, j'ai pas compris ?

– Ouais, c'est toi qui m'as surpris, mais c'était l'attaque au couteau de Versailles, surtout !

– Ah oui… mais tu croyais que je pouvais être la victime, c'est ça ?

– Bah ouais ! La victime, ou même l'auteur, j'en sais rien ! dis-je imprudemment.

– Quoi ! Mais ça va pas !

– Bah non, je sais bien que t'es pas un criminel, mais avec tout ce qui se passe, on pète tous des câbles dans cette époque de merde ! Et t'as quand même l'air particulièrement remonté, en ce moment…

– T'en fais pas, je sais encore me maîtriser… Et puis c'est pas aux musulmans que j'en veux, tu sais ! Je les déteste, mais ils viennent pas en Europe par l'opération du Saint-Esprit. C'est à ceux qui les font venir que j'en veux ! Et à ceux qui théorisent tout ça. »

Nous partîmes du café sur le coup de 19 heures et remontâmes la rue de Wattignies, en direction de Bercy.

« J'ai envoyé un texto à ma mère, on devrait y être dans trois quarts d'heure, si y a pas de problème de RER. »

Harry avait l'air à côté de ses pompes, j'essayais de détendre l'atmosphère en lui racontant comment j'avais réussi à m'en sortir durant les examens du jour, mais ça ne l'intéressait pas.

Avec le temps, c'était devenu un garçon triste, très éloigné du petit minet que j'avais rencontré quelques mois auparavant. À cette époque, il parlait tout le temps, de tout et de rien, de politique, souvent, mais pas seulement. C'était quelqu'un qui lisait énormément, en particulier de la philosophie, qui écoutait de l'électro, allait aux concerts d'Indochine, jouait même du violon… Depuis qu'il était revenu de son camp en Roumanie, tout avait changé. Son corps, d'abord, mais également son esprit, sa manière de voir le monde, ses ambitions, ses projets, jusque dans ses habitudes alimentaires, auxquelles j'avais dû me soumettre. Il avait progressivement perdu sa légèreté et sa belle innocence pour entrer dans le dur des questions de stratégie partisane, de combat idéologique et de lutte pseudo-métaphysique. C'était un exercice épuisant, qui l'avait lentement abattu. Ce jour-là, il était vide. Alors que moi, j'avais comme l'impression de renaître.

« Tiens, c'est marrant, c'est la rue Nicolaï, à droite, t'as vu ? me dit Harry en désignant la plaque du doigt.

– Ah ouais, t'as raison, j'avais jamais remarqué », commentai-je tout en regardant mon téléphone. Simon m'avait envoyé plusieurs messages.

Nous étions en train de repartir quand je m'arrêtai net, les yeux rivés sur mon portable.

« Bah, qu'est-ce que tu branles ? me demanda Harry.

– C'est quoi ce bordel avec Simon ? » vociférai-je.

Harry resta silencieux un instant, les lèvres serrées, puis répondit d'un air froid : « Quoi ? Qu'est-ce que tu veux savoir ?

– Alors c'est pas compliqué, j'te donne deux secondes pour m'expliquer CE PUTAIN DE BORDEL ! IL T'A FAIT QUOI, MON POTE SIMON ? hurlai-je en poussant violemment Harry en arrière.

– Houlà ! Monsieur s'énerve ! Mais on va vite se calmer, j'te préviens !

– Il s'est passé quoi, dans ton putain de cerveau grillé pour que tu t'en prennes À SIMON ? C'est quoi le souci, avec lui ? Hein ? C'est quoi ? Tu me dis ? Il est pas assez natio ? Il est pas assez fracassé dans son esprit pour détester les Noirs et les Arabes autant qu'il le faudrait, hein ? C'est ça ? C'est quoi ton putain de problème avec mon pote Simon, enculé de fils de pute ! » ajoutai-je tout en continuant à pousser Harry.

Son dos heurta le mur d'un immeuble. Il m'agrippa le bras et tenta de m'immobiliser, mais je persistais à vouloir le frapper.

Dans ses messages, Simon m'expliquait qu'il s'était fait tabasser par trois types en sortant de chez lui, quelques jours auparavant ; l'un d'eux correspondait en tout point à la description d'Harry, même si Simon ne l'avait jamais rencontré. À la suite de l'agression, il avait été hospitalisé pendant plusieurs jours.

En apprenant ça, tout avait reviré en moi.

Harry m'avait traîné vers une impasse en m'agrippant par le cou. J'étais hors de moi et j'avais envie de l'exploser.

« Mais t'as cru quoi ? gueula-t-il en me frappant au visage. Hein ? T'as cru quoi, petit con ? Que j'étais ta pute ? Tu crois que j'ai pas grillé ton histoire de lentilles, l'autre fois ? On me la fait pas, à moi, je vois tout ! Ça t'a pas suffi, l'autre fois, avec ton youpin de la salle de sport ? Fallait que tu remettes ça avec Simon ? Qu'est-ce qu'il va falloir que j'te fasse, pour que t'arrêtes d'aller sucer toutes les bites de Paris, salope de bobo de merde !

– Quoi ! Avec Simon ? Mais t'es complètement allumé, pauvre taré ! Simon ? Il est hétéro ! Tu vas tabasser un mec parce que t'es parano ? Connard de nazi !!!

– Mais tu vas la fermer ta grande gueule ? hurla-t-il en me foutant un coup de poing dans le ventre.

– Va te faire foutre !

– Qu'est-ce que t'as dit, sale feuj ?

– VA CREVER, HARRY ! T'es la pire chose qui me soit jamais arrivée ! »

Je sentis une longue tige s'enfoncer dans mon ventre.

« T'avais raison, en fait. Les Blancs aussi, ils peuvent faire des attaques au couteau. Tu l'auras bien cherché. »

Épilogue

Je survécus au coup de couteau d'Harry et, bien que mon foie ait été gravement touché, mon état se stabilisa après quelques semaines d'hospitalisation. Ma mère restait souvent dormir près de moi, à l'hôpital Pompidou, et beaucoup de camarades de Sciences po venaient m'y rendre visite, ainsi que des professeurs.

En opposition avec la majeure partie de mon entourage, j'avais décidé de ne pas porter plainte. Je ne voulais qu'une chose : rester à l'écart de l'incident.

Malgré mon silence, les détails de l'agression avaient fuité dans la presse, et les réseaux sociaux s'en étaient donné à cœur joie. Les trolls identitaires y avaient vu de manière « évidente » et « incontestable » tous les signes d'une attaque islamiste : agression à l'arme blanche dans l'espace public, qui plus est par un fiché S. Aucun ingrédient ne manquait au récit. Sauf la vérité.

Je réussis sans brio les examens du semestre et le directeur de Sciences po en personne m'assura de tout son soutien pour me faire reprendre « une scolarité normale ». Mais dans ma tête, j'étais déjà parti.

Quelques jours seulement après ma sortie d'hôpital, je pris un Eurostar pour Londres, avec pour objectif d'aller travailler dans un bar pendant quelques mois au moins. Malgré le Brexit, les besoins en main-d'œuvre restaient importants là-bas, et j'avais l'avantage d'être bilingue.

Je n'étais pas un être exceptionnel. Je ne cherchais pas le combat. Je souhaitais seulement vivre en paix.

Composition : IGS-CP
Impression : CPI Bussière en juin 2020
Éditions Albin Michel
22, rue Huyghens, 75014 Paris
www.albin-michel.fr

ISBN : 978-2-226-44788-3
N° d'édition : 23839/01 – N° d'impression : 2050168
Dépôt légal : août 2020
Imprimé en France